하게 바로 보는

인류 최악의
발명품

쉽고 쏙쏙하게 바로 보는

인류 최악의
발명품

초판인쇄 2015년 12월 18일
초판발행 2015년 12월 18일

지은이 문윤수
삽화가 박종진
펴낸이 채종준
펴낸곳 한국학술정보(주)
주 소 경기도 파주시 회동길 230(문발동)
전 화 031-908-3181(대표)
팩 스 031-908-3189
홈페이지 http://ebook.kstudy.com
E-mail 출판사업부 publish@kstudy.com
등 록 제일산-115호(2000. 6. 19)

ISBN 978-89-268-7124-9 03330

똑똑하게 바로 보는

인 류
최악의

발
명
품

문윤수 지음

이담
Books

≪ 머리말

　　　　　신이 지구를 만들어놓았다고 한다. 그러나 인류
는 과학이 만들었다는 결론이다. 그리고 그 결론으로 고속 변신한 현
재의 인류는 매우 많은 이기를 만들어놓았다. 그러나 그 이기풍요의
이면에는 필연적으로 암울함이 자리 잡고 있다. 믿는 자들의 말을 빌
리자면 이는 저주라고도 한다. 그러나 이제는 믿는 자들마저도 그 이
기를 십분 이용하여 신의 말씀을 설파한다. 고로 인류의 모든 발명은
신이 허락하였으며, 인류에게 있어서 의심할 여지없이 이로운 발명품
인 셈이다. 그러나 불평불만의 사회학자로서 나는 이 발명품들이야말
로 인류에게 오히려 이기로서 강요당하거나 애써 적응해야 하는 성가
심으로 보이기 시작했다. 이 책은 광고학도로 출발한 한 사회학자가
대학을 벗어나 길거리에서 마주치는 인류발명의 물건과 제도들에 대
하여 약간의 역사적 출처를 첨가해가며 기획한 사회 불만서이다. 좀
더 쉽게 말하자면 본 글은 인류를 의심할 여지없는 신기원으로 안내
했다던 잡스Steve Jobs를 과연 하염없이 고공으로 치켜세워 볼 만한 가치
가 있는가에 의문을 제기해보자는 프러포즈이다.

　　학술대회는 매년 봄과 가을 두 차례 열린다. 그럴 때마다 내가 늘
아쉬웠던 점은 참석한 모두가 상아탑에 적을 두고 있는 인류들뿐이
라는 것이었다. 나는 예전에 이러한 모임 자체가 진정한 학문행위인
줄 알았고, 오히려 고차원 인류들만 즐기는 특권공유로 여겼다. 그러

나 학생들을 지도한 지 꼭 15년이 되는 지난해 봄 학술대회에서 대학과 무관한 인류가 플로어에 참석한 것을 보았다. 물론 그들은 토론에 직접적으로 참여하지는 않았다. 그러나 가끔 고개를 끄덕이거나 팔짱을 낀 채 심각하게 경청하는 그들의 모습은 나에게는 매우 이채롭게 다가왔다. 오히려 텅 빈 객석에 다양한 인류가 앉아 있었으면 얼마나 열띤 언·논쟁이 이루어질까 하는 바람이 잠깐이나마 이루어진 즐거운 상상이었다. 난 늘 적적했다. 아니 늘 객관신客觀神과 계량신計量神을 모셔야 하는 강박이 싫어서 외로웠다. 그렇다고 해서 이런 투정은 학문적 경지에 이르렀기에 느끼는 나의 거만함은 아니니 안심하길 바란다. 난 아직도 부족하고 여전히 아둔하기 짝이 없는 인류이자 수준이 그리 높지 않은 학자이다. 다만 수치화만 믿어주는 학계, 보편만이 타당하다는 만장의 일치 사회에서 나는 게재 목적이 아닌 토론, 발표점수 획득이 아닌 다양한 인류들이 한자리에서 얘기해보는 풍성한 비평을 맛보고 싶었다. 결국 난 그럴 기회를 찾지 못했다. 아마 내가 소심한 탓일 것이다. 그러던 중 나만의 괴변이라도 나와 전혀 다른 과업을 하는 인류에게 제안하고 싶었다. 그 촉발은 인류가 이기라고 굳게 믿어왔던 발명품이 어떤 인류에게는 더 나아가 어떤 다른 종에게는 해기로서 비평될 수 있다는 기우에서 출발했다.

이 책이 독자인류를 만나기까지 필자 주변에 많은 인류들의 도움이 있었다. 우선 필자가 재직하는 대학의 도서관에서 원하는 책을 수도 없이 빌려다 준 신상우 조교와 손자영 조교, 그리고 그 반납을 도운 여러 명의 학과 근로학생들, 특성화사업에 온 학과가 한창 분주하던 시기에 필자에겐 최소한의 숙제만 주시고 모든 일을 도맡아서 제출해주셨던 김화동 학과장님, 그런 가운데 광고캠프를 혼자서 치러내 주신 김은희 교수님, 역시 학과 취업률 상승에 고군분투해주신 조은희 교수님, 유명 회화를 삽화로 기꺼이 허락해주신 서양화가 박종진 교수님, 필자의 안식으로 이 글을 최종적으로 퇴고케 먹여주고 재워준 Leonia마을 Coffee Park Cafe 육촌 최연숙 누님과 용감한 해병대 임춘석 매형, 안식년 방문을 기꺼이 도와주신 Fairleigh Dickinson University 김종채 교수님, 안식 여정을 장식해주신 Berklee College of Music 연식 형님과 필자를 여전히 반갑게 맞아주신 이진은 미인 형수님, 그리고 무엇보다 고령의 연세에도 당신만의 왕성한 사회생활로 늘 바쁘셨기에 나의 무심함에 아랑곳하지 않으셨던 이정숙 어머니, 마지막으로 부족한 이 글을 세상에 내놓게 해주신 이담북스에도 진심으로 감사드립니다.

2015년 6월 2일

기말고사 후 학생들이 모두 빠져나간

Fairleigh Dickinson University Metropolitan Campus Frank Giovatto Library에서

<< CONTENTS

CHAPTER3
인류의식의 **퇴보**

인류는 문명을 시작하면서 엄청난 양의 발명품을 만들어놓았다. 자동차와 냉장고와 같이 물리적 발명품에서부터 명절이나 정치에 이르는 무형의 발명품까지 그 수를 헤아릴 수 없을 정도이다. 고로 인류의 발명근성이란 지구에 그 어떤 생명체도 따라오기 힘든 최정상의 노력인 것이다. 그러나 그 격찬과 다르게 인류의 발명품 모두를 다양한 관계 차원에서 살펴보면 지구의 그 어떤 종의 발명품보다 조잡한 탄생이 아닐 수 없다. 인류가 만든 모든 발명품은 100% 인류에게만 이로울 뿐이지 다른 대상에겐 이롭지 못한 경우가 많다. 그래서 인류가 만든 발명품이 조금만 과도하게 생산되고 소비될라치면 사회관계는 물론 지구의 균형관계가 깨져버리기 일쑤이다. 사실 그런 불평형은 현재 인류가 개발한 21세기의 모든 학문에서 다루어지고 있다. 그중에서 사회학은 그 학문존재의 이유를 서서히 본격화해서 그런 발명품들에 제동을 걸어줘야 옳다. 이미 멈출 수 없는 크리슈나 수레에서 수없이 던져지는 발명품을 객관적으로 묵도만 하는 것이 사회학이라면 사회학은 오히려 사회 불평형의 관계성을 방관하는 방관학으로 봐야 옳다.

나는 사회학자라면 인류의 발명으로 인한 사회관계를 관망만 할 것이 아니라 다차원적으로 조명하여 그야말로 안이하거나 서툰 발명은 유보시키거나 늦추는 범종적인 시대 방향적 학자이어야 하지 않을까 한다. 이는 인류에게 있어서 어디를 가든 실시간 노동을 강요하는 테블릿 PC에서부터 지구건강은 물론이고, 인류자신의 건강에 있어서도 결코 이롭지 못한 플라스틱, 퍼스트레이디라는 잉여권력슬림화에 이르기까지 사회학이 손볼 해기진단은 너무나도 많다. 그래서 이 책은 그 다양한 진단 중에 하나로서 인류 발명을 철저히 주관적으로 비판하여 조명하였다. 사실 이기를 누리고 있다고 굳게 믿고 있는 인류에게 있어서 이미 사용 중인 발명품의 부정은 그리 익숙하지 않거나 쓸모없고, 무엇보다 시간낭비의 일일 것이다. 그러나 발명의 체계화, 즉 기술 자체는 고유의 윤리가치가 존재했건만 인류는 이를 외면한다는 사회학자 엘륄Jacques Ellul의 지적을 따른다면 그런 좌시는 발명의 해기성을 보지 못하는 인류의 저능일 것이다. 나는 그런 지적에 힘입어 내 나름대로 인류 최악의 발명품을 매우 주관적으로 선정하였으며, 늘 다양한 인류가 오가는 길거리에서 캐스팅되었다. 총 20개로 다음과 같이 간단히 소개한다.

　　1부에서 첫 번째로 선정한 최악은 아울렛이다. 그 선정계기는 서울방향의 경부고속도로를 빠져나오면서부터였다. 이 길목은 교통체증극치의 나들목인데, 이를 가중시키는 원인은 바로 미국 C마트 때문이었다. 나는 한국인류는 집 근처 정겨운 가게를 놔두고 유독 여기만을 고집하는지를 생각하며 나의 수첩 첫 줄에 아울렛을 올렸다. 두 번째 최악의 발명품은 스마트폰으로 했다. 선정계기는 출근길 지하철에서 "용건만 간단히"를 이미 잊은 지 오래된 집단스마트폰문화가 미워서였다. 사실 당시 지하철에 한 여성은 시종일관 그녀의 손에서 놓지 않던 폰을 선로로 떨어트렸다. 물론 본체만 선로로 직행했다. 세 번째는 학술대회로 광주를 방문했을 때 선정되었다. 당시 광주고속버스터미널 내에 S백화점의 명품매장은 손님을 줄 세워 그 입장을 통제하고 있었다. 나는 명품신을 모시는 인류를 연민하는 마음으로 수첩을 꺼냈다. 네 번째로 선정된 24시 서비스는 90년대 한국인류 대중가수 오태호의 노래 "새벽 2시 편의점을 나와……"라는 가요 〈두 가지 향기〉[1996]를 S커피점에서 우연히 듣다가 씁쓸하고 반가운 마음으로 수첩에 올렸다.

2부에서 첫 번째로 선정한 최악은 소시지이다. 맛있는 소시지를 최악으로 꼽은 이유는 대학동 모대학교 부근 고시촌에서 발견된 수제소시지 때문이었다. 순간 나는 이 맛난 소시지가 혈관에 좋지 않다던 의사의 당부와 유난히 돼지비계 사랑에 빠졌던 아버지의 이른 서거를 떠올렸다. 두 번째, 자동차는 전기자동차와 같이 모든 인류의 이기가 전기로 전환된다는 것이 과연 인류와 지구건강엔 진정 이상이 없는 것인지 하는 의문이 생겨 수첩에 올렸다. 세 번째, 사실 음식물 쓰레기는 길거리캐스팅이 아니라 집 앞에서의 캐스팅이었다. 사실 그 축축하고 기분 나쁜 물건을 나는 아무도 출몰하지 않는 비 오는 심야를 틈타 반출하려다 그만 미끄러진 사건 때문에 선정했다. 네 번째로 수첩에 오른 아파트는 조사차 세계적인 미항 샌프란시스코를 방문했을 때 겉모습은 아름답고 속은 합리적인 미국 인류의 주거문화가 부러워서 선정했다. 한국에 돌아와 겉모습뿐만 아니라 속도 못생긴 우리 집이 나는 싫었다. 다섯 번째로 냉장고는 한국 서민인류의 음식점인 감자탕

집에서 수첩유레카를 외쳤다. 걸쭉한 국물은 내 구강점막 한 겹을 벗길 정도로 뜨거웠지만 담긴 고기는 냉장고 온도와 다를 바 없었다. 그러고 나서 난 잠깐 머리를 식히러 일주일간 서울시티투어를 했다. 투어의 순서는 주관적으로 선정했다. 광화문, 한강둔치, 서울타워, 강남역, 그리고 몇몇 개 대학은 여간 나를 즐겁게 하지 않았다. 특히 서울타워에서 360도 돌아가는 전망식사는 잊을 수가 없었다. 여섯 번째로 선정한 최악은 플라스틱이었다. 해변에 떠밀려 온 대량의 플라스틱은 연수차 들른 홍콩섬 낭만도 마다하지 않고 지구의 신선도를 떨어트리고 있었다. 자연스럽게 플라스틱은 내 수첩에 올라갔다. 일곱 번째, 전자제품은 블랙아웃의 정전사태를 몸소 체험하고 나서부터였다. 나는 21세기 들어서 그간 인류의 모든 발명품의 전기·전자화란 결코 기술혁신이 될 수 없음을 제안하고자 내 수첩을 열었다. 여덟 번째로 라면은 다량의 음식물 섭취가 인류 건강에 유해할 수 있다던 정보를 모르던 시절의 라면, 또 그런 라면만 먹고 살았다던 80년대 저축왕 인류들의 건강은 21세기도 안녕들 하시는지 궁금해서 수첩을 긁적였다.

3부에서 첫 번째로 선정한 최악은 정치인으로 한국의 제19대 국회위원 선거유세가 한창일 때 동작구를 지나다가 한 후보의 악수제안을 피해 돌아가면서였다. 두 번째 바비인형은 조사차 런던을 방문했을 때 성형광고 일색의 서울지하철과 사뭇 다른 런던지하철 옥외광고문화를 목격하면서부터였다. 세 번째로 산아제한 캐스팅은 대전 시내버스에서 이루어졌다. 버스에 합승한 초·중·고·대학생들은 욕설커뮤니케이션을 하고 있었다. 현재 그들의 언어를 교정해줄 한국인류는 없다. 아이들 스스로 신어를 터득한 것이다. 나는 가족축소의 장본인인 60·70 한국정부를 상기하며 수첩을 꺼냈다. 네 번째, 동물원은 세

차례의 동물원 방문을 마치며 수첩에 올렸다. 기괴하고 냄새났던 어린 시절의 동물원, 동물들의 상태는 하나도 보이지 않았던 연애 시절의 동물원, 꼬마들을 데리고 방문했던 세 번째 동물원은 내게 뭐라고 호소하는 듯했다. 난 과감히 수첩을 꺼냈다. 다섯 번째로 결혼식은 드레스와 턱시도, 초극도로 우아한 기념사진, 인생 최고의 신혼여행이 일색인 코엑스 결혼식박람회를 접하고부터였다. 사실 그곳엔 결혼은 없고 결혼식만 있었다. 그래서 수첩을 뒤적거렸다. 여섯 번째, 신용카드는 대학원 시절 지도교수님과 진행했던 한국·독일 대학생의 카드빚 문제연구를 떠올리면서였다. 참고로 난 신용카드를 쓴 후 빚이 두려워 바로 입금한다. 일곱 번째로 정의는 죽마고우이지만 이젠 범접하기 힘든 청와대 친구와 미국정부의 통화감찰사건에 대하여 언쟁을 벌이다 돌아오는 길 수첩에 올렸다. 사실 난 그날 완패였다. 여덟 번째, 마지막 퍼스트레이디는 몇 해 전 부부동반 송년회를 폐지하자던 화가 친구에게서 비롯되었다. 그다음 해부터 동창들은 동창회를 진정으로 즐겼다. 2014년 12월 송년동창회에서 돌아오는 길, 인류 최악의 발명품 20개 모두를 선정했음을 알게 되었다. 그날 저녁 난 잠을 이루지 못했다.

지금까지 선정된 인류 최악의 발명품들은 인류가 현재 가장 유용하게 활용하는 발명품들이다. 그러나 그 유용했던 초기 의도와는 달리 발명품들은 한심한 물건이 되어 있거나, 타당하지 못한 활용이거나, 아니면 인간성이 상실된 파르마콘pharmakon이 된 경우가 많다. 그런 의미에서 본 책이 최악이라고 제안하는 것은 이 발명 모두를 철폐하자는 것이 결코 아니다. 더 알차고 타당하게 넉넉한 인간미를 살려서 수정하여 다양한 인류는 물론 모든 종 관계에까지 유용하게 사용하자는 것이다. 이왕 고민과 고민 끝에 발명을 했으니 그 역사적인 노고에 가려진 문제를 잘 참작하여 고쳐나가자는 것이다. 말하자면 위험사회 risk society의 폭을 더 넓혀서 백Ulich Beck이 주장한 반성과 성찰이라는 정서로서 정교화하자는 것이다. 알다시피 사회학자 페인스틴 내외Norman Fainstein & Susan Fainstein는 자본주의체제를 임하는 세 가지 선택을 제시한 바 있다. 하나는 문제가 있다면 빨리 뒤집어서 판을 바꾸자는 것, 또 하나는 주어진 상황만이라도 거기에서 만족을 확보하자는 것, 마지막 하나는 대안을 위해 사회구성원들이 주도하고 주체적으로 노력하자는 것이다.[1] 미국 테네시 주의 주도 내슈빌에는 미시시피 주의 끝에까지 이르는 약 700km의 도로가 있다고 한다.[2] 이 도로를 미국인류들은 나체스 가도라고 하여 미국 원주민인 나체스 인디언이 직접 발로 밟아서 낸 길이라고 한다. 미국인류는 근대화를 추진하면서 그 길에 아스팔트를 입혔고, 인류 외에 그 어떤 종도 접근하지 말 것을 경고하는 경고판 야생동물 출몰표시판까지 세웠다. 그러나 나체스족은 애초에 그 길을 그들만의 통행을 위해 밟아낸 것은 아니었다. 산짐승, 들짐승, 날짐승, 벌레, 수목 등 모두를 위해 만든 진정한 범종적인 관계의 길이었다. 이제 인류의 과속발명 속도는 제동이 걸려야 하고, 그 제동은 인류에게 이로운 단 하나의 기준이 아니라 다양한 기준으로 조명된 것이라야 옳다. 21세기는 지난 세기와 달리 무조건 저거너트juggernaut의 현실로 놔둘 그런 세기는 결코 아닌 것 같다. 여전히 서구적으로 세 가지 중에 하나를 골라야 하는 것이 아니라 모두 수용하는 인디언의 지혜를 이제는 좀 관심 있게 논의해야 할 때이다.

---

1 전상인, 『편의점 사회학』, 민음사, 2014, pp.159-160; 이광호, 「불우한 산책자들의 도시 - 한국 현대문학과 도시 모더니티」, 『문학과 사회』 81, 2008, p.290.
2 Faulkner, W., 1929, The Sound of The Fury, 오정환 옮김, 『음향의 분노/8월의 빛』, 동서문화사, 2012, p.328.

CHAPTER 1
자본주의의 **퇴보**

소비활동의 빅브라더: 아울렛

빵은 동그란 모양의 '빵'이라는 간판을 내건 빵집에 가면 살 수 있다. 쌀이 떨어졌으면 이도 '쌀'이라고 간단한 표기를 내건 쌀가게에 가면 된다.[1] 자급자족이 불편한 도시 생활에서 먹을거리를 공급하기라면 우리 집과 가까운 가게에 가면 품귀현상이 벌어지지 않는 한 모두 구할 수 있었다. 그래서 이 간단한 식량 구하기는 매우 일반적이고 초보적이고 용이한 도시에서의 생존방법이기도 했다. 말하자면 이는 도시의 유일한 두 경제인자 생산자manufacturer와 소비자consumer가 만나게 하기 위해 관여한 유통업자distributor 최적의 경제시스템인 것이고, 이는 또한 인류가 도시로 몰려들면서부터 시작된 아주 자연스러운 경제공동체의 완성이기도 했다.

그런데 어느 날부터 그 경제인자 중에 하나인 소비자는 다른 생각을 하게 되었다. 이는 좀 더 저렴한 물건을 만날 수는 없을까 하는 것이다. 그래서 큰길을 건너서까지 가서 빵을 사 오게 되었고, 유독 옆 동네에 싸다고 소문난 생선에 눈길을 돌리게 되었

---

1 한국의 1970년대만 해도 길거리의 간판은 대단히 축약된 문자로만 표기되어 있었다. 길어봤자 '○○상회' 정도면 식별이 가능했다. 당시만 해도 화려하고 미려한 간판, 더 나아가 상점의 외모보다 상점가게 주인의 성품이 왕성한 상거래의 커다란 조건이자 덕목이었다. 이를 거창한 말로 표현하자면 '신뢰구축'이라고 할 수 있으며, 쉬운 말로 빨리 이해하고자 한다면 '정'이라고 한다면 가장 적당하다.

다. 그러나 아무리 그렇더라도 그러한 소비자의 꾀에 아랑곳하지 않는 소비자도 있었는데, 그야말로 의리의 소비자는 몇 푼 아끼려고 하는 발품수고보다 진지한 유통업자 혹은 판매자와의 끈끈한 믿음이 더 끌렸던 모양이다. 이는 서로가 좀 더 비싸더라도 원래의 거래관계를 저버릴 수는 없었던 것이고, 그럼에도 불구하고 우리 가게를 찾아주었기에 덤을 선사하는 미덕을 공유했던 것이기도 했다. 결국 의리의 두 경제인자는 서로에게서 이득보다는 사회적 자본social capital이 더 중요하게 발동된 것이었다. 그걸 보고 일본의 유명한 서비스교본집필자 료고Ryogo Kubo는 이른바 기대를 넘어선 서비스transcendental service of expectation라고 명명했는데, 말하자면 전자제품 설명서를 읽으면서 눈물로 목이 메는 것 같은 감격을 소비자도 느끼게 할 수 있는 서비스 말이다.[2] 물론 료고는 그 감정이 부조화일 수 있다고 생각했지만 바로 단골regular customer-regular store이라면 조화가 가능하지 않을까 했다. 일단 료코는 단골이란 바로 장사꾼의 위선적 발언, 즉 어서 오세요いらっしゃいませ란 마음에서 우러나온다는 지루하고 익숙하고 당연한 그래서 누구나 할 수 있는 조언은 집어치웠다. 그는 진심으로 그 손님의 근황이 궁금했고, 손님도 가게에 장사가 잘 되길 바랐던 것이다. 서로가 만나서 즐거운 것이 료고가 말하는 기대를 넘어선 서비스인 것이다. 그런 관계에서 때론 손님의 아픔을 공유하다 보면 그 손님이 선

---

2 Ryogo Kubo, 2004, Service Mind, Wo Yakameru Monogatari, Koushbou Co., LTD. 모주희 옮김, 『작은 가게, 서비스에 반하다 단골손님을 부르는 14가지 힘』, 이비락, 2011, p.6.

물로 준 제품의 사용설명서를 읽다가 눈물이 쏟아질 수도 있지 않을까 한다.

그러나 그러한 관계도 느슨해지게 되는 시장 시기가 있는데, 바로 손님이든 판매자든 경제적으로 어려워지는 시기이다. 1929년 미국에서 처음 불어닥친 인류 최초의 공황, 검은 목요일Black Thursday을 예를 들어보자. 이른바 대공황Great Depression이라고 일컬어지는 이 경제 환란은 전쟁특수를 누렸던 공장들이 제1차 세계대전이 끝나자 그 존재가치가 부재해지면서부터였다. 그에 따라서 실직자의 증가와 돈의 가치는 바닥이었다. 그러다 보니 금융권으로 몰린 멍텅구리 자금은 급기야 시커먼 목요일에 일을 낸 것이다. 이 환란은 도시 서민들을 10년 이상 궁핍하게 만들어서 경제 흑사병과도 같았다.[3] 도시민들은 그야말로 장기간의 거지터널을 지나면서 불쌍한 도시민이란 어떤 상태인지를 뼈저리게 체감하였다. 그런데 이 터널은 한 번이 아니었다. 이 어두운 터널통과는 여러 번 있었고 그때마다 도시민들은 배고프고 괴롭고 슬펐다. 급기야 그 터널은 소비를 당분간 유보시키는 경제 사태까지 벌어지게 만들었는데, 이는 거창한 경제용어로 소비심리위축decrease of consumption이라고 부른다. 도시의 한 경제인자가 자신의 경제행위를 늦추거나 미뤄버리니 도시경제시스템은 경기를 더욱 악화시키고 생산자와 유통업자들은 곤란을 겪게 되고 급기야 서로가 거

---

3 한국어 위키백과(ko.wikipedia.org), 2013년 1월 21일(월), '검은 목요일' 검색.

지가 되는 상태를 초래하는 것이다. 그러다 보니 공황은 더욱 악화될 수밖에 없었고 회복의 기미는 늘 희미하기만 했다. 소비자와 생산자가 서로 긴축을 피면 필수록 더욱 악화되는 상태는 유통업자가 그 어떤 경제행위 하나도 성사시키지 못하기 때문에 오히려 용감하게 헤어 나올 길을 서로 보지 못하는 것이다. 이를 가리켜 우리는 불황depression이라고 지칭한다. 결국 그 빈번한 경제환란은 이제 횟수에 그치지 않고 규모까지 크게 확대되어 미국을 넘어서 전 세계로 광범해졌다. 이쯤 되면 불황, 대공황, 경제흑사병, 거지터널은 자본주의의 빈번한 빙하기라고 해두면 딱 알맞다.

빙하기를 지날 때마다 유통업자는 결별한 생산자와 소비자를 어떻게 해서라도 만나게 할 안간힘을 썼는데, 그게 바로 중간상의 개입을 효율화하는 것이다. 물론 중간상의 개입을 아예 없애는 것이 더 확실한 생산자·소비자의 조우 아이디어라고 볼 수도 있겠지만 사실 '중간상은 없앨 수는 있어도 중간상의 기능을 없앨 수는 없다'라는 명제와 같이 이미 거대해진 자본주의는 사회주의와 달리 생산자·소비자를 직접 만나게 하기는 어려웠다.[4] 다시 말해서 그 기능을 담당하는 물리적인 업은 필수라는 의미인데, 그 환란에서 제일 첫 번째로 선을 보인 업이 바로 슈퍼마켓supermarket이었다. 이 슈퍼마켓은 기존의 들일 것 다 들이고 낼 것 다 내는 소매점과 좀 다른 경제장소로서 박리에 따른 다매의 유

---

4 윤명숙 외, 『유통관리론』, 대경, 2005, p.7.

통구조를 도입한 최초의 불황 타개의 아이디어였다. 그래서 빵만 팔거나 고기만 파는 전문적인 기존 소매시스템까지 무너트린 경제해빙기의 아이템이었다. 쉽게 말해 "니가 알아서 골라봐"라는 식의 소비제도였다. 사실 거지터널에 들어가는 순간 생산자도 힘든 건 마찬가지였다. 그래서 위축될 대로 위축된 소비시장에서 생산가동의 지속은 도산으로 가는 길이었다. 생산자와 소비자 못지않게 자신도 그 길로 질주하기 싫었던 뉴욕의 한 유통업자 컬린Michael Cullen은 슈퍼스러운 마켓 아이디어 하나를 착안했는데, 그게 바로 "알아서 골라봐"의 원리, 즉 셀프서비스self-service였다.[5] 결국 지칠 대로 지친 소비자와 생산자를 만나게 할 가장 최적의 접선 처는 너무나도 단순한 방법에서 찾아진 탓이기에 역설적이게도 슈퍼라고 이름이 마켓에 붙여진 것이 아닐까 한다.

사실 그가 처음부터 슈퍼마켓이라고 하지는 않았다. 그는 그냥 킹컬런King Cullen이라는 무직원 상점을 차렸을 뿐이다. 소비자는 알아서 물건을 골라 계산대로 와주니 이 얼마나 손 안 가는 상점운영이었겠는가 말이다. 사실 기존의 소규모의 전문상점과 같이 점원이 안내하고 얘기해주고 찾아주는 수고는 곧 비용이었고, 그 수고를 모두 소비자의 몫으로 돌리니 가격은 당연히 조금이라도 내려가는 간단한 원리를 컬린은 별 뜻 없이 생각해낸 것이다. 이 아이디어는 급기야 더 거대한 장사치의 귀에 들어가고 이른바 슈퍼

---

5 두산백과(www.doopedia.co.kr), 2014년 1월 22일(화), '슈퍼마켓' 검색.

마켓이라는 셀프유통기업을 탄생시키게 된다. 소비자 측에선 그 유통기업의 차려놓은 백화점 같은 상점에서 진열된 상품을 스스로 골라 구매하는 이른바 셀프구매의 시대가 시작된 것이다. 이 간단한 아이디어는 한 장소에 머물지 않고 미국은 물론 전 세계적으로 확산되어 유통혁명을 일으켰다. 그런가 하면 애초에 19세기 중반 영국은 그 환란과 상관없이 새로운 길드의 형태를 출발시켰는데 그게 바로 연쇄점chain store이라는 것이었다. 이 연쇄점은 영국을 비롯해 미국 전역으로 확장되었는데, 그 결과 이른바 유통기업distribution corporation의 대표적인 종류인 체인슈퍼마켓이 형성된 것이다. 이로 인하여 미국의 도시 소비자들의 생존은 셀프서비스뿐만 아니라 날로 연쇄화된 기업형슈퍼마켓super supermarket에서 이루어지게 되는데, 그 내용을 좀 더 진지하고 심각하게 들여다보자.

우선 기업형슈퍼마켓에서 고르기 셀프와 결합된 연쇄에는 또 하나의 아이디어가 추가되는데, 바로 이는 또 다른 차원의 셀프로서 소비자가 유통업자를 찾아가는 셀프였다. 보통 유통업자는 생산자가 생산한 상품을 구매하여 소비자를 찾아가기 위하여 소비자가 사는 가까운 주변에 터를 잡고 소비자를 만나는 아이디어를 낸다. 그러나 이 찾아가기 서비스는 그 주체가 뒤바뀌게 되는데, 바로 생산자나 유통업자에서 소비자로 이전되는 꼴이다. 이같이 소비자가 생산자에게 한 발짝씩 더 다가가게 하는 유통아이디어는 소비자의 셀프수고를 보상하기 위하여 컬린과 같은 할인이라는 혜택을 소비자에게 안겨주었는데, 급기야 그 아이디어는 그 할인이 집채만 하게 이루어지는 거대 할인시장, 즉 할인점 ^{mart}을 탄생시키게 하였다. 할인이 이미 거대해진 상황에서 모색된 아이디어라서 그런지 이제는 대형이라는 형용사가 하나 더 붙게 되는데 바로 대형할인점이다. 그런데 그 유통 진화에는 몇 가지 문제점이 있고, 한국에서 더 독특하게 드러난다. 우선 그 대형화의 주체가 바로 백화점인 경우가 많은데, 그래서 그런지 한국에 있는 백화점이라면 대형할인점 연쇄를 꼭 끼고 있어야 온전한 백화점으로 취급받는다. 한국에서 백화점과 대형할인점의 결합은 한 불럭의 경제를 버스터 할 정도의 인공소비도시를 형성시키게 하는데, 어떤 대형할인점 하나는 신도시 하나라고 보면 되고, 그 도시는 일반적인 소도시 하나의 경제순환을 능가하는 소비의 빅브라더라고 보면 된다. 알다시피 어떤 분야에든 빅브라더의 대입은 그리 즐겁지 않다.

사실 빅브라더이건 말건 한동안 이 대형할인점은 거지터널을 지나거나 말거나 항상 염가구매처로 소비자에게 큰 인기를 누렸다. 사실 따지고 보면 그 인기는 인기일 수가 없는 착각에서 비롯된 인기였다. 그 착각은 컬린에서부터였지만 소비자는 싼 맛에 눈이 어두웠기 때문에 결코 깨닫지 못했을 뿐이다. 소비자는 소비자 입장에서 두 번 더 생각해봐도 컬린의 아이디어에 감사만 할 뿐이지 그 염가가 자신의 착각에서 비롯된 것임을 전혀 감지하지 못했다. 그러나 이제는 말할 수 있는데 뒷북이라도 쳐보자. 사실 셀프구매화로 이루어진 이 선한 가격은 오히려 소비자에게 대량구매를 강요하게 했고, 그 대량구매는 대부분의 소비자에겐 낭비였다. 어떤 때는 소비자가 다양한 소비를 할 수 있다는 가능성마저 조기에 통제하는 시스템으로서 전혀 소비자 편이 아닌 빅브라더 쪽의 아이디어였다. 그래서 이 이상한 거대가게는 필요한 몇 가지만 엄마가 때론 아빠가 구매하면 될 것을 셀프유통차량_{家用乘用車}을 군이 이용해 온 가족을 총출동시켜서 카트에 산더미같이 쌓아올리는 바보소비자를 양산시킨 것이다. 바로 대형할인점이라는 단어에서 오는 착시현상인 것이다.

그 착시는 소비자를 또 다른 셀프욕구로 생산자에게 인식시키게 하였는데, 생산자는 아예 흙과 먼지만 덩그러니 존재하는 오지의 창고에까지 소비자를 끌어들이는 기발한 시장을 개척한다. 소비자는 또 바보같이 그들의 귀중한 주말을 기꺼이 그 창고에서 보내는 것을 전혀 마다하지 않았다. 셀프라는 미명은 도시민들에게 복잡한 도시를 나와 교외 나들이로 착시하게 하는 창고쇼핑의 신화를 이룩하게 한다. 거대한 장사치들은 셀프라는 떡 하나를 가지고 지속적으로 도시소비자들을 그들이 원하는 장소로 불러들여서 일시적인 귀촌을 추진하게 하는데, 그게 바로 다름 아닌 도매 유통기관의 대명사 아울렛_{outlet}의 탄생인 것이다. 결국 이는 생산자가 사는 곳에 아주 가까운 곳까지 소비자를 끌어들인 100% 셀프유통의 절정을 보여주는 셈이기도 하다. 그러나 소비자는 그렇게 생각하지 않는다. 소비자는 그야말로 따끈따끈한 신상품을 바로 구매할 수 있게 생산의 막바지에까지 진을 칠 수 있

게 하는 매우 선진적이고도 적극적인 쇼핑시스템의 완성이라고
굳게 믿는다. 이미 컬린의 선량한 아이디어를 넘어서 탐욕의 아
이디어로 변질된 셀프서비스는 생산자와 유통업자로 하여금 기
막힌 아이디어를 생산시켰다. 이를테면 유통업자는 안 팔려서 창
고에 처박아두었던 것들을 그럴듯하게 개방하니 지들이 알아서
운반차량까지 끌고 와서 골라주니 "이 얼마나 기막힌 땡처리입
니까"라고 말하고 싶지만 시골 아울렛을 방문하는 것을 소비자
의 우아하고 멋진 주말 트렌드로 둔갑시켜서 그럴듯한 보도자료
로 언론에 공급한다. 예측해보건대 그 이후의 미래의 소비자 셀
프서비스진보는 아예 소비자가 생산 공장 안에 직접 들어가 생산
직원이 되어 자기가 생산한 물품을 자기가 구매하는 이상한 셀프
가 되지 않을까 한다. 그렇게 되면 소비자는 거의 제로에 가까운
마진으로 구매할 수 있는 그야말로 셀프 프로슈머 신화가 달성되
는 즐거운 미래다.

그런데 매우 이상하게도 그 셀프진화는 궁극적인 의미의 셀프
화, 즉 '염가'를 상실한 지 이미 오래된 것 같다. 왜냐하면 셀프서
비스 최전선에 있는 아울렛에서의 구매는 셀프가 없는 고전적 형
태의 전문상점에서의 구매와 같이 붙을 거 다 붙은 가격으로 소
비자의 지불을 요구하는 것 같기 때문이다. 그 이유는 여러 가지
가 있겠는데, 그 몇 가지를 소개해보려 한다. 우선 첫 번째로 최
초 가격의 뻥튀기화^{puffing}다. 특히 한국 소비자에게서는 베블런
_{Thorstein Veblen}이 주장한 가격의 함수가 가장 잘 통하는 피가 흐르는

데, 그래서 그런지 그 뺑튀기는 뺑이 아니라 품질, 즉 정의로 취급된다. 그래서 이미 거대한 가격에서의 염가를 오지에서 구매해보라는 거대 장사치의 제안은 대단한 횡재수에 가깝게 소비자 민족정서에 잘 적용된다. 결국 아울렛은 뺑스러운 가격이 아니라 선량한 가격으로 정의되는 정의로운 시장으로 소비자에게 인식되는 것이다.

두 번째로 슈퍼마켓 자체의 등장에서도 애초에 한민족들은 셀프의 이점보다 선진적인 소비스타일에 관심이 많았다. 미국스타일 말이다. 그래서 한국인들로 하여금 심심치 않게 시작된 70년대 할리우드 영화에서의 슈퍼마켓의 목격은 서구 브랜드에 눈을 뜨게 만들었고, 미군부대를 통한 상표취득은 특별한 유통망 확보를 원하게 했다. 목가적인 미국의 전원드라마 〈초원의 집〉^{Little House On The Prairie}과 전혀 다른 외화 〈달라스〉^{Dallas}는 한국인들의 안방에 브랜드 자극을 하기에 충분했다. 미국드라마에 유독 많이 등장하는 유럽 출처의 의류 관련 브랜드는 한국인들에게 본격적인 구매 욕구를 불러일으켰고, 그 욕구는 21세기 들어서 급기야 한국 시골경제에 아무런 도움이 안 되는 아울렛 입성을 가능케 한 것이다. 그래서 그런지 현재 한국의 농촌 풍경은 이중성을 보이고 있는데, 농촌의 거름똥 냄새가 진동하는 가운데 지혜로운 셀프구매처 아울렛이 들어서는 형태이다. 결국 한국인들은 6일간의 은근한 메이커 뽐내기를 위해서 가격 뺑튀기를 알면서도 아니 가격이 싸구려가 아니기 때문에 오히려 아울렛이 입성한 오지체

험이라는 의식 이하의 신념을 발동시킬 수 있는 것이다.

세 번째, 한국인 소비자들은 유통과정 자체를 자기 스스로 지배 혹은 통제하게 되었다. 한국에서 자가용 승용차를 소유한다는 것은 생산자 혹은 유통업자의 유통비용을 소비자가 알아서 덜어주는 것인데, 한국의 신세대 가족은 자가의 승용차를 타고 가야 할 곳을 찾던 중 셀프배달이라는 것을 생각해냈다. 집에서 몇 걸음도 안 되는 동네 가게에서의 구매를 마다하고 아울렛 방문이 더 눈에 들어온 것이다. 그래서 한국의 유통구조는 한국소비자의 오지랖의 공헌이 무엇보다 크다. 그렇다면 유통기업들에 있어서 유통의 천국이 바로 한국인 셈이다. 일단 유통업자는 생산된 혹은 수입한 상품만을 아울렛에 차곡차곡 쌓아놓기만 하면 소비자들이 알아서 자가유통차량을 이용해 유류비, 도로비, 보관비, 시간 등을 모두 감당하고 몰려든다. 그래서 승용차 보유의 소비자는 한국경제의 크나큰 기반이자 대마기업이 불사할 수 있는 그래서 불황을 타개할 수 있는 비옥한 경제적 기반인 셈이다.

알다시피 생산자와 유통업자들은 다양한 방법을 동원하여 소비자를 다루기 편하게 가공시켜 왔다. 물론 변덕스럽고 안개 같은 소비자의 속내를 연구해왔다고 하지만 이는 변명에 불과하다. 오히려 변덕과 안개를 유도하는 쪽은 생산자가 더 먼저인 경우가 허다하다. 그에 가장 대표적인 예가 소비자를 생산지 근처로까지 셀프사탕발림으로 유인해온 유통역사에서 확인된다. 유통비용을 줄였다는 미끼를 이용해 엄청난 소비를 더욱 부추겼다.

그러나 그 비용이 소비자에게 환수됨은 곧 사라지고 소비자만 더 많은 고생을 해야 생산품을 취득하게 되는 유통시스템이 한국에서는 생활을 즐길 줄 아는 인류들로 분류된다. 한민족 소비자의 그 크나큰 셀프희생에 박수를 보내지 않을 수가 없다. 이쯤 되면 셀프서비스의 최고봉인 아울렛이란 본격적으로 소비를 위해 조성된 즐거운 쇼핑마을이라는 생각에서 한 번쯤은 오지마을에 있어서, 우리 동네상점에 있어서, 더 나아가 소비자인 나에게 있어서 절약경제를 좀먹는 아이디어로 보려는 시도도 필요하지 않을까 한다. 걸러서 5분도 안 되는 우리 동네가게로 가서 지금 필요한 것 하나만 사면 거의 그 상품에 해당하는 교환가치를 모두 치른 셈인데, 아울렛에서의 구매는 귀중한 나의 시간을 이용해, 지구 상의 극소수의 생산유통업자인류가 지불해야 할 비용을 지구 상의 대부분을 차지하는 소비자인류가 모두 직접 지불하는 바보 소비인 것이다.

요즘은 이른바 착한소비라는 것이 기업에 있어서 한없이 강조되고 있다. 그리고 이 착한소비가 한국에선 매우 옳은 상도로 통한다. 그러나 그 선량한 소비는 공장을 아울렛으로, 아울렛을 시골로, 시골을 공장으로 바꿔놓았다. 한국에서 한 번도 실천된 바 없는 하워드Ebenezer Howard의 전원도시Garden City란 게 바로 이런 전원일지도 모르겠다.[6] 그러나 분명한 것은 인류들을 끌어모은다던

6　한국산업사회학회, 『사회학』, 한울아카데미, 2004, p.368.

도시의 그 세 개의 자석 _three magnets_ –도시·전원·전원도시–이 그 아울렛일 수도 있다는 확신도 든다. 그러나 그 확신이 명청하다는 점도 감지되는데, 바로 아울렛전원도시의 자력이란 하워드의 사력과 조금 다르게 항상 작동하는 게 아니라는 것이다. 노을 지는 저녁만 되면 그 전원의 시골도시의 인구는 사실 급격하게 줄어든다. 아울렛이 시골에 등장한 이래로 시골도시 인구는 낮과 밤에 반복적으로 급격하게 줄었다 늘었다하는 고무줄 도시가 된다. 아마 하워드도 이렇듯 인구변화가 심한 가변의 전원도시는 전혀 예상치 못했을 것이다. 2002년 12월 29일 일요일로 기억되는데, 방송이 종료된 한국의 국민드라마 〈전원일기〉 말이다. 그 드라마에서 쌍복댁이 운영하던 슈퍼는 착해 보이지만 이 요상한 아울렛은 전혀 착해 보이지 않는다. 인류가 발명한 이 두 가게 중에 좀 더 착한 가게가 어떤 가게인지 뽑아보라면 어떨까 한다. 컬린의 아이디어만으로 만족하지 않은 거대생산자들 탓에 그렇게 싹싹하던 시골의 수많은 쌍복댁들은 지금 정든 구멍가게를 버리고 혹은 잃고 아울렛에 계산원으로 일하고 있을지도 모르는 일이다. 검은 머리 파뿌리 될 때까지 말이다.

접속관음증을 부르는:
스마트폰

　　한 리서치회사에서 평생을 바친 직장인이 힘주어 말한다. "지식산업은 끝났어"라고 말이다. 그러고 나서 또 이렇게 한탄한다. "세상 어딜 가도 밥 먹고 살 수 있게 하는 직업이 최고의 직업이지." 마지막으로 마무리는 "지식은 평생 밥 먹여주지 않아"라고 하면서 토플러 Alvin Toffler 를 끄집어낸다. 그는 미래학자 토플러가 예견한 제3의 물결 the third wave 을 굳게 믿었다. 재무, 디자인, 기획, 리서치, 마케팅, 광고, 유통, 경영, 서비스, 재활용처럼 손으로 만질 수 없는 기능들이 더 어려운 일이며 비용이 많이 든다기에[7] 그는 리서치회사에서 기를 쓰고 버텼다. 그러나 실체도 없는 데이터들에 의해서 세상이 거대하게 움직여지는 것 같지는 않았다. 다시 말해 토플러는 부의 축적이란 지식으로 가능해질 터이고 이젠 글로벌하기까지 해야 살아갈 수 있으니 단단히 각오를 하라고 우매한 인류에게 겁을 줬지만 닷컴회사에서 인류의 정년은 결코 있을 수 없는 일이었고, 더욱이 인류는 지식을 기반으로 하는 자본에 잠깐 놀아날 수는 있어도 그 자본에서 버려지고 나면 역시 제1의 물결 혹은 제2의 물결로 편입되어야 살아갈 수

7　Toffler,A. & Toffler, H., 2007, Revolutionary Wealth: How it will be created and how it will change our lives, Bantam. 김중웅 옮김, 『부의 미래』, 청림출판, 2012, p.48.

있음을 현재 노회한 인류에게 절실하게 느껴지는 깨달음이다. 결국 제100의 물결이 와도 인류의 입에 여전히 풀칠하게 하는 영원한 물결은 밭 갈거나 육체노동을 파는 물결밖에 없는 것 같다.

태초부터 인류의 생활은 크게 세 가지로 구분되어 있었다. 우선 과업을 행하는 시간이 있고, 취침·식사·성행위 등의 생리적인 활동의 시간, 그리고 그 과업과 생리적인 활동 외의 시간인 여가라는 노는 시간이 책정되어 있었다. 그런데 요즘 인류는 그들의 이 모든 시간을 통합해버리고 있는데, 그게 바로 미끈한 유리판을 만지면서 지내는 스마트폰smartphone의 생활화이다. 바로 지식산업의 서비스를 만끽하는 삶이다. 스마트폰이 개발되면서부터 인류에게서 공통된 행동이 하나 발견되었는데, 모두 스마트폰을 통한 무언가에 늘 열중하고 있다는 것이다. 그것도 모두 동일하게 스마트폰으로 말이다. 물론 스마트폰에 열중하는 목적은 모두가 다르겠지만 모두 동일한 행동을 하고 있음은 분명하다. 그러나 이는 이제까지 많은 인류의 행동 중에 가장 스마트해 보이지 않는 행동이기도 하며, 드디어 글로벌 지식산업 중심에 서 있는 인류, 즉 스마트폰에 열중하는 인류는 결코 똑똑해smart 보이지 않는 수준 떨어지는 인류로 보이기도 한다. 아마 인류의 몰창의적으로 보이게 하기 프로젝트가 1822년 배비지Charles Babbage에 시도, 즉 데이비 경Sir Humphry Davy에게 보내는 편지에서 계산하는 엔진에 대한 원칙 논의를[8] 시작으로 본다면 인류는 근 200년가량 자

---

8 위키백과 한국어(ko.wikipedia.org), 2013년 1월 22일(화), '찰스 배비지' 검색.

신이 멍청해 보이는 방법만을 개발하려고 헛된 세월을 보낸 것이고, 인류생성 원년 이래로 인류의 모든 감각을 스마트폰에 팔아버리는 가장 몰창의해^{lacking creative} 보이는 행위를 탄생시킨 것이다.

산업혁명 이후 개발된 모든 양산 발명품들은 인류를 이롭게 하는 미명 아래 인류를 통제하여 수익을 창출하려는 의도가 담뿍 담긴 것들이다. 아니 처음엔 순수하게 개발되었다 하더라도 모든 개발아이템은 수익을 내고자 하는 인류의 손에 넘어갔다. 그리고 그 손에 넘어오게 하는 시스템이 바로 경영관리의 일환인 것이었다. 가장 최근에 공장에선 어셈블리라인이 그러했고, 사무실에선 컴퓨터가 그러했고, 가정에선 TV가 그러했다. 그래서 그런지 한때 인류는 TV라는 발명품에 바보같이 노예가 되지 말 것을 회자시키기 시작하였고, 그런 경고는 1946년 20세기폭스사의 회장인 자눅^{Darryl Zanuck}에 의해서 공식화되었다.[9] 급기야 TV는 바보상자^{idiot box}라는 별명을 갖게 되었다. 인류가 TV 매력에 푹 빠지기 시작한 1959년 일본의 야스지로^{Ozu Yasujiro} 영화감독은 자녀들에게 그 바보상자를 사주지 않겠다는 아버지의 고민을 다룬 그야말로 바보상자의 영화 〈Good Morning〉¹⁹⁵⁹을 제작하기도 한다.[10] 그러고 나서 1925년 영국의 전기공학자 베어드^{John Baird}가 발명한 기계식 바보상자가 발명된 지[11] 꼭 67년이 지난 1992년에 IBM사에

9　뉴욕 지역신문 스테이튼 아일랜드 어드밴스(www.silive.com), 2015년 2월 2일(화), 'Zanuck' 검색.
10　네이버 지식백과(dic.naver.com), 2015년 2월 2일(화), '안녕하세요' 검색.
11　두산백과(www.doopedia.co.kr), 2015년 2월 2일(화), '텔레비전' 검색.

선 사이먼Simon이라는[12] 바보널빤지idiot board, 원래 idiot board란 방송촬영 시 보게 되는 대시 판을 의미를 발명하게 되는데 그게 바로 빛나는 스마트폰의 출현이었다.

언급했듯이 수천 년 동안 인류는 세 가지로 그들의 생활시간을 구분했다. 이를 더 세분화한다면 매우 복잡하고 고차원적인 인류의 생활인데, 이를 한순간에 단순화시킨 이기가 바로 스마트폰이 아닌가 한다. 이를테면 여가에는 여가를 즐길 시간이지만 스마트하기 때문에 스마트폰을 통해서 일도 해야 한다. 안 하면 스마트하지 않은 자로 보인다. 식사를 할 때도 맛있는 음식을 고르고 씹는 즐거움도 있지만 이때 친구와 스마트폰을 이용해 뭘 먹는지 찍어 보내는 통신도 해야 한다. 이를 거부하면 스마트사회성에 손상이 간다. 자는 시간에는 잠을 자는 것이 아니라 항상 외부와 접촉하기 위해 스마트폰을 온on시켜 놔야 한다. 그렇지 않으면 스마트폰으로 준비되지 못한 자로 낙오자임을 각오해야 한다. 길을 걷는 것은 거리풍경을 느끼며 사고하는 시간이 아니라 스마트폰과 접속하는 시간이어야 한다. 왜냐하면 길은 더 이상 걷는 즐거움의 길이 아니라 스마트폰을 접속하기 위한 통로에 불과하기 때문이다. 결국 스마트폰은 인류생활에 있어서 그 활동과 생활의 구분을 모두 흩트려놓았으며, 그로 인하여 인류는 육체적인 건강은 물론 정서적인 부분에까지 해가 되는 것이 아닌가 걱정하기

---

12 네이버 지식백과(dic.naver.com), 2015년 2월 2일(화), '스마트폰' 검색.

시작했다. 그러나 그러한 걱정도 스마트폰에서 한다.

1972년 일본에서 제작된 〈독수리5형제〉科學忍者隊, Gatchaman라는 만화영화에선 5형제들끼리 손목시계영상통화를 거침없이 시도하는 것을 이 두 눈으로 똑똑히 봤다. 형제들의 신속한 통화는 악당을 민첩하게 물리칠 수 있는 획기적인 수단이었다. 그런 세상이 올까, 언제 올까, 꼬마 미래학자들은 의견이 분분했지만 분명한 것은 20세기가 아닌 먼 미래일 거라는 결론을 지으며 놀이터로 몰려갔었다. 그러나 그로부터 딱 11년, 즉 20세기인 1983년 미국의 모토로라Motorola Inc라는 전기회사는 다이나택8000XDynaTAC8000X라는 휴대폰을 만들어냈다.[13] 그러나 당시에는 전화통신이라는 한 가지 기능만 할 수 있었지 다른 기능은 없었다. 물론 5형제와 같이 손목시계와의 결합은 언감생심이었다. 스무 살이 넘어버린 꼬마 아니 청년들은 "그래, 맞아"하며 21세기나 되어야 그 5형제들처럼 손목시계 통신이 가능할 거라 하며 노래방으로 몰려갔다. 그리고 나서 딱 21년 후, 21세기 초반, 드디어 2013년 한국의 삼성Samsung Electronics이라는 전자회사는 독수리5형제와 똑같은 갤럭시 기어Galaxygear 스마트와치를 만들어냈고, 그보다 좀 굼뜬 애플Apple Inc은 2014년 애플와치Apple Watch를 선보였다. 이들은 전화는 물론 독수리5형제가 보여주지 못했던 상상할 수도 없는 기능까지 보여주며 첨단기술을 과시했다. 중년이 다 되어버린 그 꼬마 아니

---

13 네이버 지식백과(dic.naver.com), 2015년 2월 2일(화), '모토로라' 검색.

아저씨들은 독수리5형제를 다시 상기했고 기뻤다. 그러나 정작 그들은 행복하지 않았고 짜증만 났다. 그래서 구매한 한 아저씨는 아침마다 멋진 손목시계와 이 독수리5형제폰 중 뭘 차고 나날까 하며 고민하다가 늘 손목시계를 선택해버렸고, 벌써 한 달째 이 독수리폰은 안방 화장대에서 방치되어 있다가 아들아이가 습득해버리고 나서 아저씨의 주변에서 사라지고 말았다.

극도로 머리 좋은 사람은 정서가 불안하다는 인류가 만들어놓은 속설이 있다. 스마트폰은 현대 인류의 불안한 정서를 그대로 반영하고 있는 상징과도 같다. 그래서 스마트라는 의미가 무색하게 인류는 스마트폰을 통해 모두 하나같이 똑같은 세상에 자신의 의식을 접속해야 하는 불안한 정서에 사로잡혀 있다. 아니 사로잡아 달라고 한다. 따라서 인류는 스마트폰이 연결되지 않은 개별적인 활동은 더 이상 취급하지 않는다. 이를테면 인류는 밥을 먹는 행동, 대화를 하는 행동, 신문을 보는 행동, 그림을 그리는 행동, 여가를 즐기는 행동 등 모두 개별적으로 행해야 하지만 이 모두를 하나로 통합하여 바로 스마트폰에 내어준 것이다. 인류가 느낄 수 있는 모든 감각을 한데 묶어서 스마트폰에 넣은 것이 바로 독수리5형제의 물건인 것이다. 그러나 이 물건은 중년을 즐겁게 만들지는 못했다. 그 이유를 곰곰이 생각해보니 독수리5형제가 사용했던 물건은 독수리5형제만 필요한 것이지 꼬마들에게, 아니 중년들에게 필요한 것은 결코 아니라는 것이다. 그들은 무찌를 악당이 없었다. 신기하긴 하지만 중년이 되어버린 내가 이제 와서 지구를 지키기 위해 모든 감각을 하나로 집중시켜야 할 이유는 하나도 없었던 것이다.

인류는 가끔 그들의 일반적 학습능력을 뛰어넘는 인류를 가리켜 영재 gifted person 라고 하며, 그 인류에게서 스마트한 미래를 투영해보려고 애를 쓴다. 그 영특한 인류 자체가 곧 인류의 미래인 셈이다. 그런데 그런 인물들 중에서 안정적 정서를 지닌 사람들은 들어보지 못한 것 같다. 그들이 인류의 편리를 위해 공헌했을지는 몰라도 그들의 정서는 엉망이었다. 그에 가장 대표적인 인물인 에디슨 Thomas Edison 이 그러했고, 아인슈타인 Albert Einstein 도 그러했으며, 최근에 잡스 Steve Jobs 도 마찬가지였다. 다시 말해 그들은 명석한 두뇌를 가진 그야말로 스마트한 자들이었지만 알다시피 에디슨은 학교적응이 힘들었고, 아이슈타인은 학교는 잘 다녔지만 지나치게 독실한 어린이 신자였고,[14] 잡스는 원 부모로부터 버림받았다는 상처를 안고 아프게 성장했다.[15] 그들은 늘 행복하지도 않고 외로웠다. 그래서 그런지 그들은 혁신의 당사자이지 그 혁신을 소비만 하는 즉자 thing in itself 는 아닌 분명 준족이었다. 그들은 특별하지 못한 인류에게 보여줄 그들만이 상상한 특별한 미래를 보여주는 것이 더 좋았던 것이다.

그러나 그 혁신가들의 고민으로 만들어진 이기는 늘 인류를 열

---

14 Einstein, A., 1995, Ideas And Opinions, Broadway Books; Reprint edition. 김세영 외 옮김, 『아인슈타인의 생각』, 부글북스, 2013, p.16.
15 Isaacson, W., 2011, Steve Jobs, Simon & Schuster. 안진환 옮김, 『스티브 잡스』, 민음사, 2011, p.25.

성인류에 머물게 했다. 영재가 인류를 위해 만든 이기는 결코 영재적 인류를 양산하지 못하는 시스템인 것이고, 그에 가장 대표적인 결과물이 바로 스마트폰인 것이다. 이 스마트폰은 스마트한 사람들의 고유 특성이라고 할 수 있는 불안정한 정서만을 사용자들에게 그대로 전이시켜 났다. 우선 어떤 일에도 전념할 수 없게 스마트폰을 만지작거리게 만들어놓았으며, 때론 창작의 즐거움마저 오로지 그 작은 전자유리판만을 만질 퇴행만을 하게 했다. 또한 더욱 놀라운 것은 스마트폰을 통해 때와 장소를 가리지 않고 귀중한 사생활데이터를 기업빅브라더들에게 공급해버린다는 것이다. 결국 스마트포너들은 실시간으로 자신의 유용한 정보를 항상 공급한다는 것도[16] 모른 채 뻔하디뻔해서 정보 같지도 않은 정보, 결코 창의적이지도 못한 지껄이기의 데이터 확보를 위해, 지하철에서의 게임을 위해 자신의 의식을 빅브라더에게 맡기는 오히려 우매한 자를 자처하는 것이 아닌가 한다. 역시 다시 말하지만 결코 스마트해 보이지 않는다.

인류는 원래 스마트했다. 굳이 영재 같은 자들이 개발한 이기가 없이도 자기 나름대로 스마트한 생활을 영위해나가는 매우 뛰어난 생명체였다. 그도 그럴 것이 미국의 펜실베이니아주에 아미시 공동체Amish village는 아직까지 건재하며, 어떤 때는 현대 인류의 정서문제에 있어서 그들이 더 스마트한 지능의 사람들이 아닌

---

16 John P. & Urs G., 2008, Born Digital, Basic Books. 송연석 외 옮김, 『그들이 위험하다』, 갤리온, 2010, p.53.

가 할 때도 많다. 그러나 그들이 더 스마트하다는 것이 가장 강하게 설득될 때는 그들의 행복이란 스마트폰인류에 비교가 되지 않을 정도로 만족스럽다는 데 있다. 결국 스마트폰이 보편화되면서 인류의 지능은 점점 한심해지고 질이 낮아지고 있다. 인류의 지능은 스마트폰의 도움이 없이는 거의 발휘되지 못한다. 어디서나 모든 지식을 손쉽게 내 폰으로 넣을 수 있다는 믿음 때문에 인류는 더 이상 학습을 하지 않는다. 아니 하지 않을 것이다. 그래서 사전도 보지 않고, 도서관도 찾지 않으며, 중요한 것은 학교도 갈 필요가 없다는 미래학자들도 있다. 지식은 언제 어디서나 스마트폰으로 퍼올 수 있기 때문에 당장은 필요 없는 상태, 즉 인류는 최초로 전혀 스마트하지 않은 상태에 놓이게 된 셈이다. 물론 인류는 정말 지식이 필요한 때를 대비하여 스마트폰으로 늘 접속하고 있긴 하지만 그 긴 무료한 시간을 달래기 위해 또 스마트폰을 통해서 지껄이기, 게임, 앱을 하는 대기모드일 뿐이다.

　1863년 1월 10일 런던에 지하철이 처음 개통되었을[17] 때 승객들의 모습은 약 100년 후 1974년 8월 15일 서울에 지하철이 처음 개통되었을[18] 때 승객들의 모습과 별반 다르지 않았다. 비록 100년이 지났어도 책을 보는 인류, 신문을 보는 인류, 창밖을 바라보는 인류, 얘기를 하는 인류, 생각을 하는 인류, 잠을 자는 인류 등등 그들의 모습은 여전히 다양했다. 그러나 스마트폰이 등

17 박진표, 전종우, 서형석,「지하철 광고제도 및 현황에 대한 비교연구(한국과 일본, 영국, 프랑스를 대상으로)」, 한국옥외광고학회,『옥외광고학연구』, 8(2), 35-70, 2011, p.51.
18 위의 글, p.35.

장하자마자 지하철 통근의 인류는 모두 단 한 가지 행동으로 통합되어 버렸다. 100년이 지나도 끄떡도 하지 않던 지하철 통근 승객의 행동민주주의는 한순간에 스마트폰전체주의로 바뀌어 스마트폰에게 모두 조아리는 행동으로 바뀐 것이다. 지하철을 타면서 스마트폰, 자리에 앉아서 스마트폰, 서서도 스마트폰, 지옥철이라도 스마트폰, 환승하면서 스마트폰, 내리면서 스마트폰이다. 스마트한 폰의 선두를 달리고 있는 한국의 젊은이들의 특성은 이렇게 정리될 수 있다. 급하고, 일희일비하고, 근성 없고, 가볍고, 진지하지 못하고, 산만한 데다가 때론 지혜를 스마트폰에 모두 소비하기도 한다. 이는 오래전 한국 인종의 모습에 비하면 결코 세련되어 보이지 않는다. 사실 창피하지만 나도 그런 거 같다.

한 대학생이 아주 넓적한 스마트폰을 지하철에서 꺼내 그림을 그리려고 이리저리 손가락을 유리판에 그어본다. 능숙하지도 않고 조악하기 이를 데가 없어 보이는 그림실력이다. 좀 익숙해지면 나아질 것이라는 기대감도 있지만 그림의 "그"자도 모르는 대학생이 지금 지하철이라는 땀내 나는 인류가 득실거리는 그 비좁은 자리에서 그림을 그려야 할 이유는 도대체 무엇일지 궁금했다. 차라리 그 시간에 어떻게 그림을 그릴 것인지 차창 밖을 바라보면서 구상하는 생각이 훨씬 스마트해 보이지 않았을까 한다. 굳이 지하철이라는 공개되고 비좁은 공간에서 미끌거리는 유리판에 그림을 그리겠다고 하는 모습이 인내하고, 깊이 있고, 근성 있고, 가볍지 않고, 진지하며, 성실한 가운데 오랜 기간 도야된 그림 실력엔 매우 못 미치는 행위 같아 보였다. 설사 그 대학생이 평면유리판을 잘 다뤄서 지식을 다룬다는 산업자본에 운 좋게 편입된다고 하더라도 이미 30대 후반이 되면 적어도 한국에선 치킨을 튀겨야 하거나, 치킨공장에서 일해야 하거나, 치킨 집을 아예 차려야 할 것은 누구나 공감하는 스마트한 지식산업의 실체이다.

빠르게 진행되는 진보는 사실 진보가 아니라 인류를 현기증 나게 하고 우울증에 빠지게 하는 자본주의의 단점이다. 태초부터 인류는 적정한 진보속도를 유지해왔으며, 그래야 건강하게 살 수 있었다. 미국의 미래학자 커즈와일Ray Kurzweil은 인터넷과 휴대폰으로 대변되는 범지구적 분산형 통신은 사회를 속속들이 민주화하는 작용을 해왔다고 주장했다.[19] 그러나 사실 그가 그러한 주장을 시도할 당시 두 이기인 인터넷과 휴대폰은 정작 결합되기 이전이었다. 다시 말해 커즈와일은 스마트폰의 탄생을 몰랐다. 그래서 민주화에 유용할 만해 보였다. 그러나 비로소 두 이기가 결합된 이후 스마트폰을 끼고 사는 인류는 그리 민주적인 생명체로 바뀐 것 같지는 않다. 우선 질 좋은 이른바 완전한 정보는 스마트폰이라는 민주기기에 결코 공개되지 않을뿐더러 오히려 불완전하거나 저질이거나 하찮은 정보만 풍성할 뿐이었다. 이를테면 검증 안 된 평판이나 소문, 아니면 편견, 한심한 통념, 강요된

---

19 Kuazweil, R., 2005, The Singularity is near, Loretta Barrett Books. 김명남 외 옮김, 『특이점이 온다』, 김영사, 2007, p.566.

유행, 지껄이기, 기괴한 장면, 사생활 퍼 나르기, 당장 필요 없는 성가신 광고 등은 1950년대 정보의 과부하로 도시병이 확장된다 던 사회학자들의 주장이 오늘날에 증명된 것이라고 보며, 이제는 더 이상 그 도시병이 아닌 전 지구적인 지구병으로 봐야 한다. 이를테면 수많은 형태의 정보들이 서로 주목을 이끌려고 아우성을 치는 가운데 의사 결정 능력이 마비상태에 이르는 병이[20] 지구병 시대로 옮겨간 것이다. 그러나 스마트폰은 마치 나만이 합리적이고 민주적인 정보를 다량으로 추구하는 것처럼 오프라인에서 요구하는 묵도의 학습과정, 혹은 고행의 학습과정을 쉽게 뛰어넘게 해준 고마운 대상으로 취급되기도 한다. 그래서 스마트폰을 애용하는 사람들은 스마트하다는 폰 이름 자체에 감탄한다.

캐나다의 언론학자 맥루한[Herbert Marshall McLuhan]은 전화기를 인류의 애완동물이라고 했다.[21] 그에 대하여 한국의 언론학자 강준만[Kang Jun Man]은 아예 신흥종교라고 했다.[22] 그리고 일본의 칼럼니스트 나츠히코[山本 夏彦]는 약속이라고 했다.[23] 다시 스마트폰으로 풀어서 얘기하자면 우선 맥루한이 애완동물이라던 전화는 현재의 스마트폰으로 따져서 아예 배우자로 변경해야 하며, 강준만이 신흥종교라고 지칭한 전화는 스마트폰으로 더 강화해 신의 휴대화라고 해

---

20 Palfre, J. & Gasser, U., 2008, Born Digital, Basic Books. 송연석 외 옮김, 『그들이 위험하다』, 갤리온, 2010, p.178.
21 Mcluhan, M., 1956, Understanding Media(The Extention Man), McGraw-Hill, p.266.
22 강준만, 『전화의 역사』, 인물과 사상사, 2009, p.376.
23 吉見 俊哉, 若林 幹夫 & 水越 伸, 1992, 『メディアとしての電話』弘文堂. 오석철 외 옮김, 『전화의 재발견』, 커뮤니케이션북스, 2005, p.26.

야 하지 않을까 한다. 또한 나츠히코의 약속으로서 전화를 스마트폰으로 본다면 스마트폰은 사회와 만날 약속을 놓치지 않기 위해 하루 종일 열어 놔야 하는 잠재된 평생약속대기인 것이다. 잠자리에까지 가지고 들어가 스마트하게 세속과 연결되려고 하는 것이 결코 지식의 손쉬운 접근이라고 보이지 않는다. 오히려 이는 날로 먹겠다고 하는 인류의 실시간 접속관음증이다.

지하철이라는 공간에서 스마트폰에 몰두하는 사람들의 틈 속에서 1년에 한 번 나타날까 말까 하는 종이책을 보는 사람, 종이신문을 보는 사람, 창밖을 바라보는 사람, 골똘히 생각하는 사람, 아니면 스프링 종이수첩에 영단어를 외우는 학생이 더 스마트한 것 같다. 때론 그들에게서 경외감과 고마움을 느낀다. 그들은 인류가 만든 최악의 발명품이 스마트폰이라는 것을 이미 아는 것은 아닐까 한다. 적어도 그들과 대화를 하다 보면 가볍지는 않을 것 같다. 청색전화니 백색전화니 하던 유선전화의 품귀한 시절이 그리워질 따름이다.[24] 아니면 스마트폰이 만들어지기 300년 전의 프랑스에 그 기원을 둔 벽보afficier라는 네트워크가[25] 더 그리워진다. 그러나 그런 감성 따위는 집어치우고 인류는 미래를 영국의 인공두뇌학자 워릭Kevin Warwick에 맡길 것 같다. 그에 따른다면 초감각의 능력, 뛰어난 의사소통 수단, 인간과 기계가 조합된 최상의

24 이기열, 『정보통신 역사기행』, 북스토리, 2006, pp.201-203.
25 春山 行夫, 『西洋廣告文化史』, シジュゴ市橋, 1981. 강승구 외 옮김, 『서양광고문화사』, 한나래, 2007, pp.226-229.

뇌를 가지게 되는 사이보그가 되는 미래는[26] 의외로 간단하게 다가올 것 같다. 바로 스마트폰의 등장은 곧 인류의 몸속으로 들어가게 되는 인류사이보그 원년이 얼마 남지 않았다는 불길한 징조다. 명심하길 바란다. 인류 각자의 소중한 친구의 시작은 오프라인 만남에서부터였지 결코 온라인 스마트폰 지껄이기부터가 아니었다. 더욱이 스마트폰의 사이보그도 아닐 것이다.

〈1970년에 두고 온 시간들—회수권〉, Watercolor on paper, 30×30cm, 2013.

26 Warwick K., 2002, I, Cyborg, Century. 정은영 옮김, 『나는 왜 사이보그가 되었는가』, 김영사, 2004, p.24.

허망한 사치와 낭비:
명품

        내가 알고 있는 커피란 작은 비닐봉지를 뜯어내면 적당량의 커피·프림·설탕가루가 한꺼번에 쏟아져 나오는 정재건조가루였다. 이런 커피를 한국인류는 인스턴트커피라기보다 커피라는 문물의 고유한 특성으로 알고 있었다. 그러나 요즘에 한국인류에게 있어서 커피란 차에서 비롯되는 예절과 같이 커피에서 비롯되는 예절까지 포함시켜 우아함으로 포장시키는 커피이다. 17세기 영국에서 대유행을 했던 커피하우스가[27] 드디어 21세기 한국에도 입성한 것이다. 그 예의범절이란 그야말로 커피의, 커피를 위한, 커피에 의한 커피전문점이라는 공간에서다. 우선 커피하우스에선 원산지가 확실한 커피를 우려낸 커피, 즉 결코 타서 먹는 커피가 아니라 보리차 끓이기와 유사한 방법으로 끓여내야 하고, 조금 키가 큰 종이컵에 담아야 한다. 또한 뜨거울까 봐 빳빳한 골판지로 다시 한 번 감싼 종이컵, 그리고 그 컵 주둥이에 하얀 플라스틱 마개가 덮어낸 커피, 그리고 우아하게 강력한 적색의 얇고 기다란 빨대가 살짝 꽂히는 커피 잔, 마지막으로 우려낸 커피 물 표면에 크림으로 연출된 황금색의 거품을 입술

27　春山 行夫,『西洋廣告文化史』, シジュコ市橋, 1981. 강승구 외 옮김,『서양광고문화사』, 한나래, 2007, p.153.

에 약간 묻히고 그 깊이 있고 풍성하다는 커피 맛을 즐기는 서구
인낭만에 빠지거나 이어폰을 끼고 철저히 개인적인 과업에 집중
하는 것이 요즘 한국인류들의 커피에 대한 기본적인 예절인 것이
다. 사실 커피의 참맛은 다 집어치우고 탄 맛으로 먹는 보리차와
별반 다르지 않는데도 말이다. 탄 콩이 너무 써서 우유와 설탕을
타서 먹는 지극히 간단한 끽다행위에 너무 지나칠 정도로 한국인
류가 우아한 의미를 입히는 조선인류 특유의 별남이 아닌가 한다.

커피는 원래 유럽 귀족들의 기호식품이었다. 아니 원래는 그들
의 이교도여서 죽이고 싶었던 이슬람의 수도승들만 애음했던 음
료였으며, 와인이자 수도 시 잠 깨우는 각성용 기도용품이었다.[28]
그러나 기독교도의 나라들이 밀집한 유럽은 11세기부터 수차례
의 십자군 원정을 통하여 그 상대적 사탄의 수중에서 커피를 전
리 아닌 전리품으로 빼내왔다. 그러나 아니나 다를까 그 은밀함
은 코란에 위배되는 악마의 극약이라는 편견의 물건으로[29] 오명
을 얻게 되었다. 그럼에도 불구하고 유럽인들은 그 오명에는 관
심이 없고 물 건너온 독특한 향취에 반해 호사스러운 음료로 맛
나게 우유를 넣고, 초승달 빵과 어울리게 한 인류는 콜체스키[Georg
Kolschitzky]에 의해서였다. 또한 커피가 커피라는 명칭을 갖게 된 계
기는 1626년 영국의 명문가 자손 토마스 아버트 경[Thomas Aubert]이

---

28 Jacob H. E., 2002, Coffee The Epic of a Commodity, Hans Jöergen Gerlach. 박은영 옮김, 『커
    피의 역사』, 우물이 있는 집, 2005, pp.44-47.
29 辻原 康夫, 『SEKAI CHIZU KARA SHOKU NO SEKAI O YIMU HOHO』, KAWADA
    SHOBO SHINSHA, 2002. 안정환 옮김, 『음식, 그 상식을 뒤엎는 역사』, 창해, 2002, p.71

페르시아 샤[shah, 중앙아시아 국왕의 존칭]를 뵈러 갔을 때 페르시아인들이 커피를 코호[coho] 또는 코파[copha]라고 불리던 것에서였다. 당시 스무 살이었던 그 유럽 귀족청년은 어쩌나 커피 맛이 쓴지 언뜻 보기에는 아케론[Acheron, 그리스 신화에 나오는 저승의 강]을 가져온 것이 아닌가했다고 한다.[30] 결국 유럽인들은 귀족들에게 이 매력적인 맛을 지속적으로 공급하기 위해서 수많은 커피식민지를 건설하게 된다. 물론 커피의 친구 설탕도 마찬가지였다. 이에 유럽귀족들은 발 빠르게 커피문화와 예절을 커피하우스에서 그들만의 구별 짓기로 형성시켰고, 그 우아하고도 낭만적인 커피 마시기는 1896년 명성황후가 궁궐에서 시해[을미사변] 당한 후 무서워진 궁궐을 떠나 러시아 공사관으로 피신한[아관파천] 고종황제가 당시 손탁호텔[Sontag Hotel]의 주인 양반인 손탁[Antoniette Sontag]에 의해 그 쓴 것을 제공받으면서부터 시작되어 지금의 한국에 이르는 것이다. 비록 노란 한국인류이지만 커피를 마실 때마다 뭔가 자신을 우아하게 감싸는 분위기에 취해 휩싸인 경험이 있다면, 그건 유럽귀족체험으로 잠시나마 빙의된 상태일 것이다. 결국 커피전문점에서 커피를 구매하거나 커피를 마신다는 것은 그 맛도 맛이지만 그 때문에 자신의 고귀도[nobility]를[31] 일시적으로 향상시키는 귀족놀이행위일 수도 있는 것이다.

---

30 Jacob H. E., 2002, Coffee The Epic of a Commodity, Hans Jöergen Gerlach. 박은영 옮김, 『커피의 역사(커피의 탄생과 향기로운 발걸음』, 우물이 있는 집, 2005, p.95.
31 고귀도란 17세기 프랑스에서 자신과 자신의 가문에 고귀한 정도를 나타내는 계량적 수준을 말한다. 그에 대한 설명은 필명인 볼테르(Voltaire)로 더 유명한 프랑스의 철학자 아루에(François Marie Arouet)의 소설 '캉디드(Candide)'에서 언급되는데, 여주인공 '큐네공드'는 주인공 '캉디드'에게 자신의 한 단계 높은 고귀도와 주인공인 캉디드의 고귀도가 적합하지 않은 수준임을 표현하는 대목이 있다.

참고로 난 아직 커피를 비롯하여 야구모자, 선글라스 착용이 그리 익숙하지 않다. 아니 왠지 불편하다.

현재 한국인류에게 매우 유용하게 사용하고 있는 신어^{neologization}인, 이른바 명품_{名品, 현재 한국에서 통용되는 명품이란 영어의 'masterpiece'가 전혀 아니기 때문에 한자어로 표기함}은 20세기 후반부터 생겨난 매우 기이한 개념으로서 세기말 세속화를 가장 잘 보여주는 현상이기도 하다. 사실 명품이란 그 뜻풀이 그대로 이름이 있는 상품을 말한다. 사람이 태어나면 이름을 지어주듯이 인류는 그들이 만든 물건에도 이름을 들러붙게 했다. 그게 바로 상품명 그래서 상표^{Brand}라고 하는 것이다. 사실 상표는 인류 각자의 이름을 통하여 출신성분을 알아보듯 그 상품출처를 쉽게 알아보게 하는 식별의 의미만을 담고 있었다. 그러나 적어도 서양에서는 그 기원이 좀 거창하다. 말하자면 가문의 문장^{arms}을 이미지화하는 중세인류의 과시욕에서 비롯되었는데, 왜 중세시대의 이미지를 떠올려보면 성마다에 뾰족 꼭대기에 사각 혹은 삼각으로 펄럭이던 것^{badge·flag·pennant}이 있지 않던가 말이다. 바로 그것들이 상표의 기원이다. 요즘엔 그 문장에 아니 상표에 주인행세를 하고 싶다면 국가에 등록하여 어느 누구도 허가 없이 따라 하지 못하게 소유행세를 하면 된다. 물론 과거 서양에서도 그 문장을 도용하는 일은 엄벌에 처해졌을 것이다. 결국 상표, 즉 브랜드 등록이란 물건의, 상품의 식별과 정체성을 공증하는 절차로서 매우 자본주의적이지만 고전적인 인류행위였던 것이다.

그런데 이 상표행위가 요상한 문화를 만들어놓기도 하였는데, 그건 바로 한국에서 가장 강하게 나타나는 별칭현상이다. 이는 식별과 등록의 기능을 뛰어넘어 이상한 거래까지 만들어놓았다고 볼 수 있는데, 이를테면 상상을 초월하는 헌금의 액수, 때론 넘치는 축복을 선사하는 은혜로운 대상으로의 믿음, 그리고 평생 충성을 다하는 여성신도 등의 종교적인 현상으로서 마치 신흥종교탄생과 같다는 것이다. 마치 탄 콩물에 불과한 커피에 바리스타라는 학문이 입혀지고 더욱이 서구적 우아함의 호사를 누리는 것과 같이 말이다. 사실 식별의 기능으로서 상표라는 것이 자리매김하는 20세기 초반만 해도 명품이라는 단어의 의미는 현재의 종교성과는 완전히 달랐다. 명품의 원 의미는 고색창연古色蒼然한 정성의 결과에 붙여지는 영광스러운 자격과도 같은 것이었다. 그리고 거기에다 빠질 수 없는 것이 바로 대단히 주관적이고 주체적으로 이루어지는 사적인 정성이었고, 그렇기 때문에 그 이름 부여는 매우 개별적인 상장수여식과도 같은 것이었다. 그렇다면 명품이란 지극히 개인적인 사정에서 비롯되는 영광으로 봐야 옳다. 따라서 사적으로 어떤 대상에 명품인정이 이루어지면 그 아우라aura는 특별한 개인의 것이지 만인의 것, 더 나아가 누구나 즐기게 되는 커피, 즉 대량의 소비자의 것은 더더욱 아니라는 것이다.

명품이 조악하거나 경박할 수 없는 이유는 예술藝術과 낭만浪漫이라는 가치가 녹아 있기 때문이었다. 우선 예술이라는 가치는 알다시피 심미이다. 물론 이도 소유한 당사자의 매우 주관적이고 사적인 사유이다. 따라서 그 심미는 상대적으로 무미일 수도 있지만 아무튼 미를 추구하는 것은 분명하다. 그리고 두 번째 낭만은 감동의 기억으로서 이도 매우 주관적인 나만의 경험이다. 고로 명품이란 결코 보편적이지 않게 묻어 있는 귀중한 대상, 즉 영혼불멸의 가문과도 같았다. 그러나 아무리 그렇더라도 현재의 양산품에 붙여지는 명품이나 오래전의 명품이나 물질에 지나지 않는다는 것은 마찬가지이다. 그러나 또 아무리 그렇더라도 적어도 아우라가 담뿍 담긴 그 옛날 명품엔 결코 물신주의fetishism를 대입시키지는 않았다. 그래서 명품은 누군가에게 소중한 물건이지만 그 소중한 누군가의 수중을 떠나게 되면 바로 아무런 의미가 없는 그야말로 단순한 물건 덩어리가 되는 것이다. 결국 명품은 병적이고 집단적인 물신주의와는 거리를 두는 자랑스럽고 영광스러운 단어였다.

현재에 명품이라는 것엔 사치라는 의미가 더 크게 작용한다. 영국의 사회학자 좀바르트Werner Sombart에 따르면 사치란 궁정사회에서 두 무리, 즉 아무 직업도 없는 귀족남성, 아름다운 귀족여인들의 몫이었다고 한다.[32] 말하자면 일을 하지 않을 만한 재력이 있는 남성이거나 아니면 외모와 신체가 출중해서 남성후원자가 언제나 후견해주는 여성의 사치, 즉 명품을 소유할 자격이자 신분인 것이다. 물론 이들도 그들만의 리그를 펼치면서 살긴 살

---

32 Sombart, W., 1922, Luxus und Kapitalismus, University of Michigan Library. 이상률 옮김, 『사치와 자본주의』, 문예출판사, 1997, p.11.

았다.[33] 그러나 20세기 초 귀족이 몰락하면서 명품에 대한 사회적 가치약속은 사라지고 말았다. 따라서 명품이란 따지자면 귀족이라는 신분이 제거된 나에게 오래되었지만 정성이 깃들고 예술적이며 낭만적이어서 더없이 소중한 물건으로 보는 것이 적당했다. 그런데 그러한 개인적인 가치는 사회적 가치로 변질되어 갔는데 그 변질의 장본인은 그 명품에 담긴 영광으로 장사를 해보고자 하는 장사치들이었다. 초기만 해도 그 장사치들은 봉건의 불합리를 타파하고자 하는 착한 시민이었고, 그래서 귀족과 성직자의 권력을 대항할 수 있는 유일한 신분이었다. 그러나 이들은 그러한 정치에 애초부터 관심이 없었다. 왜냐하면 이들은 자신의 부를 보호하기 위해 초기 그럴듯한 시민의 모습을 취했을 뿐이었다. 물론 이들도 부가 축적되고 나면 자동적으로 따라붙는 권력을 모르는 것은 아니었다. 그러나 아무리 그렇더라도 이들은 시민의 정치보다 돈을 더욱 좋아했다. 이들이 초기에 시도한 축적방식은 과학을 동원하는 것이었고. 이를 통해 대량으로 무언가를 생산할 수 있는 아이디어를 지속적으로 모색하는 것이었다. 그래서 이들의 머릿속에서 번뜩였던 유레카가 바로 분업 division of labor 이었으며, 이를 구체화한 것이 바로 그들의 작업장을 과학적으로 관리 scientific management 하는 양산시스템인 것이었다. 결국 부를 축적하기 위해 기계를 들여놓고 그 기계에 맞게 인류를 과학적으로

---

33 노명우, 『세상물정의 사회학』, 사계절, 2013, p.37.

관리하는 곳, 즉 공원factory worker을 탄생시킨 것이다. 공장의 주인은 과거 봉건귀족과 같이 선택받은 극소수의 시민이었다.

20세기 초 시민은 또 다른 곳에서도 나타나기 시작했다. 이들은 영주의 보호 혹은 통제에 얽매이지 않고 당당하게 살아가는 인류였다. 물론 봉건제가 붕괴되고 나서 생계 때문에 도시로 내몰리는 농민은 시민이 되기 싫었을 수도 있다. 그러나 도시에는 입에 풀칠을 해주는 또 다른 시민이지만 몇 안 되는 선택받은 시민이 경영하는 공장이 있었고, 대다수의 버림받은 농민은 이 공장에 들어가 거침없이 대량으로 쏟아져 나오는 양산품을 생산하는 노동을 하기 시작했다. 하루하루가 그리 수월하게 흘러가지는 않았지만 주인님의 속박보다는 훨씬 나았다고 하는 이들도 있고, 오히려 그 옛날 마님을 그리워하는 이들도 있었다. 그러나 분명한 것은 도시생활이 지루한 농촌생활보다는 더 마음에 들긴 했다. 이를테면 주인님이 누리던 귀족호사를 나도 맛볼 수 있는 희망이 있었다. 적어도 공장에서 고달픈 생활이 있고 난 후에 말이다. 그래서 도시는 누구나 귀족적인 생활의 기회를 가질 수 있는 매력적인 곳이었다. 이러한 희망을 품기 위하여 시민들이 도시로 몰려들기도 하였다. 급기야 도시는 공장에서 일하는 시민노동자들로 넘쳐났다. 결국 극소수의 시민과 넘쳐나는 시민은 도시에 조성된 공장에서 만났다. 넘쳐나는 시민은 노동자라고 하여 과학적 관리의 대상으로, 극소수의 시민은 자본가라고 하여 그 관리감독으로 말이다. 그러나 이들 관계는 또 다르게 형성되기도 하는데 바로 소비자와 생산자였다.

극소수의 시민이자 생산자는 넘쳐나는 시민이자 소비자의 수중에 양산품을 더 안기고 싶었지만 그럴 수가 없었다. 왜냐하면 다 하나씩은 소유를, 취득을, 구매를 했으니 더 필요하다면 그것들이 다 낡아빠져 없어지거나 잃어버려야 했기 때문이다. 이는 더 혹은 또 필요해질 때까지 시간이 흘러야 가능한 일이었다. "난 성격이 너무 급해서 탈이야." 그러나 얼마 지나지 않아 그 극소수의 귀하신 시민은 또 다른 고민에 빠졌다. "100% 소비자 모두에게 구매취득이 실현되는 순간 난 뭘 하지?" "내부는 지속될 수 있을까?" 공장은 문을 닫아야 한다는 또 다른 고민에 빠진 것이다. 넘쳐나는 시민도 마찬가지였다. "공장이 문을 닫으면 난 어디로 가지?" 넘쳐나는 시민도 당장 소비를 해야 하는데 공장에서 일하지 못한다면 살길이 절실한 상태였다. 그래서 극소수의 시민은 또 한 번의 유레카를 발동시킨다. 과학화의 대상을 공장이 아닌 다른 곳으로 돌리는 것이다. "그래, 바로 넘쳐나는 시민 자체를 공장 밖에서 관리해보자." 다수의 시민에게 오래전에 본의 아니게 결별한 영주이자 귀족 주인님처럼 사치하는 즐거움을 일러주면 간단한 공생관계를 계속 유지해볼 수 있는 시스템으로 말이다. 더 이상 두 시민은 시민이라기보다 아니 시민을 포기하고 생산하여 부를 축적하는 생산자로, 노동력을 팔아 번 돈을 소비라는 재미에 푹 빠진 소비자로 남길 원했다. 바로 자본가^{capitalist}가 탄생한 것이고, 노동자^{laborer}가 탄생한 것이다. 결국 두 시민은 자본가와 임노동자로서 만나지 않는 공장일이 끝난 사적인 시간과 장소에서, 즉 길거리나 가정이나 공원에서 생산자와 소비자로 만나서 상품과 돈을 다시 맞교환하는 지속적인 관계를 유지하게 된 것이다.

이러한 관계에서 모색되는 것은 바로 서로를 확실하게 아는 것인데, 우선 자본가가 노동자에게 프러포즈를 했다. 노동자의 마음을 알아내는 시장통제가 가해진 것이다. 노동자의 마음을 알아내는 방법은 여러 가지로 모색되었겠지만 가장 유용한 것이 노동자들이 추구하는 이상을 하나하나 정리·분류하는 것이었다. 그렇게 정리된 이념은 양산가능하게 대량·다량으로 물화^{reification} 되는데 쉽게 말해 이는 양산품에 노동자들의 이상을 코팅시키는 작업이었다. 코팅의 방법은 여러 가지가 있었다. 가장 대표적인 방법이 바로 멋진 심리학^{psychology}을 그럴듯하게 광고^{advertising}에 응용하는 것이었다. 그 아이디어는 심리학에 기반을 둔 광고의 물화, 즉 매혹적인 이상으로 듬뿍 코팅된 양산품을 만드는 것이었다. 결국 부의 축적을 선택한 자본가는 과학적 방법으로 시장을 똘똘하게 통제하였고, 이미 그 옛날 주인님과 헤어진 노동자는 그 자본가의 통제를 우매하게 즐겼다.

명품이란 그러한 합의된 통제에서 가장 상위의 이상, 즉 귀족을 탁월하게 물화시킨 산물이었다. 비록 노동자는 나보나 우아함이 한참 높은 귀족들과의 관계를 끝냈지만 그들의 삶, 즉 주인님의 귀족생활은 늘 한 맺히게 부러웠었다. 아니 이는 한보다 평생 외상후스트레스증후군이었다면 더 적당할까 한다. 그러한 맥락에서 귀족코팅의 명품은 자본가들에겐 최고의 돈벌이였고 노동자에겐 최고의 한풀이였다. 그리고 그 최초의, 최고의 작품은 1862년 영국의 귀족화가인 밀래이스 경 Earl John Everett Millais 의 거품 내는 소년 그림의 피어스비누 A & F Pears 로 탄생한다.[34] 당시 노동자는 비누란 청결의 도구가 아니라 귀족의 도구일 수 있음에 관심을 보였다. 이는 물건에 완벽한 귀족코팅이었다. 그 이후 다양한 상품에서 고상하고 고귀한 코팅이 이루어졌다. 그러나 아무리 코팅이 잘 이루어졌다 하더라도 늘 그 코팅작업에는 가장 중요한 아니 근본적인 조건이 하나 빠져 있었다. 그래서 자본가는 성이 차지 않았고, 노동자들은 늘 떨떠름했다. 바로 가격이었다. 저렴한 가격은 아무리 귀족코팅을 시켜도 한계가 있었다.

그래서 자본가와 노동자가 짜고 치는 최고의 과학적 관리는 바로 명품이었다. 애초에 시민은 탐욕스러운 귀족을 거부했다. 그래서 그들은 봉건의 악몽을 지우기 위해 평등을 사랑했다. 그러나 그 사랑은 뭔가 공허했다. 그래서 변질된 두 시민은 그 공허함을 가격으로 달랬다. 이를테면 기존의 양산된 기성복에 나일론 냄새를 걷어내고 강한 이상을 아주 경건한 방법으로 영적 체험하게 하는 것인데, 그 첫 번째가 쇠락했던 제조기술로서의 장인정신 artisan spirit 을 나일론에 장착시키는 것이었다. 더 나아가 이미 지

---

34 春山 行夫, 『西洋廣告文化史』, シジュコ市橋, 1981. 강승구 외 옮김, 『서양광고문화사』, 한나래, 2007, p.255.

난 세기 종족을 감추기 시작한 귀족을 넘어서 왕실王室의 가치까지 혼합시켰는데, 이는 이른바 스놉snob이라는 허망에 잘 맞아떨어진 기획이기도 했다. 결코 양산될 수 없는 장인·왕실의 역사적 가치가 수십억 개라도 찍어낼 수 있는 기성품에 기가 막히게 잘 입혀진 것이었고, 그 작업은 노동자들에게 너무나도 점잖게 각인되었다. 결국 세상에 하나밖에 없어야 하고 그래서 누군가에게 가장 소중한 명품이 누구나가 소유하는 고가의 양산품으로 감쪽같이 변질된 것이다. 고로 근본적으로 명품일 수 없는 대량의 소비체계는 근본적으로 명품일 수 있는 고색의 지위를 밀어낸 것이다.

그래서 미국의 인류학자 매크래컨Grant McCraken은 이에 제동을 걸었다. 사실 고색이란 지위를 주장하는 것이 아니라 그 지위가 진짜임을 입증하는 것이라고 했다. 그래서 낡았지만 잘 보존된 물건은 소유자의 지위로써 명품인 것이라고 그간 잊고 있었던 명품의 재개념화를 갈파했다.[35] 그렇다면 명품소유란 소유한 사실만으로 영광스러운 것이 아니라 보존해온 역사적 지위까지 빛나게 하는 것이기 때문에 결코 위조될 수 없는 것이었다. 그러나 자본가에게 고색은 그들에게 매우 불리한 생산이념이었다. 그래서 자본가는 노동자이자 소비자에게 고색을 사회악으로 취급하게 하기 위해 공장 밖에서의 과학적 관리를 또다시 감행하는데, 그게 바로 새것, 신제품, 신상품의 이념과 그에 걸맞게 청춘을 예찬하

---

35 McCraken G., 1990, Culture and Consumption, Indiana University Press. 이상률 옮김,『문화와 소비』, 문예출판사, 1997, p.85.

는 미덕을 상품에 입혀서 모든 인류에게 끈임 없이 사회화시키는 것이었다. 이제 서서히 짐작했다시피 인류가 개발한 가장 비합리적인 발명품 중에 하나가 바로 방금 새롭게 만들어진 신상품으로서의 명품이다. 이 명품은 철저하게 껍데기인 이미지와 물건이 기형적으로 결합한 인류의 정신적·물질적 낭비의 산물이다. 그래서 두 시민이 정신만 차린다면 그 가치가 급락할 수 있는 물건이 바로 명품인 것이다. 그러나 정신을 차리기가 어려울 정도로 현대인류가 추구하는 명품이란 거의 기복의 신격화가 추진되었다. 그래서 그 허망한 명품취득을 위해 자신의 일정한 시기를 노동이라는 고행으로 장기간 행하는 사람도 있는가 하면, 어떤 이는 자신의 심리적 안정과 풍요로운 미래를 위하여 명품을 구매하는 경우도 있다. 전자는 극도로 불합리한 사고로 자신의 일생 중에 일정한 시간을 낭비하게 하는 것이고, 후자는 정말 필요할 때 쓰일 돈을 이상한 곳으로 몰리게 하는 경제적 낭비인 것이다.

생각을 고쳐먹어 보면 어떨까 한다. 현재까지 인류는 뭐든 거래가 되어야 하는 기형적이고 냉혹한 사회에 살고 있다. 하지만 인류가 진정 추구해야 할 명품이란 조상이, 부모님이, 사랑하는 이가 건네준 고색창연한 물건을 명품으로 인정하며 사는 것이며 이게 더 인류답지 않을까 한다. 명품이 아닌 의사명품을 몸에 밀착해서 사는, 비속한 무리들로 일컬어졌던 된장녀·된장남^{2006년 한} _{국 최고의 유행어 클럽에 속함}을 물어보았다. 그랬더니 모두가 "속눈썹이 눈을 찔러서"처럼 그야말로 정형화된 성형의 자기합리화와 같은 꽤 과학적인 이유를 쏟아낸다. 차라리 명품속물을 솔직하게 인정하는 우사기 ^{Nakamura Usagi}—일본의 편집자이자 카피라이터로 『나는 명품이 좋다』의 저자—의 좌충우돌이 원래 정신적이든 육체적이든 물욕과 강박관념을 기준 없이 넘나드는 나약한 인류 종의 솔직함이 아닐까 한다. 창피하게도 명품은 무엇인지, 명품은 왜 좋은지, 명품을 왜 사야 하는지는 우사기가 다 실토해내고 있다. 바로 비논리적인 이유로 말이다. 우사기는 민망할 정도로 명품 물욕자들의 독심술에 능하다. 그래서 그녀는 그 모든 독심사항은 범주화하여 그녀의 저서에 고스란히 정리해놓았다. 명품욕자들은 궁금한 자신의 물심리를 거기서 참고해보길 바란다.

결국 명품이라는 경영아이디어에 말려드는 것은 현재 똑똑한 인류에게 걸맞지 않은 극도로 원시적인 사고이며, 지구에 사는 가장 우량의 생물 사고라고 보기에는 사실 창피한 아이디어였다. 그래도 인류는 명품취득에 관심이 여전히 많다. 애석하게도 대다수의 온라인쇼핑몰은 21세기야말로 대중적인 개인주의 때문에 명품은 저무는 시대라고 한다. 온라인쇼핑의 호들갑이 어제오늘의 일이 아니어서 믿을 만한 정보는 못 되지만 믿어보기로 하겠다. 이렇게 상상해보면 어떨까 한다. 1980년대에 전 세계적으로 인기를 끌었던 영화 〈부시맨〉 ^{The Gods Must Be Crazy}에서 주인공 부시맨이 하늘에서 떨어진 콜라병을 숭배했던 것 말이다. 인류는 현재까지 그들의 사고에 있어서 합리적으로 진화해오고 있었던 것일까, 아니면 부시맨과 다를 바 없이 토템을 계속 다른 방식으로 전

수시켜 온 것일까 하는 의문이 밀려온다. 인류의 이성이라는 것이 진정 전혀 쓸모없어 보이는 대목이다. 사회학자 노명우 Nho Myung Woo는 이러한 인류의 기이한 이성을 오래전인 1899년 미국의 경제학자 베블런 Thorstein Veblen의 연구서인 유한계급론 The Theory of the Leisure Class으로 아직도 유효함을 설명해내고 있다.[36] 다만 그 계급에 해당하지 않는 인류까지 자신을 유한계급으로 혼동한다는 것이 좀 다르다. 그런 만큼 이미 고대 회의론자로 유명한 피론 Pyrrhon –고대 그리스의 철학자–은 그의 무용담–폭풍우 공포에 휩싸인 선원들과 달리 아무 걱정 없는 가축 돼지–으로 인류의 그 괴상한 이성을 조롱했다.[37] 하기야 해박한 식견을 지녔다던 프랑스의 유물론적 철학자 디드로 Denis Diderot도 어쩔 수 없이 그의 서재 꾸미기에 시달린 것을 보면 인류의 이성, 즉 합리성이란 겉보기보다 하등한 사고인 것 같다.

흑인매매가 급격히 증가했던 시절 가족과 친지로부터 떨어져 나온 흑인노예들은 그들의 심한 외로움을 달래기 위해 부두교의 수호정령을 부르는 슬픈 노래를 불렀다고 한다.[38] 만약 자신이 유난히 명품에 관심이 많다면 어린 시절 나의 상처경험을 추적해보길 바란다. 혹시 그 상처를 달래려고 명품 신을 불러내는 것은 아닌지 말이다. 시민은 아무리 명품을 둘러도 영원히 시민이며, 더

36 노명우, 『세상물정의 사회학』, 사계절, 2013, p.37.
37 Michel de Montaigne, 1580, LES ESSAIS. 손유성 옮김, 『몽테뉴 수상록』, 동서문화사, 2014, p.62.
38 Hurbon, L., 1995, Voodoo: Search for the Spirit, Harry N. Abrams. 서용순 옮김, 『부두교 왜곡된 아프리카의 정신』, 시공사, 1997, p.20.

욱 중요한 것은 지난 세기 동안 귀족은 모두 사라져버리고 현재 한국인류의 땅엔 없다. 고로 이제 명품은 존재하지도 않는다. 잘 이해가 안 된다면 이런 예는 어떨까 한다. 농번기에 맞난 새참 후에 인스턴트커피를 쭉 들이켜시는 농촌 어르신과 이어폰을 끼고 개인주의에 취해 커피하우스에서 우려낸 우아를 한 모금씩 음미하는 젊은이의 차이가 일종의 이데올로기라면 말이다. 차라리 인류에게 있어서 농촌의 어르신과 같이 피로니즘^{Pyrrhonism}의 정신으로 편하게 사는 연습도 필요한 것 같다.

주야행성의 지구:
24시 서비스

어린 시절 잠을 자고 나면 새로운 날이 밝아져 있다는 것에 늘 신기해한 적이 있다. 사실 잠을 자고 일어나면 나타나는 이 화수분 같은 매일매일은 세상을 아직 모르는 어린이들에게 워즈워스 William Wordsworth 의 무지개처럼 아침에 눈을 뜨면 또다시 내게 온 새하얀 도화지와도 같았다. 아마 몇 밤 자면 누가 온다거나 몇 밤 자면 그날을 물어본 기억이 있다면 이 순리적인 시간흐름이 얼마나 건강한 낭만인지 영국의 낭만주의자의 미사여구를 빌리지 않아도 깨닫게 될 것이다. 그도 그럴 것이 1978년 한국의 한 TV 방송사는 저녁 9시 뉴스가 시작되기 전 바로 "어린이 여러분, 이제 잠자리에 들 시간입니다"라고 어린이들을 구름 속에서 헤매게 했다. 사실 어린이들은 그러한 방송을 보고 잠이 든 적이 별로 없다. 하루 종일 밖에서 뛰어놀았던 터라 TV 앞에 모여 있는 가족 중에서 가장 먼저 쓰러진 가족인류는 바로 그 어린이였다. 그때만 해도 어린이들은 정말 평화롭게 살았다.

한국에서 1970년대 그런 어린 시절을 보내고, 1980년대의 청소년 시절로 접어들었던 세대는 동네에 가게 하나가 새롭게 생겨난 것을 기억할 것이다. 그해가 바로 1989년이었다. 서울시 송파구에 미니슈퍼마켓 정도 크기의 야간가게 하나가 반짝거리기 시작했는데,[39] 그게 바로 편의점 24hours convenience store 이라는 것이었다. 이 새로운 가게는 영업시간의 종료와 시작 자체가 없었다. 그래서 하루 24시간 언제라도 물건을 살 수 있는 신개념의 구멍가게, 아니 편리한 상점이었다. 사실 밤을 지새워야 하는 극소수의 인류에게는 이 가게가 매우 유용할 수 있었다. 그래서 그런지 이곳에서의 구매가격은 그리 유용하지 않았다. 오히려 온통 깨어 있다는 이유로 가게는 할증을 요구하니 깨어 있지 않은 자들에게는 결코 애용할 이유가 없었다. 그러나 아무리 그렇더라도 그러한 가게가 생기건 말건 이미 집에 귀가하여 밤거리를 헤맬 이유가 전혀 없던 대부분의 인류, 어두운 동네를 배회할 이유가 전혀 없었던 한국인류라면 더더욱 그 할증을 덧붙여 구매할 이유는 없었다. 고로 당시 한동안 유명하지만 무실한 존재가 바로 편의점이었다.

한국에서 1970년대 어린 시절을 보내고, 1980년대의 청소년 시절을 보내고, 1990년대 대학 시절에 접어들었던 세대는 그들의 동네에 컴퓨터만 할 수 있다는 이른바 피시방 Internet cafe 이 생겨난 것을 기억할 것이다. 그것도 24시간 말이다. 그러나 이미 각 가정에 컴퓨터를 들여놓은 상황에서 피시방에 가야 할 이유는 없었으며, 더욱이 내일을 위해 구름 속을 헤매야 하는 인류에겐 이 피시방이 그리 매력적이지 못했다. 그래서 이 방은 당시만 해도 새롭게 등장하긴 했지만 밤을 온통 게임으로 지새워야 할 극소수의 인류에게만 필요했다.

---

39 전상인, 『편의점 사회학』, 민음사, 2014, p.63.

한국에서 1970년대 어린 시절을 보내고, 1980년대 청소년 시절을 보내고, 1990년대 대학 시절을 보내고, 2000년대 직장생활에 접어든 세대는 밤거리에 현대적인 식당 하나가 생겨난 것을 기억할 것이다. 바로 그 식당은 24시간 햄버거와 닭튀김을 파는 **빠**른 음식점 fast food restaurant 의 연장영업이다. 이 빠른 음식점은 굳이 심야에도 식사를 제공했다. 그러나 당시만 해도 7시경 아침을 먹고, 정오에 점심을 먹고, 저녁 7시쯤에 저녁식사를 하고, 11시경에 자야 하는 인류에게는 갈 필요가 없는 음식점이었다. 결국 이 식당은 어두운 시내를 환하게 비춰주어 모자란 가로등 전력을 대신하긴 했지만 일반적인 과업을 낮에 하는 대사수의 인류에겐 역시 들락거릴 이유가 많지 않았다.

한국에서 1970년대 어린 시절을 보내고, 1980년대 청소년 시절을 보내고, 1990년대 대학 시절을 보내고, 2000년대 직장초년 시절을 보내고, 2010년대 명예퇴직을 걱정하는 세대는 동네밤거리가 대낮과 다를 바 없이 불야성이라는 것을 알아차렸을 것이다. 초기 편의점을 필두로 아주 극소수의 수요가 있을 것이라는 24시 서비스의 아이디어는 급기야 매우 일반적인 인류 생활로 옮겨졌다. 그래서 2010년대 후반으로 접어든 현재 날 밤 새는 영업은 인류에게 매우 전투적으로 살아내야 하는 힘이자 기반이 되었다. 그러나 이제 와서 뒤돌아보면 후회가 막급하다. 왜냐하면 현재 이 백야 같이 깨어 있는 인류의 모습이 그리 행복해 보이지는 않기 때문이다. 밤새워 야근하고, 밤새워 술 마시고, 밤새워 영화보고, 밤새워 게임하고, 밤새워 장보고, 밤새워 야식 먹고, 밤새워 쇼핑하는 것이 과연 인류를 행복하게 하는 문화일까 하는 의문이 든다. 행복의 다른 말은 바로 건강이다. 과연 24시간 문화가 인류를 건강하게 유지시켜 주고 있는가 하는 의문이 매우 크다. 24시간 편의점 점원인류는 밤을 새워 물건을 파는 영업행위 때문에 힘들고 피곤해한다. 물론 새로운 일자리 창출이기는 하지만 이걸 평생 할 수 있는 창출은 아닌 것 같다. 어두운 밤에 물건을 사러 가는 소비자인류도 마찬가지로 그리 상쾌하지는 않다. 서로의 몸이 힘들어진 상태에서 이루어지는 상거래라면 굳이 밤에 만날 이유가 없지 않은가 말이다. 서로 합의하여 내일 밝은 날에 만나서 돈 주고 물건 주면 될 것이고, 그래야 다시 말하지만 건강의 다른 이름 행복을 서로 유지할 수 있고, 더욱이 태초부터 인류는 단 한 번도 야행성의 짐승으로 분류된 적이 없었기 때문에 더욱 그러하다.

사실 이 편리하지도 않을 수도 있었던 이 야간식료품점은 1927년 미국의 한 제빙회사에서 나온 아이디어였다. 밤새워 얼음을 만드는 동안 종업원 그린 Jefferson Green 은 일반 식료품을 같이 팔아보려는 시도를 했던 것이다. 물론 반응은 나쁘지 않았고, 사장은 바로 8개의 제빙 공장과 21개의 얼음 창고에 일제히 식료품을 팔도록 조치하였다. 그린의 씽크빅 이후로 일본은 1969년에, 중국은 1995년에[40] 줄줄이 편의점에 인류를 예속시켰고, 그로부

---

40 전상인, 『편의점 사회학』, 민음사, 2014, pp.27-36.

터 88년이 되는 해 미국을 비롯해 24시간 문화에 길들여진 인류는 이제 건강에 적신호가 켜지기 시작했다. 오히려 24시간의 노동과 여가, 더 나아가서 야간노동과 야간여가는 심한 육체적 피로와 심리적인 문제를 초래하게 했다. 알다시피 어떤 생명체든 살아 있는 동안 깨어 있어 활동하는 시간과 수면으로 휴식하는 시간이 공통적으로 주어진다. 생명체에게 수면의 시간이 주어진다는 것은 생명체의 신진대사가 전면 멈추고 휴식의 시간이 필요하다는 것을 의미한다. 그리고 그 휴식에서 어두운 시간에 반 죽어 있는 상태, 즉 야간수면휴식은 건강을 유지시키기 위한 매우 중요한 골든타임이다. 이는 식물에게도 마찬가지이다. 풀이, 과일이, 나무가 건강하게 잘 자랄 조건 중에 하나가 바로 칠흑같이 어두운 야간을 식물들에게도 지켜주는 것이다. 그들을 인공조명으로 피곤하게 했다가는 그해 농사를 망치고 만다. 이는 농촌인류에게 불문율이자 법이다. 쉽게 말해서 식물도 푹 자야 한다. 인류에게 있어서 푹 자지 못하는 가장 대표적인 직업군이 바로 항공승무원들이다. 이들은 어두운 밤의 수면을 거부해야 하기 때문에 대사가 불안정하고 스트레스를 늘 축적해놓고 산다. 그래서 항공직은 출중한 외모와 유창한 외국어 실력, 그리고 독보적 비행실력과는 상대적으로 온 수명까지 위협받을 수 있는 때론 고달픈 직업군에 속한다. 그렇다면 인류가 어설프게 개발한 이 24시간 문화는 오히려 인류를 더욱 편리하지 못하게 만들어놓은 꼴이 되는 것이다. 그 옛날 어린이들을 구름 속에 헤매이게 했던 그 시간은 어린이의 건강에 중요한 시간임을 상기해보고, 그 어린이의 확대 복사본인 어른들에게도 대입해보면 답은 간단하다. 이는 청소년은 말할 것도 없으며, 어르신에게는 장수의 비결이기도 하다.

예수 Jesus Christ도, 석가 Siddhrtha Gotama도, 마호메트 Mahomet Mohammed도 성인이 되기 전까지 인류와 똑같이 밤에 잠을 잤다. 그것도 쿨쿨 말이다. 그러나 그들이 만든 종교와 선을 그으려는 세련된 요즘 인류는 뜻밖에도 그 성인을 따라 하기도 하는데, 바로 잠 안 자기이다. 이는 20세기 후반부터 고도로 산업화된 국가들에서 나타나기 시작한 보편적인 소비문화현상인데, 이른바 잠 안 재우기 프로젝트 insomnia project의 강도가 가장 높은 나라가 바로 한국이다. 한국의 탐욕스러운 자들은 그 프로젝트를 적극 활용하여 자정이 넘도록 대낮과 똑같이 한국인류를 거리에 내몰고 있다. 특히 동대문 Dongdaemun이라는 지역은 그 프로젝트가 가장 성공적으로 이루어진 곳이기도 하다. 여기에선 인류가 낮에 해왔던 모든 활동을 24시간 반복적으로 풀가동시킬 수 있는 곳이다. 그래서 그런지 동대문이라는 한국인류들의 국가 보물도 24시간 늘 열려 있다. 동네에도 마찬가지로 동대문처럼 대낮 같지는 않아도 어두운 밤을 얼마든지 배회할 수 있게 환하게 조성해놓았다. 이는 괜히 대낮의 인류활동을 24시간으로 확장시켜서 돈 쓰게 하는 매우 장기적이고도 고강도의 소비프로젝트인 것이다.

물론 잠자지 않는다는 것은 인류가 추구하려는 여가시간을 많아지게 하는 것일 수도 있다. 그래서 더 여유로운 활동을 야기하기도 한다. 그러나 그러한 여유는 필연적으로 피로를 만들고 피로한 도시를, 더 나아가 피로한 국가를 만든다. 인류를 제작한 누군가는 일류의 작동원리를 이렇게 만들었을 것이다. 낮에 하루 세끼를 먹어야 합니다. 그 이유는 에너지소비의 활동시간에 바로 에너지를 보충하기 위해서 세 번의 영양공급이 필요하지요. 밤이 오게 되면 잠을 재워줘야 합니다. 왜냐하면 인류의 대사는 야간 수면시간을 이용해서 큰일을 해야 하는데, 바로 낮 시간에 영양공급이 아닌 수면시간에 면역력immunity을 증강시켜야 하기 때문이죠. 이렇게만 한다면 한 100년은 작동시킬 수 있는 게 바로 인류지요. 그러나 현대 인류는 24시간 깨어 있는 관계로 면역력은 바닥난 상태이고 오히려 불필요한 영양공급이 야간에도 지속적으로 이루어져서 복부와 둔부가 부풀어 오르는 그야말로 측면 S라인의 새롭지만 허약한 생명체로 퇴화되고 있다.

24시간 영업은 영업sales의 목적으로 생겨난 것이기 때문에 선량한 인류의 편의를 위해서 개발된 것은 아니라고 본다. 오히려 24시간 세일즈란 탐욕스러운 인류의 편의를 위하여 모색된 쓰레기 아이디어였다. 1970대만 해도 각 방송사는 선량한 인류의 신진대사metabolism를 위해 저녁 10시 정도에 영화를 송출했고, 그 영화를 마지막으로 자정 전까지 꼭 방송을 끝냈다. 그러나 2010년대 각 방송사는 탐욕스러운 특정 인류의 부의 축적the accumulation of wealth을 위해서 심야를 넘겨서 새벽으로까지 영화를 송출하고, 심지어 어린이들에게까지 만화영화를 보면서 꼴딱 밤을 지새우게 한다. TV가 밤에도 살아 있으니 덩달아 모든 분야가 24시간 영업으로 전환된 상태이다. 야간에 문을 연 헬스클럽도 있고, 24시간 심야버스도 있고, 밤새워 빨래할 수 있는 빨래방도 있고, 찜질과 사우나도 잠자지 않고 할 수 있다. 초기에 극소수의 24시 서비스 수요는 현재 너무나도 다른 거대공급이 된 것이다. 진정 잠재수요가 있었던 것인지 아예 길들여진 것인지 모를 정도다.

결국 인류가 편하자고 개발한 24시 서비스의 도입은 인류가 깨어 있는 시간을 확보하는 만큼 면역건강을 내주는 결과를 초래했다. 누가 업어 가도 모르게 일찍 잠들었던 현재 기성세대의 어린 시절과 천식과 아토피를 늘 달고 사는 그 세대들의 어린 시절을 비교한다면 좀 생각이 달라지지 않을까 한다. 24시간 네온사인, 24시간 방송, 24시간 떠들썩한 길거리, 24시간 야식배달, 24시간 쇼핑, 24시간 헬스클럽, 24시 서비스 등은 분명 풍요롭지 못했던 각자의 어린 시절과는 판이하게 달라서 믿지 못할 인류의 도원경이다. 자야 할 때 다 같이 자자. 그럴 수 없다면 딱 두 가지 이유에서다. 하나는 소방, 병원, 치안, 방범 등에 관련된 일, 즉 누군가는 어두운 밤에도 깨어 있어야 하는 숭고한 인류들이 그렇고, 또 하나는 시키지도 않았는데 괜히 24시간 영업문화에 젖어서 덩달아 자지 않는 연약한 주체성 인류 때문에 그렇다. 이를테면 유모차에 자는 영아를 데리고 나와서까지 밤을 대낮같이 즐기는 맹한 두 내외의 주체성 말이다. 외계인도 24시간 지구인을 관찰하기 위해 시종일관 나타나지는 않는다. 왜냐하면 나타나지 않는 것이 아니라 못한 것이다. 그들도 나 홀로 구름처럼 헤맬 잠시간이 필요했던 것이다. 인류 최악의 발명품 중 하나는 바로 24시 서비스가 아닐까 한다. 아마 21세기에 방문한 외계인이라면 지구를 잠을 자지 않는 인류가 득실거리는 주야행성이라고 그들의 행성에 보고하지 않을까 한다.

CHAPTER 2
인류건강의 **퇴보**

가공육과 내장지방의 상관관계: 소시지

　　어떤 음식이든지 식재료의 원형을 지나치게 변형시킨 요리라면 그 맛이 떨어지기 마련이다. 물론 그 변형이 있다 하더라도 맛의 변형까지 살핀 한국의 전통음식이 있기는 하지만 어찌 되었건 식재료의 잦은 변형은 본래의 참맛을 떨어트리게 함은 입맛의 조예가 일천한 패스트푸더fast-fooder라도 다 아는 사실이다. 그런 의미에서 고기는 육질이 살아 있어야 고기의 참맛을 느낄 수 있다. 그래서 그런지 육질을 사정없이 갈아버린 함박스테이크보다 그냥 스테이크를 선호하는 것은 세상의 이치이다. 설사 다양한 조리법이 있다 하더라도 육질이 살아 있어야 입에서 맛있다는 신호를 보낸다. 물론 치아가 성치 못한 어르신들은 다르지만 그분들도 이가 온전하시다면 분명히 "나도 그냥 스테이크"라고 하실 것이다.

　　채집도 모자라 수렵이라는 것을 습득하기 시작한 인류는 육고기를 섭취하게 되었고, 그 참맛을 유지하기 위하여 다양한 조리방법으로 고기원형을 지키고자 했다. 그중의 하나가 바로 건조인데, 수분이 빠져나간 육질은 비록 딱딱하지만 고기의 질긴 원형이 그대로 유지되면서 쫄깃한 고기 특유의 씹는 맛까지 보존되는 매우 간단한 조리방법이자 보관방법이었다. 따라서 육포란 고기

육질은 최상의 상태 그대로 느낄 수 있게 하는 습기만 빠져나간 가장 간단하기 때문에 가장 초보적인 조리법이었다.[1] 그에 반해 고기를 구워내는 조리법이 있었는데, 이왕이면 잡은 그 자리에서 시 뻘건 불에 구워내는 이른바 직화구이라는 요리법이 있었고, 때론 간접구이로 고대 그리스인들 가정에 하나씩 보유하고 있었다던 화덕이라는 것을 이용해 은근하게 구워내는 보다 문명적인 조리방식도 있었다.[2] 그러나 수렵이 발달한 인류의 민족후손들에게서 지금도 주로 활용되는 가장 손쉬운 조리법이란 고기의 쫄깃한 맛과 불에 지글지글 태워진 맛이 곁들여진 구석기인들의 입맛 그대로의 굽는 방식이었을 게다. 내가 알고 있는 마지막 고기 조리방식은 끓는 물에 익혀내는 것인데, 이는 익힌 고기의 푹신한 맛과 동시에 소화를 돕는 국물까지 얻을 수 있기 때문에 두 가지의 고기 풍미를 느낄 수 있게 하는 육조리의 진보였다. 어찌 되었건 고기는 말리건, 굽건, 끓이건 간에 일정하게 질긴 고기의 참맛을 유지시켜 주는 것이 최고의 고기 식감인 것이다.

그런데 고기이지만 질기지 않은 고기음식이 있다. 아니 엄밀하게 말해서 고기의 참맛인 고기의 일정한 질긴 맛을 제거한 고기가 있다는 것이다. 이를 가리켜 우리는 육가공식품 livestock processed product이라고 말하며, 가장 대표적으로 햄 ham과 소시지 sausage가 거

1 Rimas A. & Fraser E. D. G., 2011, Empire of Food(Feast, Famine, and Rise and Fall), Larry Weissman Literacy. 유영훈 옮김, 『음식의 제국』, 알에이치코리아, 2012, p.237.
2 Craughwell, J. T., 2008, The Book of Invention, Black Dog & Leventhal Publishe. 박우정 옮김, 『역사를 수놓은 발명 250가지』, 현암사, 2011, p.49.

기에 해당한다. 그런데 원형 그대로도 맛있는 이들을 굳이 가공하는 이유는 뭘까 하는데, 바로 저장을 중요시한 인류의 아이디어에서 비롯된다.[3] 우선 햄부터 살펴보자. 사실 햄은 현재의 재료 상태와 다른 살코기를 의미했다. 대부분의 햄이 돼지고기를 사용하고 그중에서도 살이 많은 다리, 즉 뒷다리의 넓적한 부위를 소금에 절이고 때론 갈아서 훈연하여 네모지게 익혀낸 상태가 바로 햄이다. 그래서 햄은 전혀 질기지 않다. 그런데 그렇게 질기지 말아야 할 또 다른 이유는 아마 운반을 위해서였을 것이다. 우리 집에서의 두고두고 꺼내먹는 이유라기보다 대량판매유통을 용이하게 하기 위한 사업에서의 아이디어로 진보한 것이다. 가정식으로서 햄은 치아가 약한 어르신을 위하여, 날 잡고 도축된 고기를 보관을 위하여 1년에 한 번 만들까 말까 하지만 요즘에 햄은 365일 유통을 위하여 365일 도륙되기 때문이다.

소시지도 마찬가지 가정식으로서 매우 특별한 음식이었다. 적어도 고기라는 면에서 말이다. 그러나 소시지가 햄과 다른 점은 햄과 같이 육고기의 살코기로 만들어진 것이 아니라는 것이다. 소시지는 살코기를 발라내고 나머지 부위의 잡스러운 고기로서 이른바 내장기관이라고 하는 고기를 주로 사용한다. 그 이유는 햄을 만들고 나서 발생하는 잔여의 것들을 버리는 것보다 다시 고기류의 상품으로 태어나게 하기 위해서였다. 비록 질은 낮

---

3 한국식품공업협회 한국식품연구소, 『식육햄, 소시지의 위해분석』, 한국식품공업협회 한국식품연구소, 1993, pp.12-36.

지만 말이다. 따라서 소시지는 다량의 살코기 햄을 생산하고 나서 만들어지는 다량의 저질의 잡다한 고기류인 것이다. 물론 요즘은 묵직하고 굵은 부피를 위하여 전분을 섞기도 하지만 말이다. 인류가 햄과 소시지를 말할 때 소시지·햄이라고 하지 않고 햄·소시지라고 하는 이유는 햄 생산이 주가 되고 소시지는 그 부가 되거나 아래 것의 과정으로 주력상품이 아니기 때문이다. 그러나 아래 것을 주력상품화해야 짭짤하다는 것은 장사꾼이라면 인지상정인 것을 유르기스-1906년 미국육가공식품 폭로소설 JUNGLE의 주인공-에 의해 확인된다. 유르기스는 시카고의 육가공 공장에서 잡다하고 질 낮은 고기 아닌 고기가 신선한 소시지로 둔갑하는 것을 보고 이렇게 말했다. "더 열심히 일하겠어"라고 말이다.[4] 소설에서 비윤리적인 육가공 공정을 직접 목격했지만 형편없는 생계로 인하여 그 둔갑에 기꺼이 동참할 수밖에 없었던 육가공 공장 노동자들, 그리고 그 노동자들의 함구는 오늘날 육고기 둔갑산업을 대성공으로 이끌었다.

인류는 육고기의 살코기 부분을 제외한 다른 부분을 매우 혐오스러워한다. 그러나 그 혐오의 부분은 살려고 몸부림치는 돼지에게 있어서는 가장 중요한 부분이고, 동물체에 있어서 정말 중요한 장기라고 한다. 그러나 고기를 가지고 사업을 벌이지 않을 인류라면 그 장기들은 징그럽고 지저분해서 아니 무엇보다 선홍

---

4 Sinclair U., 2009, The Jungle, Dover Publications. 채광석 옮김, 『정글』, 페이퍼로드, 2009, p.29.

색의 살코기가 아니기 때문에 버려버리거나 아랫것에게 후사했을 것이다. 다시 말해서 고기를 구경 못 하는 인류가 아니고서야 그 장기를 사랑하는 이는 별로 없을 것이다. 혹은 이제 와서 결코 고급지지 않았던 그런 장기사랑 시절의 맛을 그리워할 뿐이지 고기의 참맛을 아는 인류라면 결코 그 내장기관을 사랑하지 않는다. 왜 이성에게 두툼한 스테이크를 사주려고 하지 시퍼런 창자를 사주려 하지는 않은 것처럼 이 대목은 몹시 미안하지만 사실이다.

소시지가 햄과 다른 점은 또 하나 있다. 소시지는 햄과 다르게 내용물이 몇 가지가 더 추가되는데 바로 고기에서의 기름부위, 혈액, 그리고 창자이다. 우선 기름은 갈려진 내장들을 유연성 있게 섞이게 하기 위해서인데, 여기서의 유연성이란 창자 속으로 갈려진 것들이 잘 유입되기 위해서이기도 하지만 인류의 목구멍에서 꿀꺽을 잘하게 하기 위해서이기도 하다. 혈액은 소지지 특유의 맛을 내기 위해서인데, 때론 혈액도 유연하게 갈려진 내장기관이 잘 섞여지게 할 용도로 사용된다. 그리고 마지막으로 창자는 예상했다시피 잘 섞인 기름, 혈액, 갈려진 내장이관을 담는 천연용기로 사용된다. 물론 프레시 소시지fresh sausage라고 하여 감자, 옥수수가루, 빵가루, 크래커까지 혼합되는 육고기 아닌 소시지도 있고, 지방을 다량 혼화하는 살라미salami도 있다. 또한 소와 돼지를 동시에 섞어내는 프랑크푸르트 소시지frankfurt sausage도 있다.[5] 결국 소시지는 갈려진 내장기관, 혈액, 기름, 그리고 고기가 전혀 아닌 것들까지 섞여 창자에 잘 채워서 삶아낸 고기이지만 인류가 얘기하는 살코기는 분명 아닌 2차적인 육고기인 것이다. 말하자면 질 높은 고기는 결코 아니라는 것이다.

2차 육고기인 소시지를 먹을 수밖에 없었던 절박한 이유는 보관과 운반이 최고로 중요한 시기, 즉 전쟁에서이다. 오디세이 Odyssey, 고대 그리스의 방랑가인 호메로스(Homeros)가 쓴 서사시에서 오디세이는 전쟁에서 돌아오는 길에서 소시지를 만들어 먹었다는 기억을 매우 실감나게 묘사하고 있다.[6] 비록 이 기록은 비유를 위해 조탁된 시어에서 추정되는 사실이지만 그만큼 소시지는 매우 오래된 인류의 육가공 식품인 것임과 동시에 전쟁음식이라는 것은 틀림없는 사실이다. 그러던 고기 아닌 소시지는 유럽 전역으로 전파되었고 급기야 바다 건너 미국에도 예외는 아니었다. 결국 그런 소시지의 전래를 거쳐 미국의 소시지가 한국에 입성한 것은 현재의 한국음식으로 자리 잡은 부대찌개 Korean Sausage Stew 의 유래에서다. 사실 이 부대찌개는 한국전쟁에 관여한 혹은 도와준 미국, 즉 미군들에 의해서라고 하면 적절하다. 그렇게 본다면 한국에서 소시지의 시작은 1950년부터라고 하면 더 적절할 것이다. 당시 소시지는 미국인들의 가장 대표적인 간식이었다. 그래서 전장에서도 그 간식은 미군들에게 당연하게 공수될 수 있었다. 그리고 그 미군들과 가

---

5 한국식품공업협회 한국식품연구소, 『식육햄, 소시지의 위해분석』, 한국식품공업협회 한국식품연구소, 1993, pp.37~38.
6 Th. W. Allen, Tom. Ⅲ-Ⅳ, 1917~19, Homeri Opera, rec., Oxford. 천병희 옮김, 『오뒷세이아』, 숲, 2006, pp.359("마치 어떤 남자가 비계와 피를 가득 채운 짐승의 창자를 구우며……"), 20권 25행.

장 가까운 극소수의 한국인들, 이를테면 수많은 쇼리 킴-1957년 송병수의 단편소설의 제목이자 전쟁고아 주인공의 이름-들이 미 군부대 밖으로 소시지를 반출하는 바람에 비로소 한국인들에게 공급되었을 것이고, 한국인들의 소시지 먹는 방법은 빵이나 소스가 곁들여진 것이 아니라 고추장이 발라진 걸쭉한 국물로 끓여냈던 것이다.

고기를 즐긴다는 것은 고기 특유의 질긴 맛을 즐긴다는 것이다. 물론 질긴 고기보다 부드러운 고기가 더 맛있다. 그렇다고 해서 부드러운 육질을 위해 약간의 질긴 질감까지 제거해가며 고기를 즐기지는 않는다. 그러나 그러한 씹는 즐거움을 완전히 파괴해야 하는 경우가 있는데, 바로 고기가 어떤 부위인지 알 수가 없게 하기 위해서가 하나이고, 살코기 축에 못 들어가는 것들을 상품화하기 위해서 모두 갈아버리는 것이 또 하나이다. 그래서 육고기는 크게 두 가지로 분류되는데 하나는 고기 특유의 씹는 즐거움의 고기로, 다른 하나는 무조건 갈리는 고기로 재분류되는 것이다. 물론 갈아서 다양한 방법의 고기 요리로 탄생하기도 한다. 그러나 그렇다고 해서 그 다양한 방법의 요리가 살코기의 씹는 즐거움을 능가하지는 못하며, 무엇보다 귀한 고기 요리로도 취급받지 못한다. 인류는 고기 특유의 씹는 즐거움을 제거한 갈린 고기를 현재 두 가지의 육가공식품으로 상품화하고 있는데, 바로 눈망울이 슬픈 소의 경우는 햄버거 빵 사이에 들어가는 패티이고, 인류와 유사한 피부를 가진 돼지의 경우는 소시지이다.

지난 2011년 한 햄버거 회사는 1974년 미국에서 제작·유행된 이른바 영어 〈빅맥송〉Big Mac song을 매우 그럴듯한 한국어 광고노래로 제작하여 광고캠페인을 진행한 바 있다. 그런데 그 노래가사는 틀린 말도 아닌 것 같지만 잘 분석해보면 좀 의아한 구석이 있다. 우선 가사는 다름 아닌 "순쇠고기패티두장특별한소스양상추치즈피클양파까지"인데, 여기서 중요하게 살펴봐야 할 부분은 바로 "순 쇠고기"라는 것이다. 사실 순 쇠고기라 하면 다른 고기나 전분, 혹은 소고기와 유사한 맛을 내는 그 어떤 이물질도 혼합되지 않는 100% 소고기를 의미한다. 그런데 그 순수함을 쇠고기라는 범위에서 살펴보면 아이러니가 내포되어 있다. 왜냐하면 소의 염통도 순 소고기이고, 소의 내장도 순 소고기이며, 소의 허파도 순 소고기이고, 소의 기름도 순 소고기이고, 심지어 소의 창자도 순 소고기의 잔육으로서 순 소고기이다. 따라서 그 징글jingle, 운율이 있는 시의 구절에 멜로디가 입혀진 길지 않은 광고음악가사에서 순수한 소고기란 매우 포괄적이라는 의미이다. 물론 패티라는 것을 육안으로 보아서 소의 염통이나 내장 혹은 허파의 육질을 짐작하게 하는 형태는 결코 없다. 그러나 여기서 분명한 것은 순 쇠고기란 순 살코기라는 상 등급의 고기가 결코 아니라는 것이다. 사실 기이하게도 한국에서는 이른바 마블링이라고 일컬어지는 지방이 가장 많이 차지한 고기가 가장 상 등급에 속하며, 그러한 부위는 고기의 씹는 맛의 대명사로 알려져 있다. 더욱이 돼지고기의 경우도 지방이 3겹으로 중층되어 있는 고기가 인기다. 그러나 이 두 부위는 분명히 순 살코기에 비해 질이 좋거나 고급의 음식은 아닐뿐더러 특히 인류의 혈관에 혈행을 가로막는 고기성분으로 의학계에 잘 알려져 있다. 결국 어떤 고기든 고기의 고급스러운 질은 살코기라면 햄버거 패티는 순 쇠고기이기는 하지만, 삼겹살은 순 돼지고기이기는 하지만 건강에 질 좋은 고기, 즉 순 살코기는 결코 아니라는 것이다.

2002년 이미 한국판 세계보건기구라 일컬어지는 한 의학지침 연구에선 인류에게 삶의 질이란 제3자의 입장에서 평가되는 성공적인 삶보다 개인이 얼마나 스스로의 삶을 만족스럽다고 지각하고 있는가에 초점이 맞춰진 삶에 대한 평가준거가 되고 있음을 강조하고 있다. 다시 말해서 의료선택의 환자중심, 만성질환의 증가, 치료의 효과, 의료의 질에 있어서 내가 얼마나 행복한가가 중요한 삶의 질이라는 것이다.[7] 이런 상황에서 세계보건기구World Health Organization는 2004년 그 질 저하에서 비만이야말로 만성질환이자 치료의 대상이자 의료의 질 척도로 간주하고 있어서 급기야 세계인구 1억이 넘는 숫자가 비만역병을 앓고 있다고 발표했다. 인류의 이런 과체중이라는 삶의 질 저하가 심각한데, 미국 질병통제센터에 따르면 지난 2000년 비만 및 운동 부족에서 비롯된 질병으로 숨진 사람이 총 40만 명으로 같은 기간 전체 사망자의 16.6%를 차지했다는 사실을 발표했다. 이렇듯 비만은 이제 단

---

7 민성길 외, 『한국판 세계보건기구 삶의 질 척도 지침서』, 하나의학사, 2002, p.7.

순한 미용의 문제가 아니라 생명과 직결되는 건강의 문제로 떠오르고 있는 실정이다.[8]

그런데 그 원인 중에 하나는 바로 갈아서 만든 잡스러운 고기를 동그랗거나 타원형의 밀 빵 사이에 끼워서 먹어대는 나라에서 흔하게 나타나고 있기도 한 것이다. 그에 가장 대표적인 식품이 바로 돼지의 경우 소시지이고, 소의 경우는 패티이다. 사실 영양학적으로 잡스러운 고기라 하더라도 섭취함에 있어서 인류에게 그리 해가 되진 않아왔다. 오히려 육류를 거의 먹지 못하는 형편이라면 저렴한 잡스러운 고기라도 육체에 힘을 나게 하는 영양분이다. 그래서 아주 오래전부터 서민들은 살코기에서 벗어나 있는 잡스러운 고기를 다양한 방법으로 요리해 먹지 않았는가 말이다. 한국은 특히 그 형태가 매우 다양한데다가 돼지의 창자에 고구마 전분으로 만든 당면이라는 것을 넣어서 익혀 먹었고, 소의 창자는 구워 먹거나 끓여 먹기도 하였다. 그러나 여기서 중요한 것은 이러한 조리형식도 서민이게는 매우 드문 육류섭취였다는 것이다.

그러나 아주 오래전부터 고기를 먹어온 인류는 좀 더 고기를 많이 먹고자 다양한 방법으로 아이디어를 고안해냈는데, 그게 바로 공장화된 농장에서 대량으로 소·돼지를 기하급수적으로 성장시켜 살육시키는 것이다. 그러한 시스템으로 양산되는 소시지는 예전에 서민들이 드물게 두고두고 꺼내 먹던 소시지가 아니

---

8 민태원, "병이되는 버릇, 약이 되는 습관 ⑥ 비만", 2004, 국민일보(www.kmilbo.co.kr), 2015년 3월 23일(월) 검색.

라 매일 먹을 수 있는 주식이 되었다. 오히려 소시지는 조리의 간편함으로 다시 태어나 자본가들의 눈을 번뜩거리게 만들었고, 농장에서 공장으로 변모한 목장은 집집마다 매우 신속한 소시지의 공급원으로 엄청난 수요를 만들어 세계적인 확산을 가져왔다. 좋은 음식이라는 슬로건을 갖고 있는 스미스 필드Smithfield나 양옥집 깃발 동물사육장모양 상표로 알려진 존슨빌Johnsonville과 같은 세계 최대의 육류가공 회사들이다. 이들 회사는 하나같이 소시지를 만든다. 사실 육류회사는 살코기를 간편하게 포장하여 판매하거나 더 간편한 고기로서 햄을 가공하는 것을 그들의 정체라고 본다. 그러나 소시지도 빠짐없이 만들어서 주력상품을 능가하는 수입을 창출하기도 한다.

사실 소시지의 꾸준한 증가와 확산에 있어서 결정적인 요인은 매혹적인 그 맛에 있기도 하다. 소시지는 깨무는 순간 팽팽하게 익혀진 창자가 "찌지직" 하며 찢겨짐이 1차적 매혹이고, 그때 흘러나오는 그 잡스러운 육수가 2차적인 매혹인데, 이는 육수라기보다 인류의 목구멍을 매우 순조롭게 넘기는 기름의 맛이기도 하다. 세 번째의 매혹은 소금은 짜야 더 맛있게 느껴지는 것처럼 오랜 보관을 위한 염지된 짠맛이다. 그리고 마지막으로 네 번째의 매혹은 맛이라기보다 손쉬운 휴대·보관·섭취방법이라는 매혹인데, 바로 패스트푸드라는 것이다. 바쁘다고 극성인 인류에게 쉽게 떨쳐버릴 수 없는 묘한 매혹인 것이다. 그래서 인류의 소시지 섭취 횟수는 지속적으로 증가했으며, 그 수요에 맞춰 그 생산도 거대하게 조성되었다. 어렵사리 고기를 잡아야 먹게 되는, 그래서 1년에 한 번 먹을까 말까 했던 과거 소시지 섭취는 부족한 지방을 채울 수 있는 인류의 이로운 고기잔치였을 것이다. 그러나 너무 익숙해진 수요와 그에 발맞춘 현재의 다량 공급은 잡고기의 대량생산시스템을 구축하게 했으며, 소시지를 필두로 질 낮은 고기의 일상화로 인한 비만인류를 날로 증가시키고 있다.

　전쟁문학의 최고봉이라고 일컬어지는 『안네의 일기』^{The Diary of a Young Girl}에는 안네가 그토록 미워하던 판단부인이 소시지를 만드는 대목이 나온다. 나치가 언제 들이닥칠지 모르는 상황에서 썩은 채소만 끓여 먹어온 영양결핍은 소시지를 만들게 했던 것이다. 소시지는 결코 양질의 음식이 아니다. 소시지는 음식을 대체하는 전쟁식량과도 같이 생활이 급박하거나 여의치 않을 때 먹는 당분간 질을 포기한 채 먹는 음식이었다. 그러나 전쟁도 아닌 현대 인류는 소시지를 통해 지방과의 전쟁을 치르고 있다. 전쟁도 아닌 상황에서 허구한 날 즐기라고 공급되는 소지시의 거대 브랜드화는 인류에게 전혀 유용하지 못한 식품의 일상화인 것 같다. 오히려 인류의 혈액만을 끈적끈적하게 하여 비만의 길로 인도하는 완전식품이 바로 소시지인 것이 아닐까 한다. 사실 패스트푸드란 빨리 간편하게 먹을 수 있어서 패스트가 아니라 비만질병에 가장 빠른 길로 안내하기 때문에 패스트푸드여야 한다. 그리고 그 대표인 소시지는 인류를 가장 빠르게 비만으로 안내하는 최악의 발명식품으로 취급해야 옳다. 정작 전쟁 형편과 다름없는 지역에서는 식량대란으로 굶주려 죽어가지만 오디세이처럼 전투도 아닌, 쇼리 킴처럼 고아도 아닌, 안네처럼 생존도 아닌 사회에선 오히려 그 전쟁식량을 지속적으로 생산흡입하고 있다. 혹시 이런 기담의 육고기 시스템은 의료와 육가공산업이 철저하게 전략화한 음모에서 비롯된 것은 아닐까 한다. 부디 아니기를 바란다.

무용한 지구를 만드는:
자동차

자동차의 아이디어는 노스트라다무스^{Nostra-}에 의해서 예언되었고, 구약성경 에스겔^{Ezekiel}에 의해서 괴물로 경고되었다. 인류는 그 예언과 경고를 무시하고 실천하기 시작했는데, 초기 실천은 바퀴 수레를 만들어 타면서부터였다.[9] 자동차 발명의 태동기에 인류는 자동차는 사회적으로 실용성이 부재한 것으로 진지하게 받아들여지지 않았다. 어떤 인류는 돈 많고 정신 나간 자들이 모험심에 사로잡혀 생명의 위협을 감수하면서까지 잦은 고장으로 끊임없이 수리해야 하는 물건이라고 비난하기도 했다.[10] 그럴만한 이유는 군이 기차를 놔두고 누가 자동차를 타겠는가 하는 불필요함에서 기인하기도 하고, 때론 마차행로를 방해하거나 성가시게 하는 주범이 바로 자동차였기 때문이기도 하다. 그러나 자동차의 왕 포드^{Henry Ford}의 생각은 달랐다. 자동차는 거대한 칙칙폭폭도 하지 않을뿐더러 동물에 의존할 필요도 없이 내가 가고자 하는 곳이라면 어디든지 데려다주는 매우 개인주의적인 교통수단으로 보았다. 그리고 머지않아 인류는 포드의 예견을 적극 공감해내고 자동차 이용의 역마살을 학습하기 시작했다.

---

9 전영선, 『자동차이야기』, 정우사, 1990, pp.14-19.
10 Hergman Knoflacher, Virus Auto by Hergman Knoflacher, Verleg Carl Ueberreuter, 2009. 박미화 옮김, 『자동차 바이러스』, 지식의 날개, 2010, p.45.

결국 경영원리와 교통문화를 조합하려는 포드의 예상은 적중했던 것이다.

그러나 이제 와서 보면 인류가 어디든지 갈 수 있다는 자동차 개인주의 이점이란 자동차가 내뿜는 배기가스로 인한 이기주의임을 조금씩 감지해야 한다. 이 정도로는 자동차 발명의 후회가 좀 약하다면, 자동차는 지구의 수액을 모두 드러내게 했으며, 현재는 그 수액이 바닥나는 것은 시간문제임을 상기한다면 어떨까 한다. 말하자면 지구는 생명체에게 점점 적합하지 않은 행성이 되어가고 있다는 얘기다. 이쯤 되면 자동차의 개발을 그리 경외할 일은 아닌 것 같아 보이지 않음에 공감이 가지 않는가 말이다. 그럼에도 불구하고 후회가 밀려오지 않는다면 독자분의 몫으로 놓아두겠다. 그러나 그토록 바닥을 드러내는 지구를 알면서도 인류의 수컷은 마치 종교행사를 참여하듯 1900년부터 지금까지 줄곧 F1경기장을 규칙적으로 찾는 문화를[11] 취미로 만들어내 지구의 소진을 앞당겼으며, 암컷도 그 소진에 동참하고자 자동차를 몰고 나오는 수컷에게만 자기의 성性을 허락한다는 연애관으로 또한 지구를 무용하게 방치했다. 온 인류가 자동차바이러스Virus Auto에 감염된 것이다.[12] 그 감염의 과정을 거슬러 올라가 보자.

미국이 자동차의 나라라고 해서 그 최초의 감염원으로 미국을

---

11 위의 책, p.52.
12 Knoflacher, H., 2009, Virus Auto die Geschichte einer Zerstorung, Ueberreuter Verlag. 박미화 옮김, 『자동차 바이러스』, 지식의 날개, 2010, pp.203-207.

일컫지는 않는다. 최초의 자동차는 1886년 독일의 벤츠Karl Benz가 살점-금속강판으로 자동차의 부피이자 외형-이 하나도 없는 앙상한 뼈대형 휘발유 자동차를 선보였던 것이다.[13] 그러나 그런 독일을 제치고 자동차의 나라가 미국인 이유는 감염의 문화를 만든 이른바 자동차의 보편화가 미국에서 완성되었기 때문이다. 포드자동차회사가 설립된 1903년부터 1927년, 포드사의 최고 히트상품인 T가 탄생될 때까지 포드는 모델 A부터 S까지 19개의 모델을 출시시켰었다.[14] 그러나 기술결정체인 T형 모델은 좀 다르게 누군가를 위한 소장용이 아니라 누구나를 위한 보급형의 자동차였다. 고로 당시 이 T가 미국시장의 절반을 차지했다면 자동차의 보편화는 미국의 포드가 완성시켰다고 해도 과언이 아니다. 물론 T는 살점이 좀 있는, 그래서 강판이 둘러진 좀 통통한 자동차였다. 그런데 자동차의 살점이 좀 붙기 위해서는 철강 산업도 덩달아 춤을 취야 한다. 알다시피 마차의 시대를 살았지만 강철시대를 읽어내기 시작한 카네기Andrew Carnegie는 영국 못지않게 미국을 튼튼한 강철시대로 이끌어 급기야 강철왕steel magnate이 되었다.[15] 그가 완성시킨 카네기 철강회사는 1901년 미국철강의 65%를 차지하는 세계적인 강철회사US Steel를 드디어 미국에 세웠다.[16] 이는 바이러스가 유포되기에 좋은 순간이다.

13 네이버 캐스트(navercast.naver.com), 2015년 2월 11일(수), '최초의 자동차' 검색.
14 Knoflacher, H., 앞의 책, p.55.
15 Carnegie, A., 1920, The Autobiography of Andrew Carnegie, Houghton Mifflin Company. 박상은 역,『강철왕 카네기 자서전 성공한 CEO에서 위대한 인간으로』, 21세기 북스, 2005, p.22.
16 위키백과 영어(en.wikipedia.org), 2015년 2월 11일(수), 'Andrew Carnegie' 검색.

많은 자동차가 거리로 쏟아져 나오면서 미국도시의 모양은 자동차도시로 변모했다. 흙바닥은 딱딱하게 콘크리트 혹은 아스팔트로 덮혀졌다. 가로수street trees라는 것이 그 딱딱한 길을 따라 심어지게 되었는데, 이는 초기부터 감지된 자동차도시의 길거리 문제를 완화키 위해서였다. 자동차와 인류가 뒤섞이는 것을 방지하기 위해서 드디어 1919년 디트로이트에 처음 신호등이 만들어지고, 그 길옆에는 자동차의 배를 채우기 위해 지구에서 뽑아낸 수액 통이 1905년 세인트루이스에 또 처음 묻히기 시작했는데, 이를 전문으로 하는 회사가 생겨났다.[17] 바로 정유회사였다. 이 정유회사도 자동차가 많아지면서 호황을 누리게 된 또 하나의 거대기업이었다. 카네기시대와 같이 미국은 물론 세계의 정유시장을 장악한 록펠러John Rockefeller의 정유회사Standard Oil Company는 1870년부터 자동차가 많아지면서 급성장을 거듭했다.[18] 그러나 이 3박자의 3총사 포드·카네기·록펠러가 부를 축적할 수 있게 했던 가장 결정적인 이유는 자동차활용방법을 사람들에게 일깨워준, 아니 세뇌시킨 광고advertising라는 자동차바이러스의 본격적인 유포였다. 따라서 모델 T는 당근을 항상 준비해줘야 하는 말과 가고 싶은 곳이 한정된 기차를 상대로 어디든지 갈 수 있다는 새로운 개인문화생활을 광고로 알렸다. 철강·석유·자동차를 광고로 비벼낸 그러한 초기 자동차에 문화를 입힌 자는 자동차 광고의 개척

---

17 전영선, 『자동차이야기』, 정우사, 1990, p.82.
18 위키백과 영어(en.wikipedia.org), 2015년 2월 11일(수), 'standard oil company' 검색.

자 홉킨스^{Claude Hopkins}였다.[19] 그러한 바이러스 문화는 인류에게 집단운송의 기차와 결별을 선언하게 했으며, 동물인 말과의 인류협동인연도 끊게 했다. 어느 누구라도 혼자서 원하면 어디든지 가게 하는 이기의 대중형 양산자동차 모델 T 광고는 미국의 개인주의 문화의 시작을 고하기 시작했다.

자동차는 지역의 경계를 360도 방향으로 허물었다. 자동차여행이라는 것이 생겨났으며, 자동차 캠핑도 생겨났다. 자동차 극장도 생겨났다. 자동차는 우물 안 개구리의 인류를 우물 밖으로 뛰쳐나올 매우 사적인 기동력을 만들어주었다. 그런데 20세기 후반으로 막 접어들면서 그 이기에 문제가 발생했다. 1973년 자동차의 먹이이자 지구의 수액인 석유를 공급하는 중동수출국들이 원유생산을 제한하고 나섰던 것이다. 자동차가 인류생활에 일부가 되고도 남을 당시의 상황에서 그 제한은 세계적인 경제혼란을 크게 야기시켰는데, 그게 바로 1차 석유파동^{oil shock}이었다. 사실 그 석유제한의 발단은 중동지역에서 생뚱맞게 자리 잡은 이스라엘과 석유생산국과의 빈번한 갈등에서 비롯된다. 근 2000년 동안 흩어져 있다가 온갖 부를 축적한 이스라엘 민족은 뒤늦게 중동으로 비집고 들어가 건국을 주장해 뒷북치는 전쟁이 시작된 것이다. 이 때문에 산유국들은 맘 편하게 석유를 퍼 올리기 힘들었던 것이다. 그리고 나서 지구수액공급지역에서의 몇 차례의 파동

19 Hopkins, C., 1927, My Life in Advertising, Editorium. 김동완 옮김, 『불멸의 광고수업』, 거름, 2014, p.172.

은 세계경제를 여러 번 휘청거리게 만들었으며, 가장 체감이 확실한 분야는 늘 자동차를 끼고 사는 인류의 생활에서였다. 그러나 문제는 여기서가 아니었다. 오히려 몇 차례의 석유파동은 자동차문화를 무한정하게 개발해버린 인류의 버릇을 고쳐놓는 예행연습에 불과했다.

사실 1차 석유파동이 있기 조금 앞서서 그 예행을 미리 경고한 단체가 있었다. 1968년 만들어진 로마클럽Club of Rome은 자동차의 나라 미국이 아니라 유럽의 30명이 넘는 학자와 100명의 시민을 구성하고 연구조사를 시작했다. 그리고 머지않아 자동차의 식량인 석유가 고갈될 것이라는 충격적인 발표를 감행했다. 클럽이 발표한 33개의 리포트 중에서 1972년 초기에 발표된 성장의 한계The Limits to Growth라는 보고서는 그 심각성을 확실하게 공표했다.[20] 사실 이 충격적인 발표는 석유라는 에너지에만 한정하지 않았다. 오히려 석유 이외에도 지구를 병들게 하는 조건들의 증가와 더나아가 인류의 식량문제까지 그 경고의 범위를 확대하기 시작했다. 클럽에서 그려낸 앞으로의 지구생산과 지구고갈에 대한 확실한 그래프는 매우 논리적이었다. 그래서 인류는 자동차의 먹이가 무한정한 것이 아니었다는 것을 그제야 깨닫게 된 것이다.

클럽의 이런 경고는 인류의 마음을 고쳐먹게 하기도 했는데, 유럽 몇몇의 기독교 국가는 자동차를 끼고 살던 버릇을 자전거

---

20 로마클럽 홈페이지(www.clubofrome.org), 2015년 2월 4일(수) 검색.

회귀로 돌아섰다. 대표적인 나라가 바로 바이크의 나라로 알려진 네덜란드였다. 그러나 자동차의 나라인 미국은 여전히 회귀하지 않았다. 아니, 할 수 없었다. 자동차 없이 그 큰 대륙에서의 개인주의 문화는 버려져야 했기 때문에 매우 곤란한 상황이었다. 그래서 미국은 그 알량한 자동차 개인주의를 유지시키기 위하여 오히려 전기자동차개발에 야심차게 덤벼들었다. 그렇게 해서 양산된 세계적인 전기자동차 1호가 1996년 캘리포니아에서 시판되었던 GM^{General Motors}의 EV1^{Electric Vehicle 1}이었다.[21] 석유를 전기로 전환하고자 했던 미국은 다시 자동차 미래로 나아갈 수 있었던 것이다. 그러나 화려한 시판의욕과 다르게 전기자동차 의욕은 금방 시들어버리고 상용화되지 못했다. 왜냐하면 지구를 염려하는 것보다 당장 수익이 나지 않았기 때문에 회의감이 더 커진 것이다. GM사는 시승자에게서 반납된 전기자동차를 창고에 처박아버리고 말았다. 그러고 나서 21세기로 넘어오면서 미국은 지구의 수액이 정말로 바닥나는 것을 눈으로 확인하면서 2003년 전기자동차만을 전문으로 생산한다던 테슬라모터스^{Tesla Motors}에 의해 또다시 테슬라^{Tesla}라는 전기자동차를 양산하기 시작했다. 그러나 그 미끈하고 날렵한 외모와 다르게 고향인 캘리포니아라는 우물을 또 벗어나지 못하고 있다.

사실 한국이야말로 자동차의 나라이다. 한국은 한국의 포드 정

---

21 정용욱 & 정구섭, 『전기자동차』, 도서출판 GS인터비전, 2011, p.5.

주영 Chung Ju Yong 이 1967년 포드자동차와 기술계약을 체결하면서,[22] 한국의 카네기 박태준 Park Tae Joon 이 1964년 박정희 전 대통령의 부탁으로 국영기업인 대한중석 Korea Tungsten Company 을 맡으면서,[23] 한국의 록펠러 구인회 Goo In hoi 가 1966년 20세기의 록펠러버전인 칼텍스 Caltex 와 손잡으면서[24] 세계 어느 나라에도 뒤지지 않는 자동차 3박자를 완성시켰다. 말하자면 자동차바이러스가 잘 자라는 토양을 조성한 것이다. 그래서 그런지 이 작은 나라에 자동차도로는 10차선이 넘는 게 정의로운 자동차 도로이며, 그러다 보니 횡단보도의 길이가 이렇게 긴 나라도 역시 드물다. 10차선 도로가 자정이 넘게 막혀도 한국인류는 그냥 그러려니 한다. 택시처럼 집 앞까지 마을버스 town shuttle bus 가 가까이 와도 커다란 자가용은 반드시 소유해야 한다는 자동차바이러스의 광고는 시민들에게 너무나도 즐겁게 흡수된다. 지구의 수액을 가열하게 되면 지구의 공기가 시커멓게 된다는 것을 알면서도 한국인류는 자동차에게 유난히 관대한 것 같다. 한국인류들은 지금 세계가 어떠한 에너지 지경에 와 있는지 알고 있기는 한 건지 궁금하다. 자동차는 인류가 만든 최악의 발명품이었다는 조짐이 21세기 전 세계적으로 조금씩 감지되고 있다. 그래서 네덜란드는 그 선두에 있고, 미국은 그 타계를 위해 고군분투 중이다.[25] 그러나 한국은 로마클럽의

22 문원택 외,『헨리포드에서 정주영까지』, 한언, 1998, p.290.
23 신중선,『강철왕 박태준』, 문이당, 2013, p.101.
24 구인회(김영태) 외,『비전을 이루려면』, LG, 2012, p.433.
25 川原 英司,『DENKI JIDOSHA GA KASUSHIN SURU KIGYO SENRYAKU』, Nikkei Business Publications, 2009. AT커니 코리아 옮김,『전기자동차와 에코경제학』, 전자신문사, 2010, p.266.

조언을 고전쯤으로 이해하는 듯하다. 한국인류 특유의 그 조증이 한번 크게 제동이 걸려봐야 정신을 차리지 않을까 한다. 녹색성장이라는 기조를 정말 추진하고 싶었다면, 적어도 시민들에게 봉사하고자 하는 공복자public servant들 전원에게 자동차 출근을 금지하는 녹색출근의 희생정신을 발휘해야 진정하고도 확실한 초록색의 성장이 아니었을까 한다. 또한 에코시대의 리더였다면 한창 구글이 난리 법석인 자율주행차에 조급해할 것이 아니라 낭떠러지에 다다르면 자동으로 멈춰 서는 천연 자율주행차, 즉 마차행차라도 고려해보는 것은 어떨까 한다.

알다시피 인류는 에너지의 효율성을 향상시키기 위하여 기존의 구조를 파괴해 필요 이상의 에너지를 생산하고 있다.[26] 그 결과 인류는 19세기 자동차라는 것을 개발했고, 20세기 내내 이를 반려 기계화시켰다. 그리고 21세기 현재 인류는 자동차에 대한 두 가지의 갈림길에 와있다. 자동차와 하루도 떨어질 수 없는 인류는 그 만남에 종지부를 찍어야 할 시기가 이제 온 것 같다. 자동차의 먹이인 석유와 같은 규모의 유한에너지를 대체할 에너지는 현재 없으며, 착하기로 소문난 대체 에너지인 전기도 대부분이 결국 석유의 변형이기 때문에 대안이 되지 못한다. 그렇다면 인류의 자동차 반려의 문화는 이젠 사라져야 하고, 그 이전에 자동차바이러스를 그만 퍼트려야 한다. 사실 지구를 희생시킨 세기

---

26 Knoflacher, H., 2009, Virus Auto die Geschichte einer Zerstorung, Ueberreuter Verlag. 박미화 옮김, 『자동차 바이러스』, 지식의 날개, 2010, p.25.

는 자동차의 세기, 즉 20세기가 유일하다. 적어도 인류가 지구에서 가장 똑똑한 생명체라면 21세기는 그 희생에 보답하는, 즉 지구를 회복시켜야 하는 시기로 삼아야 한다. 물론 회복이 불가능하다고는 하지만 그래도 늦춰보기라도 할 책임은 인류가 가져야 한다. 전기자동차개발의 거창한 배경은 환경문제와 자원고갈이다.[27] 그러나 그 미명에 더욱 호들갑을 떠는 진짜 이유는 인류의 자동차로 빚어지는 자동차바이러스의 생활을 그대로 유지시키고 싶어서가 더 큰 것 같다. 그러나 이미 만들어진 빈곤한 사고의 결정체 자동차문화는 전기로 감당하기에 너무 거대하다. 전기로는 어림도 없다. 오히려 전기자동차가 상용화될 때까지 석유자동차의 기간이 인류의 자동차 버릇을 버려주지 못하며, 오히려 대체개발이 아니라 네덜란드와 같이 과거로의 회귀가 더 현명한 방법이 아닌가 한다. 21세기가 되어도 플레밍Ian Fleming이 동화에서 예견한 수륙공 자동차 치티치티뱅뱅ChittyChitty BangBang, 1964은 실현불가능하다는 것을 우린 다 알고 있지 않은가 말이다. 더욱이 세 자리 모두 비어 있는 채로 달리는 치티치티뱅뱅이라면 사라져주는 것이 훨씬 21세기에 걸맞지 않은가 한다.

---

27 정용욱 외, 『전기자동차』, GS인터비전, 2011, p.3.

하늘에서 음식이 내린다면:
음식물 쓰레기

음식은 쓰레기가 아니다. 음식은 음식이다. 한국인류들이 음식재료에 관하여 자주 쓰는 말이 있는데, 바로 "버릴 게 하나도 없다"라는 말이다. 이는 특정 식재료에 있어서 버릴 것이 거의 없이 다 먹어 치울 수 있다는 탁월한 맛이기 때문이기도 하겠지만 여기서 더욱 중요한 것은 그 식재료는 그래서 귀하다는 의미이기도 하다. 그중에서 가장 대표적인 식재료는 돼지고기이다. 돼지는 다 먹어 치울 수 있는 몇 안 되는 고기요리재료 중의 하나이다. 한국은 돼지의 피부인 이른바 껍데기^{pork rinds}를 볶아서 먹는 것은 물론이고, 돼지의 모든 각종 장기를 삶아서 즐겨 먹는다. 때론 도살된 돼지사체에서 뜨끈하게 흘러나오는 혈액까지 국으로 끓여 먹기도 하고, 어떨 때는 그 시뻘건 피를 서양의 소시지와 유사한 순대^{Korean sausage}에 꼭 필요한 식재료로 첨가하기도 한다. 그런가 하면 돼지의 머리 부분까지 압착하는 이른바 편육^{slices of boiled meat}이라는 음식을 즐겨 먹기도 하는데, 이는 잔치음식으로 매우 보편적이다. 결국 한국에서 식재료는 한국인류의 입속으로 하나도 남김없이 모두 들어가야 최고의 식재료로 평가받을 수 있는 것이고 돼지, 소, 닭이라는 땅의 것들과 대구, 명태, 굴비의 바다의 것 순으로 이어진다.

인류의 음식역사는 시기적으로 두 가지로 구분된다. 하나는 먹을 음식의 역사이고, 다른 하나는 버려질 음식의 역사이다. 한국은 80년대를 기준으로 그 두 가지의 음식의 역사로 구분해볼 수 있다. 우선 단군 이래로 음식이 그대로 쭉 음식의 역사 하나를 갖는 것이고, 다른 하나의 역사는 엄연한 음식이었지만 음식물 쓰레기_food waste_로 전환되는 역사이다. 한국인류의 이 두 갈림길은 80년대(한국에선 샴페인을 공식적으로 세계에 터트린 1988년 서울올림픽부터 음식물 쓰레기가 등장했을 것으로 추정됨)를 호황을 기점으로 구분시켰다. 사실 이 80년대 이전만 해도 한국은 음식물 쓰레기라는 용어 자체가 존재하지 않았다. 왜냐하면 음식이란 만들어진 이후에 모두 어떻게 해서든 섭취되거나 그렇지 못하다면 유용하게 활용되어야 하는 것이 음식이었기 때문이다. 그렇다고 해서 80년대 이전에 이러한 섭취와 쓰임이 쓰레기화로 이르지 않게 하기 위한 필사적인 노력이 있었던 것도 아니었다. 오히려 이때는 가정마다 음식이 쓰레기화에 이를 수 없을 정도로 다 소진되어 버렸고, 또 그래야만 작동되는 사회구조였다. 예를 들어서 가정에서부터 음식이 만들어지게 되면 모자라서 남는 것이 없을뿐더러 설사 남는 것이 있더라도 당분간 방범용으로 길러지는 누렁이의 끼니로 다시 만들어졌다. 그리고 혹시 설거지 밥그릇에 조금이라도 묻어 있던 음식물이 있다면 이는 구정물_dishwater_이라고 하는 유용한 영양물로 탄생해 다시 텃밭이나 정원에 뿌려지기도 하였다. 돈으로 교환되는 식사, 즉 외식은 1년에 한 번 있을까 말까였지만 그래도 식당에선 마찬가지로 돈의 가치가 확실한 음식들인 만큼 손님들은 거의 주문한 음식을 남김없이 먹어 치웠으며, 그래도 남겨진다면 부패하기 전에 전량 수거되어 한국인들이 하나도 빠짐없이 즐겨 먹는다던 식재료, 즉 돼지에게 맛있는 사료로 전달되었다. 결국 폐기물이라고 하더라도 이는 다른 산업의 자원이 되어 경제성장의 중요한 역할을 한 것처럼 음식물 쓰레기도 그 과정이 완벽하지는 않더라도 대체로 순환적이었다.[28]

그러나 80년대 이후 그러한 음식의 짧은 생명주기는 붕괴되었고, 음식은 새로운 국면을 맞게 되는데, 바로 당장 한국인류의 입에 들어가지 못하는 음식이라면, 혹은 유통기한이라는 식품생명을 넘긴 음식이라면 모두 쓰레기로 전환되었다. 그래서 이 냄새나고 걸쭉한 쓰레기는 한국의 거리 전역에 그대로 노출되었는데, 뻘건 국물과 오색 음식이 투명한 비닐에 담겨 외국인들로 하여금 한국의 진솔한 뒷문화투어를 체험하게 했다. 왜냐하면 비록 뒤섞여서 잡스럽긴 하지만 이는 한국인들이 가정에서 가정식으로 뭘 먹고 사는지 그대로 알 수 있거니와 그 비닐이 찢어져 터져버린 날엔 그 종류와 성분까지 낱낱이 공개되었기 때문이었다. 그렇다고 이러한 묘사가 단순히 관광으로서 도시 미관을 해치는 문화라고 지적하고자 하는 의도는 결코 아니다. 사실 이 음식물 쓰레기

---

28 Strasser, S., 1999, Waste and Want, Mary Evans Inc. 김승진 옮김, 『낭비와 욕망』, 이후, 2010, p.28.

인류 최악의 발명품

문화는 거리 미관을 해치는 것은 2차적인 문제이고, 진짜 거창한 문제는 다름 아니라 그 음식의 변신, 즉 음식이 음식물로 쓰레기화됨은 사회적인 낭비는 물론이고 지구에 사는 종들 간에 자기조절이 가장 미숙한 종이 바로 인류라는 것을 온 지구 상에 알리는 문제이기 때문이다.

그런 의미에서 역사학자 스트레서Susan Strasser는 어느 사회든 쓰레기를 잘 처치하여 조절할 수 있기 마련이지만 현재는 이미 그 방법들이 상실된 쓰레기 양산사회, 즉 쓰레기에 비례하는 선진국이라는 것은 참 아이러니하다고 하였다. 오늘날의 선진사회의 쓰레기장에 가보면 싫증이 났다거나 최신스타일이 아니라는 이유만으로 버려진 '아주 멀쩡한 물건들'로 넘쳐난다.[29] 그와 같은 맥락으로 선진적인 사회이면 사회일수록 음식의 조절능력이 파괴되는 이른바 후진사회로 퇴행해버리는 현상이 세계적으로 일어나고 있다. 그런 의미에서 한국은 음식물 쓰레기 상황으로는 명실상부한 선진국이다. 또한 인류학자 더글라스Mary Douglas는 더러움이란 제자리를 벗어난 경우일 뿐이라고 쓰레기의 개념을 지극히 간단하게 설명하고 있다. 그래서 아주 간단하게 쓰레기의 원래의 자리를 찾아주면 쓰레기는 원래 쓰레기가 아니라는[30] 역발상을 시도하게 한다. 그런 의미라면 한국인류는 음식의 제자리보다 음식의 새 자리의 아이디어, 즉 거리전시한정식이 아니라 한국인류의 가정식

29 Strasser, S., 1999, Waste and Want, Mary Evans Inc. 김승진 옮김, 『낭비와 욕망』, 이후, 2010, pp.13-14.
30 위의 책, p.14.

의 뒷문화가 그대로 전시된 뒷문화 관광상품을 개발한 것 같다.

　사실 음식의 제자리는 1차적으로는 인류의 입속이다. 그래서 1차적으로 음식물 쓰레기는 그 속에 들어가야 할 것들이 제자리를 잃었기 때문에 거리에 전시되는 것이다. 질병학자nosographer는 제자리를 잃은 음식, 즉 음식물 쓰레기가 많아지면 많아질수록 비례하는 질병현상이 하나 있다고 하는데, 바로 비만obesity이라는 역병의 발병률이 증가한다는 것이다. 미용학자cosmetologer는 또 그로 인해 발생하는 새로운 미용현상이 하나 있다고 하는데, 바로 체중미달자underweighter로 걱정과 연민의 대상이었던 병약한 외모의 인류가 인류 최고의 우성인류로 급부상한다는 현상과 상대적으로 토실토실하게 살진 인류는 밖에 나다니면 수치스러운 감정을 만끽하게 되는 열성인류로 취급되는 현상이다. 또한 동물학자zoologist는 그로 인해 증가하는 동물학현상이 하나 있다고 하는데, 이는 바로 애완견pet이 반려견partner으로 그 신분상승의 둔갑이 이루어진다는 것이다. 많아진 뚱뚱한 인류, 허약한 인류의 신체동경, 인생의 동반자로서 신견출현, 이 모두가 음식물 쓰레기 등장과 같이 생겨난 재미난 인류사회의 최신현상이다. 그 인과관계는 미안하지만 독자가 알아서 상상해보길 바란다. 못하겠다면, 음식을 음식물 쓰레기로 보지 않았던 7080시대처럼 먹어보길 바란다. 그러면 바로 깨닫게 될 것이다.

　드디어 최근 들어서 유전학genetics에선 그 상상을 정리해주기도 한다. 즉, 음식물 쓰레기가 없던 인류의 췌장이 음식물 쓰레기가 넘쳐나는 시대부터 그 적정 작동을 감당하지 못하고 인슐린비만 insulin -과다 섭취로 혈당이 높아지면 췌장에서 분비되어 혈당을 떨어뜨리게 됨- 분비를 버거워 한 나머지 뚱뚱이가 양산되고, 그로 인해 홀쭉이가 선망하는 육체로 등극하고, 상대적으로 우울해진 인류는 개들에게 호사를 쏟아낸다는 것이다. 억지일 수도 있지만 꽤 그럴듯한 상관연결이 아닌가 한다. 그런데 이러한 희한한 인류 현상과는 달리 동물의 세계에서는 쓰레기란 없다. 더욱이 음식물 쓰레기는 아예 발생하지 않는다. 그래서 음식물 쓰레기는 가장 영민하다고 알려진 동물, 즉 인류만이 갖고 있는 몹쓸 습성 중에 하나이다. 인류는 어쩌면 음식에 있어서 자장 합리적이지 못한 종일 수도 있다. KBS 〈동물의 왕국〉에서 수차례 봐왔던 것처럼 사자의 식량으로 잡힌 먹이는 사자뿐만이 아니라 다른 종의 입속에 순차적으로 들어간다. 그래서 남는 음식물 쓰레기는 없다. 물론 깨물기 힘든 뼈가 남기도 하지만 이는 토양의 먹이가 되기도 한다. 그뿐인가, 갓 태어난 새끼들에게 부모의 육체를 자식사랑식량으로 공급하는 종도 매우 많다. 물론 인류도 음식물 쓰레기라는 존재를 만들기 전까지는 적어도 그랬다. 그러나 인류는 그런 자연스러운 남는 음식해결 프로젝트를 혼자 해결해보겠다고 너스레를 떤 이후부터 음식물 쓰레기는 무한하게 만들어지고 있다.

미국의 동화작가 바레트 Judi Barrett 는 2007년 『하늘에서 음식이 내린다면』 Cloudy with a chance of meatballs 이라는 그림책으로 음식에 대한 기발한 상상을 어린이들에게 자극해줬다. 그러나 그 상상은 상상이 아니라 현재 인류들이 살고 있는 세상에 음식물 쓰레기의 범람과 크게 다르지 않다. 배고픈 입속으로 들어가야 할 음식이 배부른 입속이 다 채워졌다는 이유 때문에 길거리로 쏟아져 나오는 것이고, 이러한 상태가 바로 하늘에서 내린 음식물쓰레기인 것이다. 그리고 그 상태의 절정인 한국은 하나가 더 추가되어 음식물 쓰레기 국물도 만들어져서 고양이의 발톱에 터져서 거리를 컬러풀하게 장식해주고 있기도 하다. 바레트가 한국의 거리를 관찰하고 나서 동화책을 썼다면 음식국물비가 하늘에서 뿌려지는 것도 가능할 것이다. 한국인류들만의 호들갑일지 모르겠지만 21세기 초반 한류Korean wave라는 유행에 한국음식도 포함되어 있다. 그러나 한국은 그 음식에 대한 낭비가 엄청나다. 외국인들이 한국식당을 경험하고 나서 감탄하는 것은 맛도 맛이지만 푸짐하다는 그 자체이다. 그러나 그들의 입속을 다 채우고 남은 풍성했던 그 음식들은 두 가지의 또 다른 길을 선택해야 하는데, 하나는 다음 손님에게 새로 차린 풍성한 음식처럼 재정비되어 공급되는 것이고, 다른 하나는 음식물 쓰레기와 국물로 길거리에 전시되는 것이다. 물론 한국의 각 음식점은 그 둘 중에 한 가지 방법을 선택하는 것이 아니라 두 가지 다 한다.

한국음식은 반찬side dishes이 많다는 한류를 타고 있다. 그래서 극찬을 받는 것은 당연하다고 본다. 그러나 반찬이 많다는 것은 진부한 지적이지만 가정의 낭비이고, 사회적 낭비이고, 지구의 낭비이다. 밥에다 반찬을 덮어서 먹는 중국의 덮밥문화, 커다란 접시에 모든 먹을 음식만 담아내는 유럽문화, 반찬 하나하나에 돈을 받는 일본문화, 이 모두 한류의 음식처럼 풍성하지는 않지만 내가 먹는 양을 고려하여 나온 비교적 합리적인 음식문화가 아닐까 한다. 그래서 음식물 쓰레기 생성에 있어서는 비적합한 문화라고 본다. 그러나 한국은 여백의 미라는 고차원의 귀족적 심미를 강조하면서도 음식에 관해서는 결코 우아하지 않게 식탁의 빈 공간을 모두 채워야 하고, 접시도 마찬가지이고, 입속도 마찬가지이다. 입과 식탁과 접시를 다 채운 음식은 필연적으로 제자리를 잃게 된다. 그래서 그 음식들은 음식물 쓰레기가 될 수밖에 없는 운명이다.

인류가 즐거우면 즐거울수록 지구는 쓸모없게 된다. 음식도 인류의 자원이다. 자원이 고갈되면 인류의 지구도 인류에게 쓸모없게 된다. 입속을 즐겁게 다 채우고 배를 어루만지면서 씨가 말라가는 식량자원의 앞날을 보지 못하는 게 인류이고 한국인류이다. 바다의 물고기를 잡고 잡고 잡고 또 저인망으로 싹싹 긁어 잡아먹고 나서 음식물 쓰레기도 남겨야 하는 종이 인류이다. 식량자원이 절멸되는 날까지 인류의 입은 즐겁겠지만 지구는 점점 쓸모없는 행성이 되어갈 것이 뻔하다. 지구 상의 다른 종은 또 무슨 죄인지 이런 식량피해를 같이 겪어야 하니 말이다. 인류가 만든 최악의 발명품 중에 최악의 최악이 바로 음식물 쓰레기가 되고도 남는다. 음식물 쓰레기 발명은 최악이자 죄악이다. 우리 모두 구송해보자. "음식물은 쓰레기가 될 수 없습니다."

포드주의로 양산된 주거상품:
아파트

한국의 언론학자 강준만은 18세기 영국의 시인 쿠퍼William Cowper의 시를 인용하면서 도시를 이렇게 묘사했다. "신은 시골을 만들었고 인류는 도시를 만들었다"라고 말이다.[31] 그런데 거기에 하나 더 첨가하자면 "그리고 인류는 자기가 만든 그 도시에다 아파트만으로 채워나갔다"라고 말이다. 인류의 그 영특한 정주사고는 필연적으로 아파트를 만들어야 했었다. 사실 아파트라는 발명품은 근대화되면서 갑자기 생겨난 전혀 새로운 주거형태는 아니다. 아파트는 아주 오래전 고대 로마 시대부터 그 기원을 두는데, 집에다 집을 얹어놓고 사는 형태는 당시에도 매우 일반적이었다. 그래서 꼭 현재의 성냥갑과 주상복합모양은 아니더라도 일정한 몇 층 높이에 고유의 공동주택은 모두 다 아파트에 속한다. 그러나 여기서 문제는 그러한 주거합리사고가 너무 지나치다 보니 상상을 초월하는 형태를 낳게 되었다는 것이고, 그 형태에 있어서 인류의 본질과 너무나도 동떨어진 소굴로 변형되었다는 것에 있다. 결과적으로 인류가 만든 최악의 발명품에 아파트도 당연히 속한다고 봐야 한다. 그런데 왜 지나쳤는지

---

31 강준만, 『세계문화사전』, 인물과 사상사, 2005, p.75.

의 이유는 곰곰이 생각해보면 어린 시절 허접한 만화영화에서부터인 것 같다. 그러나 그 어린이용 이야기가 결코 유치하지 않았다는 것을 나는 비로소 아파트에 실제 살아보고 깨닫게 되었다.

1981년 일본의 후지TV에서 방영된 어린이 만화영화 〈천년여왕〉新竹取物語 1000年女王-한국에선 1983년 MBC 방영-은 인류의 아파트문제를 암시적으로 다루고 있었다. 당시 어린이들에게 아파트에 문제가 있다는 것을 제안하기에는 무리가 따랐다고 본다. 물론 이게 만화였어도 말이다. 그러나 스토리의 분위기상으로 어린이들마저 묘사된 아파트는 분명히 인류들의 행복터전으로 보이지 않았다. 우선 이야기의 줄거리는 이렇다. 일본에서 오랜 전래이야기를 바탕으로 하는 이 천년여왕은 그 제목답게 천 년마다한 번 미모장신의 여왕이 나타나서 세상을 벌하거나 구한다는 얘기인데, 이번에 나타나는 여왕은 20세기 말 지구와 충돌하는 거대한 행성으로부터 인류를 구한다는 얘기였다. 여기서 천년여왕의 임무는 인류를 다른 행성의 생명체로 만들고자 하는 것인데, 그런 과정에서 여왕은 선택된 몇몇의 인류를 일정 기간 안전하게이주시켜 살게 할 거대 방주를 주인공 하지메はじめ. 철이에게 보여주게 된다. 그런데 내 기억으로 바로 그 주거지가 다름 아니라 거대한 아파트였다는 것이다. 물론 땅속 깊은 곳에 숨겨진 채로 말이다. 주인공도 역시 놀라워하지만 그리 달가워하지 않는다. 당시시청자였던 어린이들도 그와 마찬가지의 감정을 공유했으리라고본다. 나도 그랬으니까 말이다. 그런데 사실 나는 그때 당시 인근

에 무지개아파트, 소라아파트에 산다는 학급아이들이 왠지 부럽다는 생각이 싹트고 있던 시절이었다. 그래서 깊디깊은 지하만 아니라면 나는 미모의 천년여왕을 따라가서 살 수도 있었던 것 같다.

본 만화영화의 작가인 마쓰모토 레이지ﾏつもとれいじ는 단순히 전설에 근거한 만화영화를 어린이들에게 선보인 것은 아니었다. 사실 그의 만화영화 모두는 범사회적 문제를 어린이들에게 조심스럽고 자연스럽게 던졌다. 그래서 작가는 그 시대의 사회학자 백 Ulrich Beck의 위험사회Risk Society 못지않게 시기적으로 훨씬 앞서서 어린이용 위험사회를 경고하고 나섰던 것이었다. 그러다 보니 그의 만화색채는 적지 않게 늘 어두웠다. 그런데 그 어두움은 어린이들에게 사해동포적인 성찰사고를 지니게 하는 것은 물론이고 어렵지 않게 사회비평을 경험하게 하는 수준 높은 진지함이었다. 사실 당시 예쁘고 귀여운 디즈니와 멋있고 날렵한 DC코믹스 일색의 그야말로 남녀 성역할만 고착시키는 세계적 애니메이션환경에서 못생긴 철이가 나오는 그의 만화는 지구사회의 위험을 꽤 실제적으로 어린이들에게 제시하는 수준 높은 만화였다. 이제 와서 본다면 그의 작품은 21세기 현재 가장 큰 문제로 대두되고 있는 지구환경문제를 예언한 그의 견지가 아니었는가 하며, 그 구체적 사례 중에 하나가 바로 아파트였던 것이다. 물론 아파트는 인류의 도시쏠림에 대한 불가피한 발명이었다. 그러나 그 발명품은 탐욕으로 변질되어 현재는 도시문화의 흉물로 자리 잡고 있으

며, 무엇보다 인류의 건강은 물론 인류와 가까운 모든 생명체에게까지 해악을 입히는 최악의 발명품이라고 해도 모자람이 없다.

　그도 그럴 것이 세계 어느 사회를 막론하고 삭막한 도시에 있어서 가장 대표하는 상징은 바로 아파트이다. 아파트만으로 채워진 도시는 그리 행복해 보이지 않으며, 무엇보다 방문하고픈 아름다운 도시의 순위에도 들어가지 못한다. 아파트는 철저하게 포드주의Fordism가 응용된 양산용 주거상품이다. 자동차라인, 햄버거라인, 양계장을 넘어서 이젠 인간주거영역에 까지 확대된 가장 방대한 포드주의 사례로 보면 딱 적당하다. 아파트는 마치 좁은 공간에 여러 층으로 쌓아올린 닭장과도 같다. 그 닭장에 모여 길러지는 닭들은 말을 못 해서 그렇지 오죽했으면 닭들이 같은 종족인 닭을 물어 죽이는 정신질환을 보이겠는가 말이다. 그러나 양계장과는 상대적으로 마당이나 들에 풀어놓은 닭들은 건강한 정신에서 건강한 육체가 깃든 상태의 닭들이다. 물론 이들도 인류의 입속에 들어가는 것은 마찬가지겠지만 어찌 돌아버린 닭과 온정신의 닭의 육질이 비교가 되겠는가 말이다. 그런데 불행하게도 아파트도 그 양계장과 마찬가지로 인류를 서서히 돌게 만들고 있다. 그 원인에서 가장 대표적인 것이 바로 아파트의 높이에 있다. 사실 아파트라는 고층에서의 여가와 수면은 쉬는 게 쉬는 게 아니다. 사실 의식하지 못하지만 흔들리는 고층 아파트에서의 휴식은 뇌만 아는 지속적인 스트레스의 축적일 뿐이다. 왜 스트레스를 모두 날려버릴 것 같았던 높은 조망의 호텔에서 묵었던 기

억을 상기해보길 바란다. 여행 시 여독이라고 믿었겠지만 그 여독은 고층호텔에서 수면 중에 지속적으로 뇌의 흔들림으로 비롯된 것이다. 아니나 다를까 한국의 대표방송사 KBS는 2007년 〈환경스페셜〉이라는 다큐에서 오염과 고갈이라는 환경문제에서 어울리지 않던 아파트를 심각하게 다뤄준 적이 있다. 가장 솔깃한 것은 일본의 의학자 오사카 후미오おさかふみお에 따르는 연구결과였다. 그에 따르면 아파트에 거주하는 인류에게 심각한 육체·심리적 문제가 발생하는데, 이를테면 고층아파트에 거주하는 어린이의 느린 성장, 성격장애, 임산부의 유산과의 상관관계 등을 충격적으로 제시한 바 있다. 프로그램을 통한 그의 연구결과는 환경문제에 있어서 인류의 아파트도 피부에 와 닿는 문제로 부상한 경우였다. 물론 삭막하고 보기 싫은 도시의 경관문화에도 한 몫을 하는 것은 말할 것도 없지만 말이다.

한번 상상해보자. 아파트의 창문을 모두 뜯어낸 상태에서 인류의 아파트 생활모습과 양계장의 닭들의 생활모습을 말이다. 사실 두 상태는 크게 다르지 않을 것이다. 연예인들이 가끔 방송에 나와 뻔하디뻔한 구조에서 개성이랍시고 지혜로움 반 고상함 반으로 뭉친 아파트 인테리어자랑을 일삼는 것을 볼 때면 그 노고에 기이하게도 경외감과 연민을 동시에 느낀다. 그런 연예인과 똑같이 내 집 보여주기 놀이를 하고픈 일반인의 아파트를 실제 방문한 적이 있다. 어차피 거기서 거긴 구조에 꾸민들 별 차이를 느끼지 못했지만 예의상 "와"라고 했다. 때론 약간 다른 포장에서 모두 같은 위치에서 먹고, 눕고, 누고, 자는 모습은 우스꽝스럽지만 나도 그런데 사는 종류이기에 참았다. 이웃끼리 서로 등을 보며 작게는 5겹으로 크게는 30겹, 100겹으로까지 잠을 청하는 모습은 코미디에 가깝다. 그뿐인가, 서로의 머리에다 똥과 오줌을 누는 재미있는 광경이 펼쳐지는 것이 바로 아파트라는 양산주택이다. 때론 그런 단순한 주택을 스스로 선택했으면서 인류 최대의 고상한 취미인 개인주의를 반드시 지켜줄 것을 호소한다. 바로 조용한 주거를 원한다는 것인데, 아파트 자체가 자본을 불리고자 하는 인류에 의해서 시끄러운 닭장을 모델로 하여 만들어진 집단 서식지인데, 거기에 무소음의 개인보금자리의 준수를 원한다면 이는 너무 황당한 욕심이 아닐까 한다.

한국에 아파트 건설이 절정에 이르던 시기 20세기의 마지막 해인 2000년에 양계장을 벗어나려는 닭들의 사투를 그린 한 만화영화, 정확히 말하면 찰흙만화영화 〈치킨 런〉Chicken Run이 영국 극장에 걸렸다. 닭들이 탈출하려는 가장 큰 이유는 양계장 주인이 닭들을 결국 닭고기로 만들 것이라는 불안감에서였다. 급기야 그 추측은 현실화되어 치킨파이생산을 위한 통조림공장라인이 설치되었고, 그때부터 탈출은 다급해졌다. 여기서 인류는 닭들에게 있어서 의심할 여지없이 악당이었다. 결국 닭들은 자유의 바람을 타고 탈출을 감행했지만 해결책은 양계장이 폭삭 망하게 하는 것이었다. 하지메는 결국 지하에 매장된 거대 아파트를 거부했다. 이야기의 결말은 지구도 구하고 아파트가 아닌 원래의 우리 집에서 살게 해야 한다는 것이었다. 그리고 똘똘한 철이는 거대 행성과 지구의 충돌도 막을 수 있었다. 따지고 보면 아파트는 인류 스스로가 행복하기 위해 만든 발명품이 아니었다. 장사꾼과 정부가 돈벌이와 조금만 더 거둬들이기 위해 모색된 사상 초유의 울트라 프로젝트가 아니었을까 한다. 2012년 중앙아메리카에 있는 온두라스Honduras 정부는 드디어 개인의 도시소유를 허락했다.[32] 사실 말이 나왔으니 말이지만 이는 장사꾼의 탐욕이 주거공간을 넘어서 도시로 확대된 것이나 다름없다. 앞으로 시민이 아닌 사적 자본이 본격적으로 주도되는 도시는 정권과 더욱더 긴밀하게 협조할 불길한 조짐이 보인다.

아파트에 사는 인류의 대부분이 어린 시절 정겹게 기억되는 주택의 회귀를 원하고 있다. 성경의 이사야서Isaiah 5장 8절에서는 이렇게 기록되어 있다. 가옥에 가옥을 연하며 전토를 더하여 빈틈이 없도록 하고 이 땅 가운데서 홀로 거하려 하는 그들은 화 있을진저How terrible it will be for you who get too many houses! How terrible for you who get too many fields! Finally there won't be any space left in the land. Then you will live all alone라고 말이다. 적확한 대입인지는 모르겠으나 가옥에 가옥을 연하는 아파트란 결코 인류를 행복하게 하기 위해 개발된 것이 아니다. 불경스럽게도 성경구절을 한 번 더 해석하자면 아파트란 인류를 벌하기 위해 하늘에 계신 누군가가 내려 보낸 루시퍼지령의 산물이 아닌

---

32 박영숙 외, 『유엔미래보고서2040』, 교보문고, 2013, p.175.

가 한다. 한국의 도시에는 아파트가 인류에게 얼마나 해로운지 그 사례가 넘쳐나고 또 넘쳐난다. 최근엔 아파트를 필두로 인류는 도시를 가장 부정적인 요소의 집합소로 개념화해 왔다. 그 사실을 알면서도 특히 한국인류들은 아파트라는 닭장으로 앞다투어 몰려들었다. 늘 악화되는 어른신의 우울증, 마음껏 뛰어놀지도 못하는 아이들, 몇 천 명이 공유하는 정원 아닌 정원, 있으나마나 한 방범견의 성대 수술, 교류가 전혀 없는 이웃, 전망이라는 이데올로기로 가려진 고층스트레스, 그리고 결정적으로 못생긴 도시의 주요 원인임에도 불구하고 인류는 최면이라도 걸린 것처럼 아파트닭장을 공동선^{common good}으로 취급한 지 오래다. 아니 한국에선 적어도 그렇다.

아니나 다를까 이미 13세기 이탈리아의 시인 단테^{Alighieri Dante}의 『신곡』^{Divina Commedia}엔 흥미로운 지옥여행이 나온다. 사실 그의 지옥 아이디어의 출처는 단순한 상상에서 비롯된 것이 아니라 당시 어수선한 단테의 도시, 즉 이탈리아 피렌체에서 뽑아냈던 것이다.[33] 18세기 프랑스의 사회학자 루소^{Jean Jacques Rousseau}는 도시 자체를 인간성을 상실하는 구덩이로 정의하기도 하였다. 현대의 아파트 도시도 오히려 규격화된 지옥과 구덩이에 비유한다면 그리 개선된 것 같지는 않아 보인다. 아파트 도시를 본 단테와 루소는 어떤 은유를 뽑아낼지 몹시 궁금하다. 그러나 아무리 그렇더라도

---

33 Hollis L., 2013, CITIES ARE GOOD FOR YOU: The Genius of The Metropolis, Bloomsbury, p.4.

도시여행이 빈번해진 현 상황에서 2014년 대한항공의 광고는 한 달쯤 살고 싶은 유럽도시들을 순위별로 시리즈화하고 있는데, 아파트 도시에 사는 한국인류에게 있어서 꽤 공감이 가는 광고 전략이었다. 그런데 한국인류에게 있어서 한 달쯤 살고 싶은 도시를 이탈리아의 시인과 프랑스의 학자는 지옥과 구덩이로 묘사했다니 행복한 줄 알라고 그들에게 반격하고 싶다.

단테와 루소와 달리 21세기의 영국의 도시비평가 호리스^{Leo Hollis}는 이제부터 도시란 인류에게 정말 좋은 곳이어야 한다고 주장한다.[34] 여기서 좋다는 것은 삭막함이 아니라 포근함이다. 그래도 호리스가 사는 런던은 서울보다 삭막하지 않아 보이며, 무엇보다 아파트로 뒤덮여 있지도 않다. 한국의 도시사회학자 전상인^{Jung Sang In}은 이제부터 도시란 신분차별 받지 않게 평등한 곳이어야 한다고 주장한다.[35] 여기서 평등하다는 것은 아파트 취득의 희망 회복이다. 전상인이 사는 서울은 삭막하며, 무엇보다 아파트로 뒤덮여 있지만 그 뒤덮인 아파트마저도 서민의 몫이 아니라 권력자의 갈아타기 수단이니 평등하지 않다는 것이다. 프랑스의 지리학자 줄레조^{Valézeau Gelézeau}는 도시란 오래될 수 있어야 한다고 주장한다.[36] 여기서 오래됨이란 단순히 인류정주의 오랜 기록을 보유하기만 한 서울이 아니라 도시의 생기를 지속시켜야 한다는 것이

---

34 Hollis L., 2013, CITIES ARE GOOD FOR YOU: The Genius of The Metropolis, Bloomsbury, p.5.
35 정상인, 『아파트에 미치다』, 이숲, 2009, p.183.
36 Gelézeau, V., 2003, Seoul, ville geante, cites radieuses, CNRS Edition. 길혜연 옮김, 『아파트 공화국』, 후마니타스, 2007, p.251.

고, 아파트는 그 지속을 차단시키는 걸림돌이라는 것이다. 한국의 건축공학자 이중원Lee Joong Won은 20년만 지나면 헌것처럼 여기고 헐어버리는 집이 가득한 도시는 불쌍한 도시라고 했다.[37] 이러한 주장들을 근거로 이제부터 도시란 어떤 비교사회학적인 정의일까 하면, 도시란 아파트라는 과시로 신분을 드러내서 늘 불행하다는 생각에 사로잡힌 인류가 들끓는 곳이 아니라, 도시에 산다는 그 자체만으로 행복하다는 주인의식의 사람들이 절대 이주하지 않고 대대로 지속가능하게 주택에 살아갈 수 있는 인자들을 갖춘 도시를 말한다. 그래서 그런지 한국인류들은 물어보지도 않았는데 틈만 나면 치킨 런을 시도하고 싶다고 호리스·전상인·줄레조·이중원에 동감하지만 늘 다 늙어서 쇠약해지면 탈출하겠다고 아파트 도시 거주의 다양한 변명을 늘어놓는다. 호리스·전상인·주레조·이중원이 아무리 얘기해봤자 한국인류에게는 쇠귀에 경 읽기이다.

---

37 이중원, 『건축으로 본 보스턴 이야기』, 사람의 무늬, 2012, p.89.

음식의 참맛은 어디로 갔을까:
냉장고

음식의 부패와 변질을 막는 현재의 방법은
두 가지가 있다. 하나는 현재 가장 일반적인 방법으로써 냉장고
라는 저온공간에서 보관하는 것이고, 또 하나는 음식을 신선한
상태로 그때그때 먹어 치우는 방법이다. 냉장고가 개발될 즈음
후자의 방법은 매우 후진적인 방법이었다. 따라서 신선할 때 먹
어 치워야 하는 방법은 그야말로 짐승들의 방식과 다를 바 없었
다. 이런 짐승에서 탈피하고자 냉장고를 향한 인류의 다양한 시
도가 이루어졌다. 사실 냉장고의 원형은 얼음상자icebox라고 해야
적당하다. 인류가 가장 초기에 깨달은 음식보관 방법은 동결freezing
키 위한 얼음저온냉기의 박스를 활용하는 것이었다. 알다시피 겨
울엔 얼음이 널렸다. 그러나 겨울엔 음식도 상하지 않기가 널렸
다. 따라서 문제는 겨울이 아니라 여름이었다. 여름엔 얼음이 없
었다. 그러나 저 높은 곳에는 얼음이 선명하게 보였고, 그것도 다
량으로 있었다. 바로 알프스나 히말라야의 만년설을 이용해서 여
름에도 겨울을 재현하는 것이었다. 만년설을 마을로, 부엌으로
들여와 재현된 겨울의 냉기는 음식의 온도를 낮춰 신선한 채로
보관이 가능하게 했고, 음식이 되기 전인 식재료도 마찬가지로
싸늘한 냉기를 누렸다. 그러나 얼음은 마을로 당도할 때까지 온

전한 상태를 버텨주지 못했다. 다 녹아버렸던 것이다. 그래서 중
국인들은 한겨울 얼음을 잘라 땅속에 보관해두었다가 여름에 꺼
내 음식의 온도를 내렸다. 이러한 번거로운 얼음 준비성은 19세
기까지 이어졌다.[38]

　더운 날 겨울 재현이 어렵다면 음식의 수분을 완전히 제거하는
방식도 있었다. 이는 물기가 하나도 없는 메마른 음식을 냉기보
다는 못하지만 어느 정도의 신선함을 재생해낼 수 있는 또 다른
보관 방법이었다. 이른바 건조dehydrating라는 방법은 저온저장과 달
리 건조 상태로 보관되기 때문에 정작 먹고자 할 때는 딱딱한 상
태로 섭취하거나 아니면 다시 물에 풀어서 원상태로 반 복원시켜
서 섭취해야 했다. 이를테면 고기의 딱딱한 상태, 즉 육포를 찢어
먹는 것이 건조 그대로를 먹는 것이었고, 물에서 잡아 올린 생선,
즉 건어물을 다시 물에 불려 먹는 것은 비교적 원상태로 복원하
여 먹는 것이었다. 그러나 건조는 저온보관과 달리 식재료나 음
식의 원래 수분, 혹은 즙이 모두 제거된 상태이기 때문에 참맛의
50%에도 못 미치는 맛이었다. 따라서 건조방식은 음식의 맛보다
는 철저하게 보관을 위한 방법으로 봐야 한다. 그렇다고 겨울 재
현과 메마른 상태가 합쳐진 것도 적정하지 못했다. 이른바 동결
건조freeze drying상태는 지난해 만년설을 캐내오다 발을 헛디딘 동료
인류가 올해에도 그대로인 채로 굳어 있는 만년시신에서 응용된

---

38 Craughwell, J. T., 2008, The Book of Invention, Black Dog & Leventhal Publishe. 박우정 옮김,
　『역사를 수놓은 발명 250가지』, 현암사, 2011, p.289.

것이었다. 그러나 말려서 얼리거나 얼려서 말리는 것은 불필요한 시간낭비일뿐더러 음식의 참맛과는 더욱더 멀어지는 방법이기도 했다.

그런가 하면 식재료의 축축한 상태 그대로 차갑지 않은 음식 보관방법도 개발되었는데 바로 소금절임 ^{salt down}이었다. 그런데 이 절임방식은 문제가 많았다. 일단 매우 짜다는 것이었다. 물론 짠 것을 좋아할 수도 있지만 그렇다고 짠 대신 음식을 신선하게 유지시키지는 못했다. 오히려 너무 짜서 변형된 형체는 사람들에게 새로운 음식섭취의 적응을 요구시켰다. 그러다 보니 발효^{fermenting}라는 보관 방법도 발견되었는데, 이는 꽤 유익한 발견이었다. 그러나 이도 보관을 위한 우연함이지 식재료나 음식의 참맛과는 거리가 좀 있었다. 그 때문에 발효도 결코 신선한 음식의 상태라고 볼 수는 없었다. 물론 소금 말고 과일의 경우 설탕을 더하여 화학적으로 젤리로 절이는 설탕장이나 식초에 담그는 식초장이 있지만[39] 이도 마찬가지 식재료의 원형을 변형시키는 것으로서 소금과 맛만 다를 뿐이지 마찬가지의 축축한 상태의 보관이었다. 결국 인류는 음식의 변형을 가장 최소화시켜서 원형의 맛을 연장하는 방법, 즉 음식이나 식재료를 동결하는 것이 가장 적합한 보관 방법이라고 생각한 것이 중론이었다.

음식 동결의 방법은 여전히 지속적으로 모색되는데, 냉기가 유

---

39 Rimas A. & Fraser E. D. G., 2011, Empire of Food(Feast, Famine, and Rise and Fall), Larry Weissman Literacy. 유영훈 옮김, 『음식의 제국』, 알에이치코리아, 2012, p.237.

지되는 저온의 땅속이나 동굴에 보관하는 방법도 모색되었다. 그러나 땅속은 도시에서 적합하지 않았으며, 농촌이라도 동굴이 있는 부엌은 없었다. 그러던 중 도시에서는 화력火力을 이용하여 빙력氷力을 만드는 획기적인 기술이 모색되었다. 그 시초가 바로 독일출생 공학자인 린데Kar Paul Linde가 발견한 무취액화가스인 다이메틸 에르dimethyl ether라는 냉각제였다. 그 냉각제는 1834년 미국의 발명가 퍼킨스Jacob Perkins에 의해서 이른바 화빙변형기술refrigerant technology이 처음 개발된 것이었다. 그러나 이는 만년설이나 겨울 얼음 채취가 필요 없는 동결의 기술을 전기로 실현했을 뿐이지 인류의 부엌마다 그 동결물건을 들여놓게 하지는 못했다. 그러던 중 인류가 20세기에 이르러서야 자동동결물건을 만들기 시작했는데, 1920년 액화가스 누출로 사망자가 생겨나자 냉장업계는 좀더 안전한 가스인 프레온freon gas을 개발했고, 미국의 제네럴일렉트릭사General Electric Company는 그 프레온으로 드디어 인류의 부엌마다 그것도 아주 대량으로 냉기혁명을 일으켰는데, 그게 바로 1911년 냉장고refrigerator라고 하는 냉기를 뿜어내는 물건의 탄생이었다.[40]

냉장고는 인류의 부엌생활을 180도 바꿔놓은 것은 물론이고 식품산업에도 큰 혁명을 일으켰다. 바로 포장혁명package revolution에 동참한 것이다. 이를테면 박스, 유리병, 알루미늄에 담긴 음식들은 산업으로 성장하고, 이 포장음식은 집집마다의 냉장고 적재

---

40 Craughwell, J. T., 2008, The Book of Invention, Black Dog & Leventhal Publishe. 박우정 옮김, 『역사를 수놓은 발명 250가지』, 현암사, 2011, p.289.

로 직행할 수 있게 했던 것이다. 결국 인류는 먹을거리 보관에 있어서의 고민을 냉장고로 해결시키다 보니 좀 더 말끔한 신인류의 부엌모습을 갖추게 되었다. 이를테면 시뻘건 고깃덩이를 부엌 천장에 걸어놓지 않아도 되었고, 흙이 묻은 야채를 부엌에 너저분하게 펼쳐놓을 필요도 없어졌으며, 무엇보다 부엌바닥은 맨발로 나다니는 실내와 같이 취급되었다. 그래서 부엌은 더 이상 쥐와 바퀴벌레가 출몰하는 축축하고 냄새나는 어두운 공간이 아니라 반질반질하고 뽀송뽀송한 공간으로 탈바꿈하게 되었다. 전적으로 냉장고의 덕택으로 말이다.

　냉장고를 중심으로 재편된 인류의 부엌은 가정의 큰 변화를 가져다주었는데, 냉장고라는 물건이 없었던 19세기와는 전혀 새로운 방식으로 가정이 운영되기 시작했다. 이른바 냉장고 가정 refrigerator home 이란 음식을 생산하는 원천에서 음식을 소비하는 공간으로 전환시킨 것이다. 그래서 냉장고가 들어서고 나서 가정마다의 부엌에선 더 이상 생산이 이루어지지 않게 되었다. 집집마다 음식을 생산해내기 위한 최초의 공정, 즉 재배와 목축은 중단되었다. 따라서 냉장고 가정의 음식생산능력은 서서히 상실되어 갔으며, 더 이상 가정은 음식이 결코 아닌 식품만을 소비하는 공간으로 취급되어지게 된다. 집에선 더 이상 스테이크가 만들어지지 않고 스테이크를 사 와서 냉장고에 직행하고, 김치가 만들어지지 않고 김치를 사 와서 냉장고로 처넣어지고, 스파게티가 만들어지는 않고 스파게티를 사 와서 냉장고에서 얼려지게 했다. 결국 음식생산의 원천인 가정이란 모든 식품을 돈으로 교환해서 냉장고에 일정 기간 보관했다가 녹여 먹는 소비의 원천으로 완전히 전환된 것이다. 그래서 냉장고로 재편된 가정은 더 이상 능동적인 음식생산지가 아니라 채워 넣은 뒤 수동적으로 꺼내 먹는 식품소비지가 된 것이다. 그 옛날 모든 먹을거리를 생산해내던 음식문화로서 종합적인 가정은 소비하여 냉장고에 채워 넣는 식문화가 아니라 단순한 식품문화의 양상을 보이게 된 것이다.

감지했겠지만 냉장고의 개발과 더불어 발생한 또 다른 자매개발이 있는데, 바로 냉동식품frozen food과 전자레인지microwave였다. 우선 냉동식품은 냉장고가 가정에 등장한 지 1년 뒤인 1915년 미국 뉴저지가 집이지만 그 추운 캐나다 래브라도Labrador에 살다시피 한 동물연구가이자 코요테모피상인 버즈아이Clarence Birdseye에 의해 우연히 발견되었다.[41] 그는 코요테를 쫓아 캐나다까지 갔다가 이뉴잇Innuit들이 빙하 밑에 생선을 급속으로 얼음장 냉동시키는 것을 보고 이른바 급속냉동음식을 개발했다.[42] 그 모피상은 급속냉동이 일반냉동과 달리 녹여졌을 때 원래의 생선조직과 맛이 거의 흡사하게 보존된다는 것을 알아냈고, 급기야 버즈아이는 1924년 버즈아이해산물회사Birdseye Seafoods Corporation까지 차렸으나 기술이 부족해 세균이 번식할 틈을 주고 말았고, 그 결과 그의 냉동회사

41 Kurlansky, M., 2013, Birdseye: The Adventures of a Curious Man, Anchor Books, p.140.
42 Kurlansky, M., 2014, Frozen in Time: Clarence Birdseye's Outrageous Idea About Frozen Food, Delacorte Books for Young Readers, p.140.

는 결국 파산하고 말았다.[43] 그러나 그는 그 시련을 딛고 1930년 컨베이어 벨트에서 생선을 급속으로 냉동하는 기술을 만들어 생선토막은 물론 육류, 채소, 과일까지 급속 냉동된 그야말로 냉동식품을 유통시키기도 했다.[44] 전자레인지는 1945년 제2차 세계대전이 끝나면 뭘 먹고 사나 고민하던 미국의 사업가 스펜서[Percy Spencer]에 의해서였다.[45] 그는 전쟁에서 레이더튜브기술로 돈을 벌다가 방사능으로 팝콘이 온 방 안에 튀는 것을 보고 극초단파 조리법을 발명하였다.[46] 그러나 냉장고와의 호흡을 위한 시판은 전쟁이 끝난 후, 전쟁기술의 아이디어가 막 쏟아져 나오던 시기인 1947년경부터였다. 판매회사는 아니나 다를까 군수회사인 레이시온사[Raytheon Company]에 의해서였다. 물론 초기 전자레인지는 현재보다 크기가 너무 컸으며 모양도 투박했다. 그러나 그 당시 냉장고를 사랑했던 인류는 얼림의 냉장고와 녹임의 전자레인지를 가장 필요한 부엌의 필수품으로 부엌문화화하고자 광고를 해댔다. 그래서 부엌의 하드웨어 냉장고와 전자레인지는 급속냉동식품이라는 소프트웨어 구매의 중요한 명분이 되었다.

이 냉장고 자매품들의 개발은 현재에도 냉장고와 아주 긴밀한 애용관계를 유지하고 있는데, 이를테면 이런 것이다. 인류의 음

---

43 Kurlansky, M., 2014, Frozen in Time: Clarence Birdseye's Outrageous Idea About Frozen Food, Delacorte Books for Young Readers, p.140.
44 Craughwell, J. T., 2008, The Book of Invention, Black Dog & Leventhal Publishe, 박우정 옮김, 『역사를 수놓은 발명 250가지』, 현암사, 2011, p.383.
45 Latta S. L., 2014, Microwave Man, Enslow Publisher, Inc, pp.22-27.
46 Craughwell, J. T., 앞의 책, p.441.

식섭취란 급속냉동식품을 돈 주고 사 와서 냉장고에 여러 날 동안 보관했다가 전자레인지에 녹여 먹는 것이다. 이는 냉장고를 비롯된 전혀 즐겁지 않고 편하기만 한 현대인류들의 음식문화인 것이다. 음식에 대한 정성이라는 상투적인 말을 집어치우고라도 즐거워야 하는 음식의 생산과정은 모두 단절되어 버린 채 인류는 그들의 입속으로 얼었다 녹은 식품을 꿀꺽 섭취해버리고 마는 문화를 기꺼이 수용했던 것이다. 그러다 보니 인류의 식성은 지구에 사는 종들과 좀 다르게 변형되었는데, 음식을 즐겁게 먹는 종이 아니라 간편하게 냉동식품을 입속에 처넣어 버리는 종으로 바뀐 것이다. 물론 전혀 즐겁지 않다고 볼 수는 없다. 인류는 나름대로 이러한 식품문화에 꽤 만족해하는 것 같다. 냉장고 탄생 이후의 역사를 따진다면 음식의 참맛을 아는 연령의 인류는 모두 사라지고 그냥 녹여 먹는 것에 너무나도 익숙한, 그래서 거기에 만족하는 인류만이 현재 남아 있다. 그러나 냉장고인류는 그리 건강한 인류의 모습 같지는 않아 보인다.

어떤 이는 늘 먹을거리를 위해 집에서 냉장고만 의지하고 사는 것은 아니라고 한다. 그래서 때론 밖에 나가 외식도 하지 않느냐고 반문할 수도 있다. 그러나 애석하게도 그 외식을 제공하는 인류의 음식점도 우리 집에 있는 냉장고보다 더 큰 냉장고를 보유하고 있을 뿐이지 당근을 재배하거나 달걀을 낳는 닭을 키우지는 않는다. 인류의 모든 음식점도 중국에서 들여온 김치를 한참 얼렸다가 내놓기는 마찬가지이다. 아마 우리 집보다 더 오랜 기간 대량의 식품 소비가 이루어질 뿐이지 식당도 냉장고가정보다 더 심한 냉장고음식점이 된 지 오래다. 사실 인류의 건강에는 냉장고가 없던 시절의 가정, 얼려서 부패를 늦춘 식품이 아니라 바로 생산된 신선할 때의 재료를 그때그때 조리해서 먹는 이른바 슬로푸드slow food가 적합했다. 그리고 인류는 그게 음식생산의 즐거움으로 알고 있었다. 그러나 냉장고는 그러한 생각 자체를 불편하고 불결한 것으로 뒤바꿔 놓았다. 혹여 이에 이의를 제기하는 인류가 있다면 아마 세 가지 이유에서일 게다. 몹시 바빠서 불편하고 불결하다고 자기 합리화를 시키는 인류이거나, 음식생산의 즐거움을 평생 한 번도 느껴보지 못한 인류이거나, 아예 냉장고에 처넣어지는 음식만을 먹고 자랐거나 하는 신인류, 즉 냉장고인류일 것이다. 결국 냉장고인류의 냉장고가정이란 인류건강에 그리 도움이 되지 못하는 가정일 뿐만 아니라 음식생산에 이루어지는 즐거운 감정발휘의 기회가 차단된 삭막한 가정의 완성일 것이다.

한국으로 가볼까 한다. 한국은 1965년 금성사현재의 LG전자라는 회사가 처음 눈표냉장고를 선보였고, 1995년 또 만도기계사가 김치냉장고를 만들어 장독기술을 자랑했다.[47] 그러나 냉장고 겉모습에 우아를 입힌 것은 1997년 삼성전자Samsung라는 회사가 냉장고 가전문화를 양 문짝으로 몰고 가기 시작하면서부터였다. 그 이후부터 한국에서 냉장고는 음식을 얼리거나 차게 보관하는 것이 아니라

---

47 산업통상자원부 블로그(blog.naver.com/mocienewsdic), 2015년 7월 16일(목), '한국최초 냉장고' 검색.

여자라는 기능으로 변경되기 시작했다. 사실 한국인류는 초기 냉장고의 필요성을 크게 느끼지 못했다. 왜냐하면 가정에서 생산된 신선한 재료를 조리하고 섭취했으며 조금 남으면 찬장에 보관하거나 하루도 못 가서 다 해결했기 때문이며, 그래도 좀 신선도가 살짝 의심되면 한심한 반려견이 아닌 기특한 방범견에게 맛난 식사로 해결했었다. 물론 끓여서 말이다. 70년대는 일부 부잣집에서, 80년대는 보편적으로, 90년대는 누구나의 부엌으로, 2000년대는 김치냉장고까지 합세하여 2대의 냉장고 보유가 한국인류부엌에서의 기본세트이자 부엌살림의 시작이었다. 그런데 그런 만큼 한국인류는 건강이 지속적으로 안 좋아지고 있었다. 어떤 질환이든 냉장고의 보편화와 역의 상관관계를 보이는 것은 필연의 인과를 짐작할 수 있게 한다. 비로소 중병에 걸리고 나서야 냉장고 전문보관용 식품을 모두 버리고 냉장고와 친하지 않은 음식과 식재료를 수소문하여 구하거나, 아니면 비좁은 집 안에서 다시 재배하기 시작하는 한국인류를 보면 그 짐작이 맞는 것 같다. 아니면 아예 시골로 내려가 19세기의 인류와 똑같이 슬로푸드를 전면 실천하면서 살기도 함은 그 짐작에 거의 확신을 준다.

사실 냉장고가정은, 냉장고부엌은, 냉장고는 가장 위생적이지 못한 공간이다. 적어도 한 달에 한 번은 물청소를 하는 변기보다 못한 공간이라고 해야 마땅하다. 알다시피 냉장고 자체는 변기와 달리 방수가 되지 않기 때문에 평생 한 번도 물청소를 할 수 없는 공간이다. 일단 돈 주고 사온 식량은 모두 시커먼 비닐에 담겨서

1년도 넘게 동결된 상태로 방치되기 일쑤의 찬장이 바로 냉장고이다. 그래서 한 번 들어간 식품들은 꺼내질 날을 기약할 수 없는 경우가 많고, 오래된 식품은 빙벽을 만들어 인류 스스로도 찾기 힘들게 만든다. 그러나 이러한 불결의 동굴상태를 깨끗해 보이는 얼음박스로 착각하게 하는 이유는 바로 백색가전white goods이라는 새하얀 문의 청결이미지에서일 게다. 인류는 냉장고야말로 식품의 신선함을 유지시켜 주는 그야말로 천사표의 음식상자라고 굳게 믿고 산다. 갑자기 수십 대의 냉장고를 가지고 있는 대형마트의 음식코너는 냉장고청소를 과연 할까 하는 의문이 생긴다.

전 세계 인류의 50%는 냉장고 없이 그때그때 연명하며 산다. 아니 그래 보인다. 적어도 세계 오지의 원주민을 찍어온 방송사의 연민 어린 편견프로그램에선 그렇다. 그러나 곰곰이 생각해보길 바란다. 사실 그 편견과 달리 원주민들은 늘 신선한 슬로푸드를 섭취하는 행복한 인류일지도 모른다. 어떤 인류가 더 똑똑한 걸까? 냉장고에서 얼어붙은 질 나쁘고 불결한 식품이나 녹여 먹는 주제의 인류인지, 아니면 느린 음식을 여전히 실천하는 불쌍한 인류인지 말이다. 음식은 원래 보관하는 것이 아니라 만들어 먹는 것이다. 그래야 인류는 적어도 19세기 후반까지 건강하게 살아갈 수 있었다. 그러나 냉장고는 늘 인류에게 음식이란 보관하는 거라고 그 용량을 지속적으로 키워가고 있다. 그러면서 인류는 녹여 먹고 병원 가고 녹여 먹고 병원 가고를 반복하면서 면역력을 지속적으로 하향 평준화시키고 있다. 이쯤 되면 인류는 냉장고의 발명에 대하여 한번 고민해봐야 하지 않을까 한다. 냉장고가 과연 인류가 개발한 최악의 발명품일지 아닐지 말이다. 잘 모르겠다면 질문의 형식을 조금 바꿔보기로 한다. 눈에 넣어도 안 아픈 우리 아이들에게 음식을 만들어 먹이고 싶은가, 아니면 얼렸던 음식을 녹여서 먹이고 싶은가 말이다. 바로 구매하고 나서 한 번도 물청소를 해보지 않은 냉장고에서 말이다.

바다 위를 떠다니는 제8의 대륙: 플라스틱

바다생물에게 가장 유용한 식량은 바다를 유유히 떠다니는 아주 작은 유기체인 바로 플랑크톤plankton일 것이다. 물론 거대한 물고기(흰수염고래는 그 유기체를 먹기 때문에 제외)들이 쪼잔하게 그 작은 플랑크톤 나부랭이나 먹고 살지는 않겠지만 이 플랑크톤은 해양생태계에 있어서 가장 기본의 영양공급원으로서 그 중요도가 크다. 그런 귀중한 플랑크톤은 크게 동물플랑크톤과 식물플랑크톤으로 나뉜다. 그런데 사실 이 플랑크톤이 동물성이건 식물성이건 간에 그 정체란 기이하게 작은 바다생물이라기보다 아직 성체가 되지 않은 해양생물, 즉 물고기들의 매우 어린 시절이라고 보면 된다. 다시 말해서 플랑크톤은 평생 플랑크톤 상태로 늙어 죽는 것이 아니라 아직 철이 없는 꼬마 해양생물로서 종에 관계없이 서로 어울려 노는 것들이다. 따라서 플랑크톤은 역마살이 강하지만 언젠가는 성체의 해양생물들이 하던 그대로의 습성과 서식지를 지키게 될 바다생태계의 미래인 것이다.

　인류만 제외하고 지구의 모든 생물체는 끊임없이 재생하여 지구를 유지시키려고 안간힘을 쓴다. 녹색식물은 햇빛과 탄산가스로 광합성을 하여 유기물질과 산소를 재생한다. 동물은 다른 종의 식량과 에너지에 봉사하며 죽어서 토양과 물에 영양분을 회복시킨다.[48] 그러나 인류는 지구를 고갈시킨다. 인류는 아이러니하게도 자신들 때문에 자신이 사는 터전인 지구의 수명이 단축되고 있음을 이미 알고 있다. 인류는 그 단축문제를 이른바 5가지의 지구환경문제로 스스로에게도 경고하고 있는데, 바로 자원고갈resource exhaustion, 대기오염air pollution, 토양오염soil pollution, 생명체오염living thing pollution, 수질오염water pollution이다. 우선 자원고갈은 석유가 가장 대표적으로 바닥을 드러내면서 인류기동력에 적신호를 켜주고부터이며, 대기오염은 이산화탄소 증가로 여름엔 더 덥고 영원불멸할 것 같았던 빙하가 바닷물로 녹아들면서부터 체감하게 되었다. 토양오염은 유전자변형작물genetically modified organism이 토양을 통해 다른 작물에게도 전이된다는 충격을 겪으면서부터이며, 생명체오염은 그 작물식품으로 인류의 신체가 예전 같지 않게 알 수 없는 질병에 시달리거나 면역급락으로 시작되었다. 마지막 수질오염은 정수기를 통과한 물만을 마시면서부터였다. 그러나 사실 수질오염의 최종은 해양오염이라고 해야 한다. 해양오염은 모든 오염물질이 정착하는 곳으로서 그 거대한 자정력이 서서히 붕괴되고 있다. 그 결과는 어획감소, 기름유출, 수온상승이 주요한 사안이었다. 그런데 21세기에 들어서 그 사안들에서 하나가 더 추가되었는데, 바로 희한한 플랑크톤이 바다에 출몰한 것이다. 사실 바

---

48 Humphrey, C. R. & Frederick, R. B., 1982, Environment Energy and Society, Wadworth Publishing Co. 양종회 외 옮김, 『환경사회학』, 사회비평사, 1995, p.26.

다의 생명체는 인류가 상상하는 외계인보다도 더 이질적이다.[49] 그 이질적 종류가 하나 많아진 것은 바닷물고기들로서 그리 나쁠 것도 아니다. 오히려 해양생물에게 있어서 다양한 플랑크톤의 맛을 즐길 수 있는 또 다른 맛의 해양스프가 될 장점이 있기 때문이다. 그러나 이 플랑크톤은 바다생물에게 있어서 그 어떤 도움을 주지 못한다. 아니 해를 입힌다고 해야 더 정확하다. 동물도 아니면서 식물로 아닌 너무나도 이질적인 이 신세대 플랑크톤은 유익한 플랑크톤과 똑같이 무리를 지어 바다에서 방랑생활을 하는 것이 드디어 뉴 밀레니엄 시대에서 목격된 것이다.

한국과 가장 가까운 거대바다인 태평양 한가운데 가서 바닷물 한 컵을 떠다가 현미경으로 잘 관찰해보자. 그러면 그 맑디맑은 바닷물 속에는 플랑크톤이 살아서 우글거리는 것을 볼 수 있을 것이다. 때론 작은 것들이 꼬물거려서 징그럽기도 하다. 그러나 이것들이 생선들에게 유익하다고 하니, 통통한 생선을 인류에게 공급해준다고 하니 "과연 신기하구나!"로 관찰감정을 끝내야 한다. 그런데 가만히 다시 현미경을 살펴보면 그 작은 플랑크톤 중에서 영락없이 플랑크톤의 크기이지만 미동도 없는 플랑크톤이 상당수가 있는 것을 발견할 수 있다. 플랑크톤이 죽었나 하고 넘겨버릴 수도 있지만 다시 천천히 자세하게 살펴보면 투명한 작은 입자가 반짝이는 것을 볼 수 있다. 마치 보석처럼 말이다. 사

---

49 Moore, C., & Phillips, C., 2012, Plastic Ocean: How a Sea Captain's Chance Discovery Launched a Determined Quest to Save the Oceans, Avery Trade. 이지연 옮김, 『플라스틱 바다』, 미지북스, 2013, p.15.

금일까? 아니면 다이아라도 발견한 걸까? 하지만 이는 다름 아닌 인공 표류물인 플라스틱^{plastic}의 작은 입자들이다.[50] 칫솔 하나, 멜라민 그릇 한 개, 레고 블록 하나의 최종 입자라고 할 수 있는 이 플라스틱이 매우 미세한 입자로 쪼개져 바다를 전전무휴 하는 미세한 신종 바다쓰레기인 것이다.[51] 이쯤 되면 멀디멀어서 인류의 배설물쯤은 접근하지 못할 것이라고 여기는 태평양 한가운데의 청정성이란 이젠 버려야 할 진부하고 헛된 인류의 믿음이 된 것 같다. 숨 쉬는 공기도, 먹는 물도, 재배하는 토양도, 가축도, 거기에다 넘실대는 바닷물까지 모두 오염된 상태로 봐야 오히려 마음이 편하다. 차라리 청정한 곳이란 이 지구 상에는 아예 없다고 생각하는 것이 바람직한 지구환경관이다.

당구장의 당구공은 참 매끄럽다. 바로 플라스틱으로 만들어진 것인데, 이 플라스틱이 인류에게 있어서 만들어져야 하는 최초의 이유는 바로 그 매끄러운 당구공을 만들기 위해서였다. 아니나 다를까, 1860년 미국 최대의 당구장비회사가 합성물질로 된 당구공을 만드는 이에게 만 달러라는 어마어마한 상금을 걸었다.[52] 당시 인류는 플라스틱 당구공이 있기 이전엔 코끼리의 상아^{ivory}로 만들어진 당구공을 사용했다고 한다. 그러나 알다시피 상아는 현

50 Moore, C. & Phillips, C., 2012, Plastic Ocean: How a Sea Captain's Chance Discovery Launched a Determined Quest to Save the Oceans, Avery Trade. 이지연 옮김, 『플라스틱 바다』, 미지북스, 2013, p.108.
51 Freinkel, S., 2011, Plastic, Houghton Mifflin Harcourt. 김승진 옮김, 『플라스틱사회』, 을유문화사, 2012, p.198.
52 Moore, C. & Phillips, C., 앞의 책, pp.39-40.

재 지구 상에서 가장 무거운 들짐승인 코끼리가 죽어야 얻을 수 있는 귀한 물건이고, 그러다 보니 고가여서 거의 귀금속으로 취급받기도 하였다. 그렇다고 해서 인류는 그 귀한 동물인 코끼리가 수명을 충분히 다할 때까지 기다려주는 성격도 아니었다. 그렇다면 코끼리 상아를 대체할 목적으로 개발된 플라스틱은 인류의 선한 의도에서 출발한 것임이 틀림없다고 유추해볼 수 있다. 그러나 알다시피 어디 인류는 그런 목적으로 개발한 적이 흔한가 말이다. 코끼리 보호보다 세상의 모든 발명의 변명이자 이유이자 그럴듯한 인류의 편리성은 사실 돈벌이를 위해 발명된 것이었다. 미국의 대표적인 발명가 에디슨과 같은 시기 미국에 또 다른 발명가 파크스 Alexander Parkes 는 1862년 마르면 단단해지고 윤이 나는 물질, 즉 그의 이름을 딴 파크진 Parkesine 을 영국 국제박람회에 내놓아 급기야 동메달을 따냈다.[53] 그러나 최초의 플라스틱 발명의 기록은 그의 제자인 하이엇 John Hyatt 에 의하여 셀룰로이드 celluloid 가 최초로 개발된 기록이 더 공식적이다.[54] 그 이유는 하이엇에 와서 비로소 제조법 인정이 이루어졌기 때문이다.

플라스틱의 한자어 이름은 합성수지 synthetic resins 이다. 사실 합성이 아닌 수지 resin 란 나무에서 흘러나오는 끈끈한 진을 의미한다. 그리고 그러한 수지를 가리켜 한자어로 천연수지 natural resin 라고 하여 송진, 호박, 단말, 세락 등이 있다.[55] 그렇다면 합성수지란 줄

---

53 위의 책, p.39.
54 위키백과 영어(en.wikipedia.org), 'John Hyatt', 2015년 3월 23(월) 검색.
55 황순재, 『합성수지』, 동화기술, 2008, p.425.

줄 흘러내리다가 딱딱하게 굳는 물질을 화학적으로 합성하여 만든 수지를 의미하는 것이다. 이 합성수지는 나무의 진과 같이 어떤 모양이든 자유자재로 성형할 수 있다고 하여 그리스어 동사 플래진plassein에서 유래되었는데 '주물하다' 혹은 '형태를 만들다'라는 뜻이다.[56] 왜 하필 그리스어인지는 우리끼리 얘기지만 한국은 미국발음의 영어로, 미국은 유럽발음 특히 이탈리아, 프랑스, 그리스의 말로 뭔가를 명명해야 폼이 나 보이기 때문이다. 그러나 하이엇은 그가 만든 합성수지를 셀룰로이드celluloid라는 상품명을 붙이기로 하였다. 왜냐하면 하이엇은 셀룰로오스cellulose가 질산과 화합하여 니트로셀룰로오스로 된다는 것을 이미 알고 있었고, 거기에다 장뇌를 섞으면 탄성이 풍부한 굳고 강한 물질이 얻어지며 이것을 가열하면 연화하여 가소성이 큰 것이 된다는 자신만의 발견을 더 강조하기 위해서 셀룰로이드로 고집했던 것이다.[57] 그이후로 플라스틱이라는 이 희한한 물질은 진보를 꾀하게 되는데, 크게 열을 가하여 다시 다른 모양을 성형할 수 있는 플라스틱, 즉 열가소성수지와 더 이상 열을 가할 수 없는, 만약 가하면 딱딱하게 굳어져 버리는 플라스틱, 즉 열경화성수지로 나누어지게 되었다. 아마 〈토이스토리〉1995년 미국의 Pixar와 Disney가 제작한 3D 만화영화에 나오는 카키색khaki 군인은 분명 열가소성수지, 즉 열에 대면 줄줄 흘러내리는 가소성일 것이다. 난 어린 시절 진짜 그 녀석들을 어머니가

---

56 Freinkel, S., 2011, Plastic, Houghton Mifflin Harcourt. 김승진 옮김, 『플라스틱사회』, 을유문화사, 2012, p.29.
57 정기현, 『플라스틱』, 보진재, 2003, p.6.

없는 틈을 타서 태워보았다.

플라스틱은 가볍고 튼튼하며 성형이 용이하고 아름답고 녹슬지 않으며 값이 싸다는 장점 덩어리의 최고의 산업재료였다.[58] 그래서 인류에게 있어서 플라스틱은 매우 유용한 발명품으로서 인류의 의식주 어디에서건 그 응용은 거칠 것이 없이 가능했는데, 심지어 플라스틱은 인류의 신체를 대체하거나 몸속에 삽입되기까지 하는 탁월할 유용성을 드러내기도 하였다. 그런데 문제는 그것이 천연이 아니라 합성이라는 이유 때문에 문제가 발생하게 되었다. 바로 태생적으로 합성으로 탄생한 인류가 아닌 천연인류에 합성된 플라스틱은 잘 맞지 않았던 것이다. 예를 들어, 플라스틱 섬유이자 스타킹 산업의 혁명을 일으킨 나일론nylon은[59] 성형의 장점만 가진 채 천연인류에게 맞지 않았다. 식사를 할 때도 마찬가지였다. 멜라민melamine이라고 하는 플라스틱 그릇은 다양한 모양으로 만들어지지만 천연그릇의 옹기, 토기, 유리그릇들과 같이 인류에게 무해하지 않았다. 플라스틱의 장점인 자유로운 성형은 열에 의해 가능한 것이다. 그러나 열에 의해서 성형화된다는 자체는 "얼음!" 되어 있던 합성성분들이 무한하게 분해되어 활동한다는 의미이기도 하다. 결국 플라스틱은 합성로봇이 아닌 천연인간에게 매우 맞지 않는 것이었고, 그에 가장 체감되는 사례가 문짝, 창틀, 벽면, 바닥 등의 모두를 플라스틱으로 만들어내는 현대

---

58 위의 책, p.1.
59 Craughwell, J. T., 2008, The Book of Invention, Black Dog & Leventhal Publishe. 박우정 옮김, 『역사를 수놓은 발명 250가지』, 현암사, 2011, p.409.

인류의 주거지에서 발생하는 새집증후군sick house syndrome인데, 이 증후군 체험은 그야말로 인류 주변에 전면화된 플라스틱 환경문제의 샘플이다.

플라스틱은 인류가 만든 모든 이기를 천연에서 합성으로 대체하기 시작했다. 그래서 인류는 플라스틱을 먹지만 못할 뿐이지 인류의 모든 생활에 등장시켜야 했다. 그러나 사정이 달라진 것은 21세기로 접어들면서부터였다. 먹지는 못하기 때문에 인류의 건강까지 위협하지 않을 것이라고 보는 플라스틱은 너무나도 자연스럽게 결국 인류의 입속으로 들어가기 시작했는데, 그게 바로 플랑크톤 크기의 미세한 입자의 플라스틱이다. 사실 인류는 플라스틱을 가지고 무엇을 대체할 것인가만 고민해왔지 다 쓰고 나서 플라스틱을 어떻게 처리할 것인지는 한 번도 고민하지 않았다. 아니 하기 싫었다. 왜냐하면 한번 팔리고 나면 그만이니까 말이다. 그래서 인류의 모든 이기는 플라스틱으로 모두 대체되어 대량생산되었던 것이고, 인류로부터 버려진 대량의 플라스틱은 합성되기 전의 상태로 되돌아가지 못하고 지난 세기 내내 바다로 흘러 들어갔던 것이다. 지난 100년 동안 바다로 흘러 들어간 플라스틱은 강렬한 태양과 소금기를 만나 초미립자로 쪼개졌다. 급기야 플랑크톤의 크기와 같이 먹기 좋게 썰어져서 바다생물의 입속으로 들어가기 시작했던 것이다. 결국 인류는 먹어서는 안 되는 플라스틱을 등이 푸르건 안 푸르건 통통하게 살찐 생선을 통해 식탁에서 플라스틱 그릇이 아닌 실제 먹을거리로 재회한 것이다. 아나나 다를까, 몇몇 연구에 따르면 미국인류 모두는 적어도 한 가지의 프탈레이트^{Phthalate}를 몸에 달고 산다고 한다.[60] 이 물질은 1930년대부터 플라스틱을 유연하게 하기 위해 쓰이는 화학물질로서[61] 몸에 전혀 이로울 것이 없는 플라스틱의 친구이다.

플라스틱의 무한한 성형성질은 음식의 외형을 감쪽같이 닮을 수도 있게 하는데, 이는 음식 더 나아가 식품으로까지 둔갑할 수 있는 여지를 남기기도 한다. 이를테면 파우더 형태라든가 아니면 빛깔을 연출하는 것, 혹은 부피를 늘리는 일에 플라스틱이 활용될 수 있다. 물론 이러한 활용까지는 윤리적으로 문제가 되겠지만 알다시피 아직 그러한 윤리경지에 이르지 못한 사회에서는 빈번하게 일어나기도 한다. 플라스틱이 음식으로 둔갑한 가장 큰 사건은 2008년 어린 인류들이 먹는 분유에 멜라민이라고 하는 플라스틱 성분을 섞은 분유를 생산한 일이다. 이는 혹시나 했지만 역시 중국산 분유를 수입한 많은 국가들에까지 문제가 제기되었고, 결국 세계적인 문제로 확산되었다. 그런데 한국인류는 거기서 다행히 제외되었다. 사실 외제를 선호하기로 유명한 한국인류라서 외제차, 외제가방, 외제시계, 외제빤스 등등이 한국에서는 품귀가 빈번하지만 그런데 유독 한국인류는 메이드인차이나^{made} $^{in china}$만을 경악하며 노땡큐이다. 때론 편애가 도움이 될 수도 있구나 한다.

60 Freinkel, S., 2011, Plastic, Houghton Mifflin Harcourt. 김승진 옮김, 『플라스틱사회』, 을유문화사, 2012, p.379.
61 두산백과(www.doopedia.co.kr), 2015년 7월 15일(화), '프탈레이트' 검색.

사실 플라스틱은 모양만 자유롭게 할 수 있는 합성물질이다. 그런데 여기서 자유롭다는 것은 다른 말로 쉽다는 것이고, 쉽다는 것은 단시간에 싸게 만들어낼 수 있다는 의미를 포함한다. 따라서 그 플라스틱이라는 복잡한 뜻은 이렇게 해석하면 된다. 인류가 만든 가장 빨리 싸게 만든 무언가에는 이 플라스틱이 다량·항상 포함되어 있거나 대체되어 있다고 말이다. 그래서 플라스틱으로 만들어진 인류의 모든 것 중에서 가장 가치가 낮은 것은 바로 플라스틱으로 취급해야 한다. 오지랖이 넓게도 이해를 돕고자 예를 하나 더 들어본다. 플라스틱 재료가 많이 들어간 아파트보다 천연 재료로 만든 주택이, 플라스틱 의자보다 나무로 만들어진 의자가, 플라스틱 식기보다 사기그릇이, 결정적으로 플라스틱 당구공보다 상아 당구공이 더 가치가 있다. 결국 인류는 그래서 그런지 가장 가치가 낮은 플라스틱의 처우를 너무 경시한 나머지 천연의 지구에 어디에서든지 합성의 수지를 볼 수 있게 해놓았으며, 심지어는 바다생물의 체내에서까지 구경할 수 있게 해주었다.

천연의 지구의 가치가 점점 낮아지는 이유는 바로 인류가 창의적으로 만들어내는 편하고 쉬운 것들이 점점 많아지기 때문이다. 그중에서도 플라스틱은 인류신체의 가치까지 낮추고 있다. 하이엇은 선한 의도로 플라스틱을 개발했다. 그러나 하이엇은 그의 후손이 플라스틱을 먹게 될 것이라고는 상상도 못 했을 것이다. 시간이 지나면 지날수록 천연의 하이엇 후손이 합성의 수지를 많이 먹게 될 것이다. 하이엇은 플라스틱을 만들어 널리 인류의 씨를 말리게 한 최초의 인류이다. 참, 어제 교보문고를 들러서 안 사실인데 플라스틱 모래 같아 보이는 어린이 놀이용 인조 모래가 상품으로 개발된 것을 보았다. 그러나 다행히도 플라스틱이 아니라 모래를 특수처리한 것이라고 해서 가슴을 쓸어 내렸다. 그러나 만져보니 마치 왁스를 발라놓은 것처럼 다소 끈끈해서 기분이 썩 좋지 않았다. 꼬마인류의 바닷가 모래장난을 집 안에서 그대로 재현하고자 메이드인차이나의 아이디어였다. 모래들이 해변을 대체할 날이 멀지 않은 것 같다.

〈1970년에 두고 온 시간들-송사리〉, Watercolor on paper, 10×10cm, 2011.

인류 최악의 발명품

식물인간에게 유용한:
전자제품

       인류가 만든 발명품은 기능하게 하는 원동력에 따라서 크게 두 가지로 나누어진다. 하나는 인류가 직접 움직여서 사용하는 수동의 것^{manual function}과 다른 하나는 인류가 신경 쓰지 않아도 움직여주는 자동의 것^{automatic function}이다. 그에 대한 가장 대표적인 사례가 바로 자동으로 움직이는 자동차^{automobile}이다. 알다시피 자동차의 변속은 자동으로 알아서 바꿔주는 것과 그렇지 않은 것이 있다. 그래서 자동으로 움직이지만 자동차는 안에 또 다른 수동과 자동의 메커니즘이 숨어 있다. 그런데 사실 이 자동이라는 발명품은 스스로 혼자서 알아서 움직이는 것이 결코 아니다. 오히려 사람의 힘을 빌리지 않을 뿐이지 또 다른 힘이 그 발명기능을 자극·작동시켜야 하는 것인데, 인류는 그 힘을 가리켜 전기^{electric power}라고 했다. 그리고 전기 하면 떠오르는 발명가는 단연 에디슨^{Thomas Edison}이다. 그러나 에디슨이 그 전기를 발견한 유일한 자는 아니다. 다만 그는 나타났다가 사라지곤 하는 신출귀몰의 전기를 잡아서 시각적인 전구 빛으로 의심 많은 대중에게 보여줬을 뿐이며, 더욱이 영국발명가 스완^{Joseph Swan}은 그 빛을 백열전구로 에디슨보다 먼저 보여줬기에[62] 당시 에디슨은 곧 꼬리

---

62 Craughwell, J. T., 2008, The Book of Invention, Black Dog & Leventhal Publishe. 박우정 옮김, 『역사를 수놓은 발명 250가지』, 현암사, 2011, p.291.

를 내렸을 것이다.

전기의 존재를 알았던 사람은 너무나도 많다. 고대 그리스 시대에 호박amber을 문지르다가 발견한 탈레스Thales에서부터[63] 17세기가 막 열리던 시기 탈레스가 발견한 그 정전기 현상에 그리스어 엘릭트론ήλεκτρον이라고 명명한 길버트William Gilbert가 있고,[64] 1730년 밀어내고 끌어당기는 자력을 통한 전기학의 기초를 닦은 프랑스의 뒤페Charles Du Fay는 과학자가 아니라 군인신분이었고,[65] 1753년엔 무시무시한 번개를 감히 연으로 건드려 전기 빛을 이용하여 양·음전기를 증명한 미국의 프랭클린Benjamin Franklin도 있고,[66] 1785년 정전기의 힘으로 쿨롱의 법칙Coulomb force law을 소개한 프랑스의 쿨롱Charles Augustin de Coulomb,[67] 1791년 습기에 전기흐름을 알고 전지를 만든 이탈리아의 볼타Alessandro Volta는 전압단위로서 그의 이름이 응용되기도 했고,[68] 전기전도로 1906년 노벨물리학상을 받은 영국의 톰슨Joseph Thomson에[69] 이르기까지 전기를 알았던 사람들은 너무나도 많으며, 하다못해 일반 사람들도 한여름 밤하늘에 번쩍 나타나 간담을 서늘하게 하는 번개로부터, 머리 위로 뻗치는 짜증나는 머릿결을 통해서라도 전기라고 명명하지는 못했지만 그 기이하고 때론 기분 나쁜, 즉 전기의 존재를 짐작했던 것이다.

63 두산백과(www.doopedia.co.kr), 2015년 7월 29일(수), '전기' 검색.
64 위키백과 한국어(ko.wikipedia.org), 2015년 6월 11일(목), '윌리엄 길버트' 검색.
65 두산백과(www.doopedia.co.kr), 2015년 7월 4일(토), '샤를뒤페' 검색.
66 위키백과 영어(en.wikipedia.org), 2015년 6월 11일(목), 'Benjamin Franklin' 검색.
67 위키백과 한국어(ko.wikipedia.org), 2015년 6월 26일(금), '쿨롱의 법칙' 검색.
68 Craughwell, J. T., 2008, The Book of Invention, Black Dog & Leventhal Publishe. 박우정 옮김, 『역사를 수놓은 발명 250가지』, 현암사, 2011, p.185.
69 두산백과(www.doopedia.co.kr), 2015년 7월 29일(수), '조지프 톰슨' 검색.

에디슨은 전기를 시각적으로 지속 생산해냈는데, 그게 바로 가짜태양, 즉 전구라는 것이었다. 인류는 전구를 통해 전기의 존재를 확실히 알게 되었으며, 때론 번개를 소유하는 착각까지 불러일으켰다. 그 이후 전기가 전달되어야 하는 모든 시스템은 에디슨의 머리를 거쳐 갔다. 그래서 인류의 전기산업은 이른바 에디슨효과edison effect를 통해 엄청나게 많은 전기발명품들을 쏟아냈다. 그런데 문제는 이 전기라는 에너지도 저절로 생겨가는 것은 결코 아니라는 것이었다. 전기 생산이란 백날 땅을 파야 10원 한 닢 나오지 않는 것과 같이 필히 무언가의 또 다른 소비가 수반되어야 하는 것이었다. 더욱이 대량의 전기생산은 또 다른 노력이, 수고가, 소비가 엄청나게 일어나야 가능한 것이었다. 장작에서 석탄, 석유, 천연가스에 이르기까지 이들을 태우는 노력이, 수고가, 소비가 이루어지지 않고서는 결코 발생할 수 없는 것이 바로 전기라는 것이었다. 물론 최근에 노력방식이 조금 상이한 원자핵변환을 활용해서 뽑아내는 원자력atomic power이 있긴 하다. 그러나 그 변환과정은 장작을 간단하게 태우는 것과는 엄청난 차이, 즉 엄청난 위험성을 안고 있기 때문에 더욱 거대한 노력이 필요한 것이고, 결정적으로 우라늄uranium은 인류에게 해를 입힌다는 점에서 그 고민이 크다. 또한 풍력, 조력, 태양열, 지열이라는 전기원료가 있긴 하지만 이들은 인류의 거대한 전기사랑에 비하면 조족지혈의 에너지로 수집 양이 너무너무 적다.

그렇다면 전기란 그간에 인류가 알고 있던 것과 같이 간단한 에너지가 아니라는 것이다. 더 정확하게 말하자면 콘센트에 플러그만 꽂으면 언제 어디서나 공급받을 수 있는 무한정의 힘이 결코 아니라는 것이다. 다른 에너지의 복잡한 소비가 비로소 이루어져야 얻을 수 있는 귀하디귀한 에너지가 바로 전기인 것이다. 사실 초기 에디슨의 전기는 칠흑의 밤거리를 밝히는 정도의 것으로 끝났다. 아니면 집집마다 하나씩만 칠흑에서 광명을 주면 됐다. 뭐 이정도면 공급의 양이 그리 어렵지 않았을 것이다. 그러나 이제는 온 세상의 모든 것이 전기를 달라고 안달이다. 그래서 전기가 모자란다고 또 안달이다. 그러나 사실 전기가 모자란 것이 아니라 인류가 만들어낸 발명품들이 모두 전기로 작동되어야 하는 물건으로 변환되기에 모자라게 느껴지는 것이다. 따라서 전기를 필요로 하는 것이 너무나도 많기 때문에 전기공급량이 따라가지 못하는 거북이 공급과 토끼 소비라고 은유하면 이해가 될 것이다. 인류는 자기 손으로 문을 열기 싫어서 전기문을 만들고, 자기 손으로 항문 닦는 것까지 전기로 한다. 이런 추세로 개발되는 모든 최신발명품은 그 최신the newest이라는 의미가 무색하게 여전히, 진부하게, 여지없이, 항상 전기라는 밥을 먹여줘야 비로소 인류의 이기임을 증명해 보인다. 그렇다면 인류가 만들어내는 세련된 발명품이란 그간 인류가 만들어놓은 수동발명품들 모두를 전기로 작동될 날만 손꼽아 기다리면 되는 것들이다. 또 그렇다면 현대의 혁신이란 창의적이라기보다 매우 단순해 보이기까지 하다. 밥솥이 전기밥솥이 된 것처럼 모든 사물에 전기라는 단어만 붙여 넣으면 요즘 인류가 칭찬할 만한 발명품이 된다. 그렇다면 누구든지 미래학자가 될 수 있다. 아직 개발되지 못한 전기그릇, 전기수저, 전기행주, 전기김치, 전기식탁, 전기반찬, 전기엄마, 전기양념, 전기식탁보 등등 세상의 모든 사물이 전기로 작동됨을 예견하면 미래학자는 누구나 될 수 있는 것이다. 그야말로 전기로 모든 것이 작동되는 그날 인류는 그 많은 전력에너지를 어떻게 감당할 것인지가 의문이다.

러닝머신이라는 전기제품이 있다. 그냥 현관문만 열고 나가서 동네 한 바퀴 뛰면 간단한 것을 굳이 전기의 힘을 빌려서 아래층에 소음피해를 줘가며 뛸 필요가 있을까 한다. 물론 전기라는 힘으로 작동되는 제품, 즉 전기 · 전자제품은 지난날에 고달팠던 인류를 육체노동에서 벗어나게 해준 고마운 발명품이었다. 그러나 인류는 그 개발이 많으면 많아질수록 편리하게 사는 인류가 아니라 그에 버금가는 전력을 더 많이 생산해내야 하기 때문에 더 고달파야 하는 것을 왜 모를까 한다. 21세기 들어서 사람들을 놀라게 했던 발명품들 모두는 획기적이라고 칭송받지만 모두 전기를 필요로 하는 것들이었다. 그중에서 21세기의 발명교주로 취급받는 잡스Steve Jobs의 스마트폰도 역시 전기가 있어야 마법같이 작동되고, 세계적인 지껄이기 문화를 만들어준 SNSSocial Network Service도 전기가 있어야 하며, E-BookElectronic Book의 책장을 넘기는 언플러그드의 맛조차도 전기가 있어야 한다. 물론 이 모든 것의 기반이 되는 인터넷도 전기가 있어야 연결되는 글로벌그물이다.

전기는 깨끗하지 않다. 그렇다고 해서 간단하지도 않다. 우리가 알고 있는 더럽고 복잡한 에너지가 최종적으로 변환된 에너지가 바로 전기일 뿐이다. 그렇다면 전기차를 만들 것이 아니라 그 산업을 서서히 사양화시켜야 하는 것이 아닐까 한다. 석유차를 전기차로 대체할 수 있다는 것이 창의적이라고 여기는 아이디어는 고개를 갸우뚱하게 한다. 전기는 무한정하게 공급되는 새로운 에너지가 결코 아니다. 그럼에도 불구하고 이 많은 인류운반을 어떻게 다 감당하려고 전기차를 만들어야 한다고들 난리인지 실로 앞이 캄캄하다. 알다시피 〈노 임팩트 맨〉No Impact Man 전기를 비롯한 지구환경에 무해한 생활의 다큐영화로 유명한 뉴욕의 베번 Colin Beavan은 2009년 365일 동안 그 전기산업의 사양화를 경험했다. 물론 짜증나고 성질나고 바보 같은 경험일 수도 있었다. 사실 현재 내가 하는 익숙한 생활에 조금이라도 불편이 감지되면 짜증나고 성질나고 바보처럼 느껴지게 되는데, 그게 바로 인류의 그 알량한 발명품들이 전기공급의 중단으로 비롯되는 상태이다. 그렇게 조성되는 이른바 전기사회electric society는 인류가 전기공급의 이기를 작동하지 않았던 시대보다 훨씬 짜증나고 성질나고 바보 같은 사회로 보일 때가 많다. 적어도 인류의 전기중단에 대한 히스테리를 볼라치면 말이다. 그 대표적인 사례가 바로 거실바닥에 떨어트린 과자 부스러기 하나 치우려고 그 무거운 진공청소기를 꺼내 엉킨 전기선을 풀어가며 콘센트에 연결해서 치우려고 했지만 작동하지 않는 전기배신에서 체감할 수 있다. 애초에 빗자루와 쓰레받기로 치우면 간단할 것을 말이다.

초등학교 1학년 때 선생님께서 볼펜보다 연필을 사용할 것을 권장하셨다. 아니 그러라고 강요했다. 사실 현재에도 그 당시 선생님의 연필애호 강요를 이해할 수 없다. 어차피 누나·형·언니·오빠가 되면 볼펜을 써야 할 것을 굳이 연필로 시작할 이유가 뭐람. 그런데 전기제품이 이미 개발되어 있는 21세기라도 그나마 고전적인 노땡큐 전기발명품 활용이 아직까지 남아 있는 곳이 바로 교실이었다. 혹시 당시 그 선생님의 깊은 뜻은 이런 것이 아니었을까 한다. 나중에 더 편리한 볼펜, 더 나아가 전기 사무용품을 사용한다 하더라도 어린아이 시절에 클래식 문방구의 활용은 좀 거창하게 말하자면 인문학적인 사고를 중요시한 연필 사용틀리면 힘들여 다시 지우고 쓰는 반복적 인내학습과 자아성찰의 깊은 뜻이 아니었을까 한다. 인류는 베번의 생활로 서서히 회귀하는 연습이 필요하다. 마치 전쟁을 대비하여 훈련을 하듯 그러한 경험이 정기적으로 이루어져야 하지 않을까 한다. 그리고 산업도 서서히 전기를 먹여야 하는 괴물생산이라면 축소가 거론되어야 하지 않을까 한다. 그러나 뭐니 뭐니 해도 전기를 너무나도 사랑하는 인류의 사고부터 재교육되어야 한다. 적어도 인문학의 진보가 우선시되는 그리고 그걸 실질적으로 공감하는 사회의식이라면 말이다. 그래서 연필애용이 당연하게 여겨지는 사회라면 전기칠판, 전기노트, 전기필기구, 전기선생님, 전기교실, 결국 전기학교, 더 나아가 "배움이 뭐지?" 하면 "전기지 뭐겠어!" 하는 학교무론론의 아이디어는 발생하지 않게 말이다.

인류가 전기로 모든 것이 가능해진 시간이 얼마 남지 않았다. 고전에너지의 바닥은 곧 전기에너지의 바닥이다. 대부분의 전기사모의 인류는 아미시 Amish, 문명을 거부하고 18세기처럼 살아가는 미국의 복가타운 의 생활을 보고 조소했다. 그러나 이들이 얼마나 선견하고 지명한지를 손 하나 까딱하지 않는 전자동의 인류, 혹자는 그래서 식물인류라고 부르지만, 그야말로 식물인류가 된 후에야 비로소 그들과 글썽거리며 곧 조우할 것이다. 필연적으로 개발되는 전기·전자제품은 인류를 식물인류로 만드는 인류 최악의 발명품이 될 수 있다. 그 최악이 언제부터일지 확실하게 주장할 수는 없지만 분명한 것은 현재는 그 최악의 선을 넘기 시작한 시점인 것 같다. 전기·전자제품의 수가 이렇게나 많이 늘어나면 늘어날수록 지구가 만들어내야 할 에너지는 고갈의 길로 들어설 터인데, 현재 그 길의 조짐이 확연히 감지되고 있다. 더워도 스키를 탈 수 있다는 두바이 Dubai 를 신기해할 것이 아닌 것 같다.

기호식품으로 변모한 전쟁식량:
라면

라면이 만들어져야 할 이유는 뭘까 하는데, 느리게 살아도 되는 19세기 사람들이 빠르고 간편하게 식사를 해야 할 일은 오로지 한 가지밖에 없었다. 바로 전쟁이었다. 사실 난리 통에도 인류들은 먹고살려고 일을 하고 학교를 세우고 부를 축적하는 것처럼 전쟁이라는 특수한 환경에서 신문화를 싹트게도 한다.[70] 그 싹의 하나는 바로 1937년 더운 여름부터 시작된 아시아의 중일전쟁 The Sino-Japanese War 이었다. 알다시피 이 전쟁은 전쟁의 레디액션도 없었던 일방적인 전쟁이어서 비겁한 일본주도의 최악의 전쟁으로 기록되어 왔다. 그러나 전쟁에 필요한 식량의 아이디어는 중국 쪽에서 먼저 나왔다. 중국 쪽은 일단 밀가루로 면을 여느 때와 똑같이 만들었고, 또 말렸다. 그러나 말린다고 해서 아수라장의 전쟁 시 보관과 운반이 쉬운 것은 아니었다. 한 번은 튀겨야 길디긴 면을 오그라들게 한 덩어리화가 가능했고, 무엇보다 수분이 빠져나간 자리엔 기름이 채워졌지만 냉큼 기름이 날아간 자리엔 공기가 들어가 훨씬 가벼워졌다. 거기에다 분말로 된 가루양념을 뿌려서 물에 불리거나 다시 끓이면 전장에서 피

---

70 도현신, 『전쟁이 요리한 음식의 역사』, 시대의 창, 2011, p.11.

흘리며 죽어가는 전우를 뒤로하고 가장 빠르게 먹을 수 있는 완벽한 식량이 바로 라면이었다.

라면이란 전쟁이라는 긴박한 상황에서 챙겨서는 안 되는, 챙기면 오히려 지고 마는, 영양포기에서 비롯된 배불림의 패스트한 푸드였다. 전쟁은 언제나 그렇듯 라면같이 신개발을 급속도로 이루어내게는 했지만 끝나면 돈벌이로 환수되기 위한 이벤트였음이 확인되곤 한다. 아니나 다를까, 20세기 전쟁종합선물세트시기가 모두 지나고 라면이라는 전쟁용품은 또 신속히 소비자용품으로 변신하게 된다. 그게 바로 잘 포장된 인스턴트 라면이었다. 라면이 인류에게 대량으로 뿌려진 해는 1958년 아이러니하게도 일본 쪽에서부터였다. 일본은 자업자득의 폐망신세에서도 중국군의 전쟁식량을 커닝하여 미국군의 연민식량인 밀가루를 가지고 갖가지 아이디어를 부렸다. 그러나 일본은 그 밀가루에 잘 적응하지 못했다. 그래도 그런 고전에도 불구하고 일본이 건진 두 가지의 밀가루 음식이 있는데 바로 단팥빵과 인스턴트 라면이었다.[71] 라면이라는 공식적인 포장이 입혀진 건 1958년 일본의 산시쇼쿠산 サンシー殖産이라는 식품회사에서부터였다. 회사는 처음엔 닭고기향을 가루로 풀어 먹는 닭 국물의 맛을 연출했지만 그 이후부터는 갖가지 고기 국물의 맛을 선보이기도 했다.[72] 그리고 나서 역시 일본라면회사답게 산시쇼쿠산 식품은 일본인들의 된장Miso 맛

---

71 위의 책, p.348.
72 위의 책, p.349.

의 국물도 면발과 어울리게 했다.

　그로부터 5년 뒤 1963년 일본의 인스턴트 라면은 한국에 상륙하게 되는데, 또 아이러니하게도 현재 세계적으로 가장 맛좋은 라면은 가장 후발국인 한국 쪽에서다. 한국 최초의 인스턴트 라면은 삼양^{Samyang Foods}이라는 식품회사가 닭 뼈 국물로 변신하는 파우더라면을 처음으로 길거리에서 소개하면서부터였다. 그러다가 삼양은 라면 부스러기로 라면과자^{라면땅}를 만들기도 했고, 인스턴트 라면의 최고봉으로 알려진 컵라면도 개발했으며, 배고픈 수많은 징병한국군들을 먹이기도 하여 그야말로 한국 인스턴트 라면의 1인자 회사로 군림하게 된다. 그러나 이 한국 최고의 라면회사는 호들갑의 한국언론과 오지랖의 한국검찰에 힘입어 소고기 국물을 다시 끓여야 하는 사건에 휘말리게 된다. 그러나 그 언론 그 검찰답게 당시의 사건은 아무런 문제가 없는 해프닝으로 끝나게 된다. 이런 라면시장의 아수라장을 틈타 또 다른 한국의 농심^{NongShim}이라는 식품회사는 어부로서 지리를 얻게 되는데, 바로 세계 인스턴트 라면의 1인자로 등극한 것이다. 라면을 처음 개발한 중국대륙, 라면을 처음 인스턴트화한 일본열도, 그리고 한국농부마음이라는 회사의 고춧가루 왕창의 라면을 전 세계적인 품귀로 만든 반 토막의 한국, 참 아이러니하지 않을 수가 없는 라면의 역사이다. 결국 머리 검고 얼굴 노란 인류가 개발한 라면은 아시아 3국의 협동 아닌 협동이 없었더라면 현재와 같이 깊은 맛으로 태어나지 못했을 것이다.

그런데 이 3국 합작라면이 개발된 최초의 이유는 알다시피 태평한 사람들을 위해서가 결코 아니었다. 오로지 위급한 상황에 놓인 전장의 군인들을 위해서였다. 더욱이 3국 합작의 인스턴트 라면이 시중에 소개된 최초의 이유도 알다시피 한가한 사람들을 위해서가 결코 아니었다. 오로지 전쟁 뒤끝에 돈 좀 크게 벌어볼까 하는 사람들에 의해서 조급한 사람들을 위해서였다. 사실 그렇다면 인류는 라면이라는 패스트한 식품에 익숙할 필요는 없었던 것이고, 더욱이 전쟁이 없는 태평성대의 시기에 면발을 간편·신속·운반·보관을 위해 튀겨서 먹어야 할 이유도 전혀 없었던 것이다. 전쟁식량공급을 위해 필연적으로 밀가루국수 부피를 줄여야 했고, 그 고민은 튀겨서 해결했다. 그리고 다행히도 튀겼기 때문에 전쟁 시에 일정기간 부패도 방지할 수 있었다. 양념도 마찬가지로 그래서 풀풀 날리는 가루가 된 것이다. 라면 수십 개가 들어간 박스가 왜 가벼운지 그 이유를 알고도 남을 일이다. 그런데 그럴 이유를 전혀 공유할 필요가 없었던 일반시민은 라면을 먹어야 할 이유는 별로 없었던 것이다. 전장체험 혹은 병영체험 말고는 말이다.

굶주린 시민에게 저렴하게 배불려주는 미명의 라면은 인류에게 아주 유용한 음식으로 둔갑되었고, 적어도 발명의 당사자인 아시아 3국만은 많이 끓여 드셨다. 아니 드신다. 현재 전 세계적으로 이 라면이 선보이지 못한 나라는 없다. 그런데 라면의 문제는 감 잡았겠지만 그야말로 가공식품processed food이라는 것에 있다.

사실 가공^{process}이라는 의미는 원자재나 반제품을 인공적으로 처리하여 새로운 제품을 만들거나 제품의 질을 그야말로 높인다는 사전적 의미를 갖고 있다. 그러나 음식의 경우 가공과정을 많이 거치면 거칠수록 그 질은 현저하게 떨어지는 것은 맛으로도 증명되며, 그 때문에 가공이란 오히려 인류의 몸에 가공할^{fearful} 만하다. 그래도 라면은 전쟁군인에게는 매우 유용했다. 그러나 전쟁이 끝나고 고향으로 돌아와 행복이 넘치는 집에서 질 좋은 음식을 먹어야 할 참전용사에게 먹여야 할 이유는 하나도 없는 것이 바로 라면이다. 물론 참전하지 않았던 사람들은 전쟁음식을 먹어보고 싶은 호기심도 발동할 수 있다. 전쟁의 추억이라는 문장이 어색하듯이 전쟁음식은 돌아온 용사에겐 입에도 대기 싫은 맛이 아닐까 한다. 일부러 재현해가면서까지 용사에게 외상후스트레스증후군^{post traumatic stress disorder}을 유발시킬 이유는 없다. 아니 하지 말아야 옳다. 인류는 이 라면이라는 먹을거리에서만은 그 가공을 좀 더 신중하게 생각하고 결정했어야 했다. 먹을거리를 가공한다는 것은 그 신선도를 포기한다는 의미이기도 하다. 어떠한 먹을거리든지 자연원상태의 섭취가 인류의 몸에 가장 유익하다는 것은 누구나 아는 사실이다. 이를테면 인류가 처음 사과를 먹기 시작할 때 껍질을 도려내고 먹지는 않았다. 이는 '성경'에서도 두 남녀가 증명해주는 사실이며, 백설공주도 깎아 먹고 드러눕지는 않았다. 그러나 이제 와서 사과라는 과일표피를 제거하고 먹는 이유는 농약이 뿌려진 가공의 과정을 거친 사과이기 때문이다. 결국 가공의 과정을 너무 많이 거치는 인스턴트 라면 자체는 먹을거리로서 신선도가 존재하지도 않는 식품인 것이다. 그렇다면 한번 그 이유를 라면 가공과정에서 조목조목 살펴보기로 하자.

우선 첫 번째, 라면은 표피가 완전히 제거된 밀의 가루를 사용하기 때문에 신선함과 거리가 있다. 그렇다면 신선한 밀가루는 원래 하얗지 말아야 한다. 완전히 성장한 밀을 본 적이 있는 인류라면 이에 동의할 것이다. 껍질이 완전히 벗겨진 이른바 정제된 밀가루로 반죽된 라면은 애초부터 영양의 질이 상당 부분 제거된 상태였다. 그래서 라면은 가공식품이다. 두 번째, 표피가 제거된 밀가루반죽엔 물만 결합된 순결한 상태가 결코 아니다. 여기엔 적지 않은 다양한 성분이 포함되는데, 그중에서 염분을 살펴보면 역시 상당 부분의 영양성분이 제거된 짠 소금, 즉 정제염이다. 사실 정제염은 천일염 solar salt 과는 달리 종합적 영양성분이 제거된 상태의 질이 낮은 소금이다. 그렇다면 단순히 소금기로 반죽된 라면은 한 번 더 질이 낮은 가공식품이다. 그런 면에서 세 번째, 대부분의 라면이 바삭하게 부서지는 이유는 튀겼기 때문이며, 튀길 때 사용되는 동·식물성기름은 가열되어서 인류에게 좋을 것이 없다. 이는 이미 21세기 들어 전 세계인의 영양상식이 되기도 하였다. 사실 튀긴다는 것은 보관과 운반용도가 가려졌을 뿐이지, 바삭한 입맛만을 위해서는 아닐 게다. 그렇기 때문에 라면은 더더 질 낮은 가공식품이다. 네 번째, 그렇게 튀겨진

면을 먹기 위해서라면 또 한 번의 가열이 필요한데, 바로 딱딱하게 오그라든 라면 면발을 먹기 좋게 풀어내기 위해서이다. 가공시 이미 가열과정을 거친 식품을 또다시 먹기 위해 가열히는 깃은 또다시 살균하는 기능밖에 없다. 그래서 이는 두 번 죽어버린 탄수화물을 씹는 재미 말고는 영양을 논하기가 어색하다. 그렇다면 라면은 더더더 질이 낮은 가공식품이다. 거기에다 다섯 번째, 1907년에 개발된 영문이니셜 MSG^{mono sodium glutamate}는 뭔가 폼 나고 거창해 보이지만 그런 만큼 인류에겐 유익하지 않다고 소문난 정제식품이다. 그래서 라면은 더더더더 질이 낮은 것들의 조합으로서 가공식품이다. 결국 눈에 넣어도 안 아픈 자식을 가지고 있는 라면회사들은 눈에 넣을 필요가 없는 소비자인류들에게 음식 아닌 식품, 즉 라면을 끝내주는 국물로서 저녁 먹고 잠자리에 들 때쯤에 광고로 야식^{late night snack}화했던 것이다.

희한하게도 가공식품회사가 개발한 식품들 모두는 인류의 입맛을 사로잡았다. 그러나 그 회사들은 아이러니하게도 인류의 몸은 사로잡지 못했다 그리고 앞으로도 그럴 것이다. 가공식품의 모두는 인류를 성인병의 길로 안내하는 푸드다. 그럼 자주 먹지 말지 왜 그리 자주 드셨냐고 따지기도 할 것이다. 담배, 햄버거업자의 경우와 같이 말이다. 그러나 그들이 어디 자주 안 먹게 했는가 말이다. 이번엔 진짜 다르다고 각종 미사여구와 미사영상을 써가며 자신들의 지난 버전 광고를 부정한다. 이 뻔한 반복광고로 선량한 인류를 꼬드기지 않았는가 말이다. 좀 진부하지만 한국 속담에 입에 쓴 음식이라면 몸에 좋다는 말이 있다. 이는 가공되지 않은 상태에서 먹을거리가 입을 사로잡지는 못해도 몸은 사로잡는다는 의미이다. 사실 라면의 발명과 같이 먹을거리를 가공한다는 것은 인류의 몸을 위한 것이 아니라 극히 몇몇의 인류들의 배를 채우기 위한 전쟁 끝의 대박이었다. 그리고 중요한 것은 그 몇몇의 인류들은 라면과 같이 허접한 식품으로 그들의 허기를 달래지 않았을 것이다. 달랠 이유도 없었겠지만 말이다.

　사실 인류는 스위트 홈에서까지 전투식량을 원하지 않았다. 아니 애초부터 먹을거리의 가공도 원하지 않았다. 성인병이 전 세계적인 문제인 요즘에 병원에 가면 의사들이 힘주어 말한다. 라면을 필두로 가공식품의 섭취를 줄이거나 금하라고 말이다. 21세기에 들어서 하얀 가운을 입은 전 세계의 모든 인류(과학자·의사·약사·미용사)가 이구동성으로 수명을 길고 멋지게 살고 싶으면 라면을 포함하여 가공식품을 특히 경계하라고 한다. 그러는 것만 봐도 라면은 인류가 만든 최악의 발명품이 될 자격이 충분하다. 자신의 몸을 라면회사에 맡길 것인가, 나에게 맡길 것인가, 그것이 문제로다. 젊은이는 바빠서, 어른신은 형편이 어려워서 라면을 먹을 수밖에 없다면 젊은이는 소셜 네트워크 서비스 할 시간에 도시락을 한번 준비해보고, 어르신께선 동사무소 어르신 관계자에게서 "어디 아픈 데 없지요"라는 아픈 데 없기를 기대하는 말만 들으실 것이 아니라 점심 같이 먹자는 제안을 하심이 어떨지 한다. 어머니는 지금 라면으로 끼니를 때우셨을까…….

CHAPTER 3
인류 의식의 퇴보

봉건사회의 재탄생:
정치인

　　정치를 행함에 있어서 정치자금은 왜 필요할까 하는 의문이 든다. 그리고 그 의문에는 자금이 어떻게 쓰이고 또 모금이 되는 걸까 하는 의문도 따라붙는다. 사실 이 의문의 정치자금이란 출판기념회만으로 충당하기엔 실로 어려운 어마어마한 액수다. 그렇다면 어째서 정치엔 그야말로 정치자금이라는 것이 필요할까 하는 유치한 호기심도 발동한다. 정치행위의 이유란 매우 간단하게 말해서 시민을 위하기만 하면 되는 이른바 시민소명의식이다. 그러나 그 숭고한 행위를 하는 자, 혹은 직업으로서 정치인은 세계적으로 가장 신뢰가 떨어지는 직업군으로 분류된다. 또 그럼에도 불구하고 그 직업에서 뿌려내는 권력이란 그 신뢰부재의 조롱이 무색하게 여전히 막강하다. 그렇듯 인류는 예수의 지적 이후 2천 년 넘게 그 정치인들에게 속아 그 기막힌 정치수완을 늘 미워하면서 살아왔다. 왜 인류는 그런 증오의 대상에게 항상 지속적으로 권력을 부여해주는 이유는 무엇일까 한다.

　사실 드러내놓고 얘기하지는 않지만 철학이라고 하는 이 멋있는 학문은 자본주의 생성 이후 전 세계적으로 경시하는 학문 중에 하나가 되었다. 아니 적어도 한국에서는 그렇다. 그러나 한국인류는 그 경시가 무색하게 철학자들의 한마디 한마디엔 꼼짝도 못 한다. 이를테면 고대 철학자 아리스토텔레스^{aristotle}는 정치인을 높이 찬양해야 함을 강조하였다. 그래서 아리스토텔레스는 정치인을 최고의 덕을 행하는 자이고, 그렇기 때문에 정치인이란 신뢰의 모범적 대상이라고 여겼다.[1] 아리스토텔레스의 경구에 현재 그리 공감 가진 않지만 고대 철학자의 지당한 말씀이기에 토를 다는 인류는 더 나아가 한국인류는 별로 없다. 그러나 현재의 정치인은 덕보다는 수완에 능한 자들로서 마키아벨리^{Niccolò Machiavelli}의 당부의 말만 그대로 미디어에서 어렵지 않게 재현해낸다. 시간만 있으면 누구나 할 수 있는 멋진 단어들의 나열 말이다. 그러나 알다시피 정치인의 말이란 가장 진실을 알아보기에 불투명한 표상이다. 결국 이미 폐기하고도 남을 아리스토텔레스의 가르침을 거의 2300년 동안 강요받은 인류에게서 실로 답답함을 느낀다.

1888년 베른^{Jules Verne}의 작품 『15소년 표류기』^{Two Years' Vacation}와 그 후로 딱 99년 후 1987년 이문열^{Lee Moon Youl}의 작품 『우리들의 일그러진 영웅』^{Our Twisted Hero}을 보면 그 의문의 이해를 도와준다. 소년들은 아주 자연스럽게 그들만의 정치인을 필요로 했고, 그래서 한시적 지도자를 만들었지만 그리 순탄하지는 못했다. 그래도 두 이야기를 통한다면 정치인이라고 하는 그 믿을 만하지 못한 직업군은 인류가 2천 년 넘게 지금도 정의하지 못한 채 표류하는 과정임을 알 수 있게 한다. 또한 무엇보다 인류가 정치인을 일그러

---

1 Patterson, P. & Wilkins L., 2011, Media Ethics: Issue and Cases, McGraw-Hill Education. 장하용 옮김, 『미디어 윤리와 이론과 실제』, 한울, 2013, p.28.

지게 이해하는 이유도 거기에 있는 것이 아닌가 한다. 그런 만큼 미국의 정치학자 헌팅턴^{Samuel Huntington}은 사회를 꾸려감에 있어서 정치는 아무런 도움이 되지 못함을 설파했다.[2] 물론 헌팅턴은 정치와 상대적으로 문화의 중요성을 강조하기 위해 정치의 가치를 축소시켰지만, 이는 수백 번의 배신에도 불구하고 여전히 영험한 정치인이 곧 재림해주시기를 기다리는 인류의 헛물켜기를 깨닫게 해주는 대목이기도 하다.

정치인이라는 직업은 인류가 군집생활을 하면서부터 생겨났다. 아니 당시는 직업이라기보다 지도자^{leader}라고 해야 적당할 것 같다. 원시인류라고 하더라도 군집을 이룬다면 그 군집을 이끌 리더가 필연적으로 필요했을 것이다. 그런데 여기서 궁금한 것은 "뭘 이끈단 말인가" 하는 것인데, 답은 뻔하다. 생명체들이 모여서 의기투합해야 하는 가장 기본적인 목적은 생존이다. 배고픔에 내 옆의 생명체를 뜯어 먹지 않기 위해서라도 리더는 군집 구성원들을 통제하고, 더 나아가 먹을거리의 취득방법을 안내해야 한다. 인류가 배고파도 옆의 사람에게 입맛 다시지 말자고 합의를 이끌 장본인이 바로 지도자이자 미래의 정치인이며, 그래서 초기 정치인은 인류라는 존재에 있어서 이념이든 이기이든 문명화의 맨 선두에 서게 된 것이다. 왜 서로를 먹이로 생각하지 말자고 제안하는 원시인류, 생긴 건 험악해도 폼 나지 않은가 말이다.

---

2 Huntington, S. & Harrison L., 2000, Culture Matters, Basic Books. 이종인 옮김, 『문화가 중요하다』, 김영사, 2001, p.10.

어떤 생명체든 독자적으로 살아가진 않는다. 암수한몸이 아닌 이상에야 모든 생명체는 사회적인 관계를 맺어야 하고 그 관계의 지속, 즉 사회의 목표가 실현되기 위해서는 반드시 누군가와 그 관계를 긍정적으로 유지시켜야 마땅하다. 그래서 영화에서 보면 외계인도 인류의 지도자와 똑같이 지구정복이라는 목표를 달성하기 위해 꼭 우두머리 사령관이라는 리더를 만들지 않았는가 한다. 그에 대표적인 외계인이 퍼뜩 생각나는 〈브이〉^{1983년 NBC 드라마}의 다이아나^{〈브이〉에 나온 탐욕스럽고 비겁한 여성 지도자}이다. 현실정치에선 드물지만 본 드라마에선 사필귀정의 본보기를 악당리더의 퇴조를 통쾌하게 보여줬다. 그러나 인류는 다르다. 인류의 현실에서도 수많은 악질 지도가가 말할 수 없이 많이 생겨났지만 그들은 항상 불가피한 악행 아니면 선행으로 정당화하기 일쑤였다. 그리고 그 정당화는 드라마틱한 역사적 갈림길에서 그럴듯하게 윤색된다. 다시 말해서 인류에게 있어서 지도자에 대한 사회적 수요와 개인적 공급은 늘 존재해온 만큼 이는 다음 정치와 정치인을 기대하며 액땜화로 호도되고 만다. 결국 실망스럽지만 인류가 오랫동안 공유해온 정치에 대한 반복적 관행이다. 아예 처음으로 다시 돌아가 태초부터 지도자, 즉 정치인이란 없었다고 가정해보면 어떨까 한다. 지금부터 그 가상의 시간여행을 떠나보자.

인류의 군집, 15명의 소년, 아이들의 급장, 때론 브이의 파충류들을 빗대어서, 그리고 인류의 역사에 이르기까지 그 과정에서 지도자, 즉 정치인이 없었다면 어떨까 한다. 우선 인류의 군집에서 지도자가 없다면 원시인류로서 독자적인 "나"는 누군가를 늘 경계하며 자신의 살점을, 더 나아가 나의 목숨을 위협하는 모든 환경에 온통 신경을 쓰느라 정신이 없었을 것이다. 하다못해 그 강박증에 에너지가 모두 소진되어 신경쇠약으로 급살하지 않았을까 한다. 그런데 아무리 그렇더라도 인생에 단 한 번은 나와 친해지고 싶은 원시인을 만날 수 있지 않을까 하는데, 적어도 내게 입맛을 다시지는 않는 인류 말이다. 그게 바로 친구라는 것이고, 이는 전적으로 지도자라는 타인이 아닌 자기 스스로가 만들어낸 관계이기 때문에 적어도 내가 어려울 때 진심으로 눈물 흘려주는 존재가 될 가능성이 높다. 가족에 준하는 수준으로 말이다. 물론 상대적인 친구 입장도 마찬가지일 것이다. 내가 유인을 할 테니 넌 잽싸게 포획해줄래부터 시작해서 그럼 넌 요리를 하고, 넌 장작을 구해오는 친구에 이르기까지 거기엔 지도자와 권력은 없을 것이다. 이와 같이 애당초 인류사회가 권력차단의 시민사회였다면 무지몽매한 봉건의 익숙함과 다를 바 없는 현재의 정치인은 만들어지지도 않았을까 한다. 지나치게 인류를 선하고 순수하게 보았지만 말이다.

고든Two Years' Vacation 소설에서 15명 소년들의 대통령으로 뽑힌 인물은 결코 그가 지도자가 되고자 하지 않았다.[3] 사회가, 즉 소년들이 그를 필요로 했

---

3 친구들은 고든을 존경하고 그 장점을 높이 사고 있었다. 영국인은 아니었지만, 모두 언제라도 고든을 환영했다. 미국 보스턴에서 태어난 고든은 고아였고 친척이라고는 일찍이 영사를 지낸 후견인뿐이었다[Verne J., 1888, Two Years' Vacation(French: Deux ans de vacances). 김석희 옮김, 『15소년 표류기』, 열림원, 2005, p.55].

다. 고든은 꼭 있어야 할 대통령이었다. 그러나 엄석대^{우리들의 일그러진 영웅 소설에서 학급의 급장}는 차라리 없었으면 하는 두려운 급장이었다.[4] 시민보다 권력을 더 좋아했던 인류는 사실 인류사회에 필요하지 않았다. 다이아나와 같지 않은 시민파충류가 지구 상에 당도했다면 지구엔 그야말로 다행성문화가 형성되었을지도 모르는 드라마 스토리이다. 결국 지금까지의 인류역사가 정치인이 아닌 시민들이었다면 늘 한 지도자에 의해서 정의되는 단 한 가지의 인류역사가 아니라 여러 시민으로 이뤄지는 오만 가지 버전의 인류역사가 되지 않았을까 한다.

인류는 동물과 다르고 대견하게도 어떤 상대이든 원래 평등하다는 고도의 자연법^{나무가 물에 뜨듯이 변함없이 항구적인 법}을 만들어냈다. 그래서 적어도 인류사회와 금수사회를 구분하는 이유 중에 하나가 바로 그 법을 인류에게 적용시킬 제법 기특한 면 때문이었다. 그러나 현재의 인류는 동물사회의 정치보다 그리 월등해 보이지는 않는다. 범죄심리학자 표창원^{Pyo Chang Won}은 언론^{경향신문}을 통해 178년 전 프랜시스 스페이트^{Francis Spate, 1911년 미국인 Jack London의 소설 The Francis Spaight}^{에 나오는 배의 이름}호 이야기를 정치인들에게 소개했다.[5] 인류의 정치 짓거리^{표류하던 배의 선원들은 제비뽑기로 인육을 먹고 버텨 구조됨. 그러나 제비뽑기는 리더의 조작이었음}는

---

4 아직 같은 반이 된 지 한 시간밖에 안 됐지만, 그 아이만 나도 알아볼 수 있었다. 담임선생님과 내가 처음 교실로 들어왔을 때, '차렷', '경례'를 소리친 것으로 보아 반장인 듯한 아이였다. 그러나 내가 그를 엇비슷한 아이들 가운서 금방 구별해낼 수 있었던 것은, 그가 다른 아이들보다 머리통 하나는 더 있어 보일 만큼 앉은키가 크고 눈빛이 쏘는 듯했기 때문이었다(이문열, 『우리들의 일그러진 영웅』, 열림원, 2015, p.14).
5 표창원, "프랜시스 스페이트호를 닮은 대한민국", 경향신문[2014년 2월 5일(수), 31면], 2014.

도처에 널려 있다고 말이다. 그에 따르면 다만 동물과 다를 바 없는 인류의 정치인은 드러내놓고 살생만 하지 않을 뿐이지 아주 자연스럽고도 교묘하게 고도의 기술로 수많은 오브라이언The Francis Spaight 소설에서 첫 번째 인육희생자을 오늘도 만들어내는 것이다. 피 한 방울 튀기지 않고 깨끗하게 말이다. 시민은 정치에서 덕을 원하고 그 덕을 행하는 정치인을 따르고자 한다. 그러나 정치인은 그러한 시민이 정치인들의 기만과 호도를 감지하지 못하게 하는 수사기술을 정치라고 한다. 두 인류가 생각하는 정치는 판이하게 다르다.

미국 캘리포니아 주 버클리Berkeley에 사는 한 성직자는 주일날 신도들이 내는 헌금만으로 그의 입을 채우지 않는다. 아니 헌금은 그와는 전혀 상관이 없는 그야말로 헌금이다. 그는 온전한 직업이 있다. 그는 버스 운전기사이다. 그는 한 주 내내 신도들과 똑같이 세상에 나가 자기 자신과 가족의 생계를 위해 일을 한다. 그리고 하나님의 말씀을 전해야 하는 제7일에 비로소 목사가 된다. 그는 신도들에게 있어서 정신적 리더이자, 지도자이자, 더 나아가 말하자면 교회의 정치인이다. 그 운전기사 목사님은 완벽한 시민 정치인인 셈이다. 결국 그 목사에게서 리더란 직업이 아니라 조금 다른 능력의 시민인 것이다. 애초에 보수가 지급되지 않았던 영국정치인들에게서 모범 정치인의 모습을 찾으려고 하는 것과6 같이 말이다. 한국의 사정으로 옮겨보자. 한 마을의 이장은

---

6 Carnegie, A., 1920, *Autobiography of Andrew Carnegie*, Houghton Mifflin company. 박상은 옮김, 『성공한 CEO에서 위대한 인간으로 강철왕 카네기 자서전』, 21세기북스, 2005, p.432.

리더이자 지도자이자 그 마을의 정치인이다. 그러나 그는 직업이 따로 있다. 그 마을에 거주하는 사람들과 똑같이 농사를 지어야 먹고사는 농부이다. 이장이기 때문에 그의 생계가 유지되는 것은 결코 아니다. 그는 정치인으로서 리더이지만 농부로서 그 동리의 시민이다.

　규모를 극도로 확장시켜 볼까 한다. 한 국가의 리더는 정치인이다. 그런데 그는 그 목사와 이장과 달리 시민이 아니다. 그는 직업이 없다. 그는 국민의 기탁한 세금을 가지고 그의 생계를 유지한다. 아니 대부분의 정치인은 정치가가 아니어도 생계를 유지할 만하게 풍족한 형편이지만 국민의 그야말로 금쪽같은 헌금을 고맙게 생각지도 않으며 상근직과 똑같이 매월 당연하게 수령한다. 무엇보다 시민의 부담을 줄이려고 세금을 낮추려는 노력의 아이디어, 즉 매년 그들의 급여의 동결이나 반값급여의 기막힌 아이디어는 모른 척하고 말이다. 사실 이상과 달리 인류의 사회생활은 권력으로부터 시작했다. 그 사회생활을 가장 극도로 누린 자는 군주였다. 그러나 군주는 정치인이라기보다 권력가였다. 군주에겐 무조건 금은보화와 산해진미를 바쳐야 했다. 그리고 그에겐 어느 누구도 그 어떤 의문과 입바른 소리를 할 수 없었다. 그래서 봉건시대의 정치는 정치가 아니라 권력을 휘두르는 아주 쉽고도 간단한 조직행위였다. 물론 각 인류종족의 특별한 군주는 시민 입장에 가까운 애민정책을 꾀하기도 했지만 말이다. 그러나 그 애민도 굳이 따져보자면 시민에서 비롯된 것이 아니라 연민에서 비롯된 것이다. 그 차원이 근본적으로 달랐다. 왜냐하면 본질적으로 군주는 한 번도 시민이어본 적이 없었고, 앞으로도 영원히 시민일 수 없는 권력자이기 때문이다. 그의 애민선행은 선행이라기보다 적선이라고 해야 적합하다.

그러나 시민사회에서 정치인은 권력가가 아니다. 그는 시민이기 때문에 백악관White House이나 엘리제궁Elysee Palace과 같이 거대한 집에 살지도 않는다. 원래 살던 집에서 살면서 출근할 뿐이다. 원래 정치인은 출근할 때 거대한 규모의 경호원과 고가의 수입차를 이용하지 않는다. 그는 버스나 지하철과 같은 저렴한 대중교통을 이용하거나 혹은 자신이 직접 운전하는 자가용 자동차 혹은 자전거를 이용한다. 정치인은 비싼 점심을 먹지 않는다. 그는 도시락을 먹거나 여의치 않으면 사 먹는다. 그렇게 시민처럼 다니다간 누군가로부터 위해를 당하지 않을까 하지만 그건 기우이다. 왜냐하면 그에겐 오히려 불필요하고 무시무시한 권력이 없기 때문이다. 그는 더 이상 허장성세를 부리지 않는다. 그리고 충격적인 발언으로 인기에 영합하지도 않을뿐더러 자신의 애처롭고 고달팠던 소싯적 사생활을 이용하지도 않는다. 무엇보다 시민들은 그의 사생활에 관심이 없을뿐더러 그런 그가 범상한 생활인이길 원한다. 그리고 정말 결정적으로 그는 급여를 받지 않는다. 왜냐하면 그는 생계를 유지할 직업이 따로 있기 때문이다. 이 모두는 한시적이고 상징적인 정치 쇼가 결코 아니라 시민으로서 그의 생활인 것이다.

영문학자이자 현대적 불한당[The blackguard]의 저자 가리도[Benjamin Garrido]는 정치인을 이렇게 정의 내린다. 시도 때도 없이 미디어를 통해 애국심을 들먹이고, 가장 자극적인 사안인 종교를 끄집어내고, 인종 간의 심기를 건드리는 자라고 나에게 역설하였다. 그래서 그런지 정치를 하고자 하는 인류는 시민보다 미디어를 더 잘 안다. 그야말로 정치인이란 방송과 언론을 알아야 살아남는 연예인과 똑같은 기질의 소유자이다. 사실 여성정치학자인 코코런[Mary Corcoran]은 아일랜드의 파티마[Fatima]와 애덤스타운[Adamstown]에서와 같이 성공적인 공동체 자생을 설명하면서 역시 사회학자 야노비츠[Morris Janowitz]가 오래전에 발견한 유한책임공동체[communities of limited liability]를 끄집어냈다.[7] 바로 아주아주 오래전 시골마을에서나 볼 수 있었던 게젤샤프트[Gemeinschaft]의 끈끈한 공동의식이 냉혹한 게젤샤프트[Gesellschaft]의 도시에서도 발휘될 수 있다는 증거이다. 이를테면 진실성, 경계성, 정의성, 책임감의 감각을 지속적으로 관리하는 그립고 정겨운 시민마을 말이다. 다시 말해서 그녀는 정치란 자기가 약속한 기간, 즉 유한된 재임기간만이라도 시민임을 꼭 명심하고 행동해야 서로 돕는 공동체를 자생·유지시킬 수 있다는 주장이지, 눈물 빼는 미디어호소는 결코 아니라는 것이다.

정치 하면 떠오르는 고대의 세 인류가 있다. 이들의 호소방법은 정치인들에 있어서 명언이자 정의이자 윤리였다. 우선 등에

---

7 Corcoran, M. P., 2008, Communities of 'Limited Liability.'In: Belongings: Shaping Identity in Modern Ireland. Irish Sociological Chronicles (6). Institute of Public Administration, Dublin, p.259.

horsefly처럼 못생긴 소크라테스Socrates는 정작 늘 귀족을 대변하는
우편에 앉아 계셨다가 드라마틱한 마지막 날 때문에 그의 이중적
이론ignorance·embark을 정치에 드러냈다.[8] 제자인 정치에 조예가 깊
었던 플라톤Plato은 자기와 같이 사려 깊은 철학자가 세상을 지배
해야 함을 주장하면서 오래전에 이미 그런 이상국가가 있었다는[9]
무용담 같은 국가관은 이야기에 지나지 않는다. 또 플라톤의 제자
아리스토텔레스Aristoteles는 권력이란 이기적으로 쓰는 것이 아니라
사회 전체에서 유용하게 써야 함을 강조하며 권력 자체를 강하게
인정했다. 그러면서 그 권력 안에 소유된 노예제도옹호는[10] 그를
정치의 대가로 보기 어렵게 했다. 21세기 들어서 이들의 거창한
위치와 멋진 명언은 시민이 미천하게 내뱉는 발언들 하나하나와
의 공감과 그 거리가 이미 멀고도 멀었다고 본다. 축약하자면 이
미 권력자인 귀족의 사려로 세상을 널리 이롭게 함은 있을 수 없
는 일이었고 있지도 않아왔다. 적어도 인류의 세상은 지배의 대
상이 아닐 뿐만 아니라 권력은 결코 사용해서는 안 되는 도구였
다. 그러나 이들은 전체 이익이라는 미사여구로 휘두르라고 아니
면 활용하라고 했다. 비록 고대사회의 인류라고 하더라도 짐승보
다는 적어도 우월한 시대가 아니었을까 하며, 그렇기 때문에 권
력생성을 의도적으로라도 차단하게 하는 시민사회가 더 옳지 않

---

8 Jaspers, K., 1966, Socrates, Buddha, Confucius, Jesus: From The Great Philosophers, Volume I,
   Mariner Books. 황필호 옮김, 『소크라테스, 부타, 공자, 예수』, 종로서적, 1980, pp.7-11.
9 허용우, 『대화편, 플라톤의 국가란 무엇인가』, 너머학교, 2014, pp.139-140.
10 Swanson, J. A. & Cobin, C. D., 2009, Aristoteles'S Politics Broomsbury Publishing Plc., U.K.,
   김영균 옮김, 『아리스토텔레스의 정치학입문』, 서광사, 2014, pp.52-59.

았을까 한다. 그러나 그들은 애초에 미천한 시민이 아니었고, 무엇보다 권력을 누렸던 위치에서 그 시대를 누렸다.

'정치'하면 떠오르는 20세기의 또 세 인류가 있었다. 이들은 고대인들과 달리 말로만 지껄이지 않았고 실제 실천을 감행했던 자들이다. 우선 단 한 명의 인류가 글로벌결과를 야기시켰던 레닌Vladimir Illiich Lenin은 고작 자신의 아버지와 형이 이른 죽음이 슬픈 나머지 시민을 앞세워 러시아를 퇴행시켜 버렸다.[11] 산업노동자가 1%밖에 되지 않던 중국을[12] 문화대혁명the Cultural Revolution이라는 뜻의 사회로 이끌었던 모택동Mao Zedong은 그야말로 똥이었다. 그리고 이들을 따라 한답시고 축지법까지 쓴다던 신이 된 한국의 김일성Kim il sung은[13] 돌연 민족 간의 이간질 전쟁을 일으켰다. 이들의 행동실천이 실패할 수밖에 없는 이유는 이들이 이끈 사회엔 결코 시민이 없었고 그들만이 있었다. 고로 시민사회는 결코 현시될 수 없었다. 시민에게 간이라도 내줄 것 같았던 그들의 영웅의지들은 온데간데없어져 버렸고, 마을 이장만도 못한 권력을 마구 휘둘렀던 것이다. 이는 바로 지난 봉건의 추억만도 못한 신민臣民화가 또다시 인민이라는 언어의 조탁으로 이룩된 셈이었다. 결국 소크라테스에서부터 거슬러 올라가 보면 정치인들은 수천 년 동안 말만 번지르르하게 해놓고 의자에만 앉아 있거나 괴상하게 실

---

11 Weber, H., 1970, Lenin, Rowohlt Taschenbuch Verlag GmbH, Reinbek bei Hamburg. 정초일 옮김, 『레닌』, 한길사, 1999, pp.23-25.
12 이건일, 『모택동과 장개석』, 삼화, 2014, p.77.
13 김동규, 『문선명과 김일성』, 교육과학사, 2014, p.152.

천하는 수많은 권력자들의 재생산은 아니었을까 한다.

정치인의 정政 자는 정의의 정正 자가 아니다. 지배하는 정을 의미한다. 따라서 정치인은 정의와 다르게 정의롭지 못하다. 이미 정의와 거리가 멀게 지배를 위해서 기회주의에 능하고, 때론 그가 하는 행동이 시민의 뜻이라고 왜곡도 한다. 이는 조직을, 더 크게 국가를 이끄는 지도자가 아니라 시민을 속이는 행위이다. 그래도 인류는 이들에게 앞으로도 계속 속아줘야 한다. 왜냐하면 인류는 오랜 세월 동안 정치인들에게 권력만을 한없이 키워주고 시민권은 한없이 축소시켜 왔기 때문이다. 그야말로 시민주권은 유명은 하지만 아예 무실해져 버린 게 현대정치의 정의이다. 미국의 미래학자 후쿠야마Francis Fukuyama는 20세기 후반에 잘 작동되지 못하는 정치에 대하여 사회자본social capital의 오작동을 지적하였다. 그리고 그는 그 오작동을 고칠 자는 결코 정치인이 아니라 시민임을 밝히고 있다.[14] 알다시피 글로벌 하위정치는 세계 곳곳에서 일어나고 있다. 이를테면 그린피스Green peace와 같이 아래로부터 시민은 기존 정치시스템의 정당성공백과 권력공백을 시민들의 눈에 보이게 만들어 정치인의 눈 먼 현실을 직시하게 만들고 있다.[15] 세계적으로 정치인에 대한 인류의 태도가 그리 좋지 못하다. 그리고 그 암울한 조짐은 앞으로도 장기간 지속될 전망이다.

---

14 Huntington, S., & Harrison L., 2000, Culture Matters, Basic Books. 이종인 옮김, 『문화가 중요하다』, 김영사, 2001, p.187.
15 Beck, U., 2007, Weltrisikogesellschaft, Suhrkamp Velag Frankfurt am Main. 박미애 외 옮김, 『위험사회』, 도서출판길, 2010, p.174.

이쯤 되면 인류가 만든 발명품 중에 가장 최악의 조건을 갖춘 직업이 바로 정치인이라는 혐오스러운 괴물직이 아닐까 싶다.

전 세계인의 바비화:
바비인형

바비 barbie doll라는 이름의 성인여성 형상은 여성 어린이들이 가장 좋아하는 장난감 중에 하나이다. 그리고 그 선호는 현재 미국을 넘어서 전 세계적이다. 그러다 보니 사실 이 작은 인형장난감은 여아들의 하찮은 놀이기구로서의 의미만을 지니지는 않는다. 오히려 현재 그 의미는 전 세계적으로 성인이 된 인류의식을 괴롭히는 존재로까지 크게 지적되고 있다. 그런 만큼 인류는 바비의 발명을 보다 신중하게 생각했어야 했다. 그렇다면 20세기 후반부터 바비와 놀면서 성장한 꼬마아가씨들은 바비를 가지고 논 것이 아니라 이상한 공부를 한 것이나 다름이 없다. 바로 외모에 집착하는, 집착해야 하는 방법을 바비라는 플라스틱 형상을 통해서 불필요하게 배운 셈이다. 바로 완벽할 수 없지만 완벽한 외모의 실체를 확인한 것이다.

바비는 1959년 미국에서 태어났다. 사실 장난감에 나이를 붙이는 것이 좀 이상하지만 인류의 형상을 하고 있기 때문에 바비는 매우 그럴만하다. 바비는 현재 환갑이 넘어도 훨씬 넘은 나이이다. 그래서 바비는 지난 반세기 동안 여성인류의 상징적 형상의 역사적 기록의 의미도 지니고 있다. 그 오랜 세월만큼 바비는 전 세계의 많은 여성 꼬마들로부터 과분한 많은 사랑을 받아왔다. 아니 받고 있다. 사실 여자어린이들이 바비를 선택할 수밖에 없는 이유는 그들 특유의 놀이습성 때문인데, 바로 인형놀이^{doll play}이다. 그 인형놀이는 또다시 두 가지로 분류될 수 있는데, 우선 그 첫 번째로 꼬마아가씨들은 아기인형을 선천적으로 좋아하는데, 그 이유는 심리학적으로 귀여운 아기를 안아보고 돌보아주고 싶은 모성애^{mother's instinctive love}에서 비롯된다. 정확히 말하자면 이는 현재 자신들을 돌봐주고 있는 어머니에 대한 역할놀이^{role playing}를 해보고 싶은 욕구충족으로 아기인형을 선택하는 것이다. 이는 발달장애가 없는 꼬마라면 거의 본능에 가깝다. 결국 일반적인 성장단계의 여자어린이들이라면 아기인형에 분유도 주고 싶고, 옷도 입히고 싶고, 심지어는 어머니가 자신을 업어줬던 것처럼 자기 자신도 인형을 업고 다니기도 한다. 바로 "난 엄마다"이다.

두 번째, 여아들은 아기를 돌보기 인형놀이도 좋아하지만 성인 여성으로서 공주인형도 좋아한다. 여성인류는 원래 어린 시절부터 공주병^{snob effect·Princess sickness}이라는 심리적인 질병을 앓게 유도하는 영상물을 학습해왔다. 그래서 여자어린이들은 여성인류를 그릴 때 필연적으로 왕관을 씌우고 비싼 모피망토와 드레스도 입혀낸다. 그것도 분홍색으로 말이다. 그러나 이는 현실에서 이루어질 수 없는 이상이다. 그렇다면 아기인형을 가지고 엄마가 자기에게 해주는 행동을 동일하게 따라 할 수는 있지만 공주가 되기에 자기 현실은 너무 형편없다고 생각한다. 사정이 그렇다면 차

선책으로 공주형상을 그려내는 것은 어떨까 하는데, 바로 공주로서의 성인여성을 그려대는 것이다. 더 이상 애송이 아이나 돌보면서 고생에 찌든 엄마를 따라 하기가 아니라 화려한 생활을 도배하는 공주 따라 하기를 위한 왕관여성을 마구 드로잉 하는 것이다. 그러고 나서 이를 가위로 오려서 현실에 가장 가까운 드라마로 친구들과 연출해보는 기획력도 발휘해본다. 발달장애가 없는 여아라면 이 공주선망의 과정을 모두 거치는 것이 여아의 일반적인 성장과정이다.

1950년대 여아들의 행동을 잘 관찰하는 한 장난감회사가 있었다. 물론 관찰한 인류는 여성이었다. 이 여성경영자는 여아들은 모성애보다 공주질환에 관심이 더 많은 것을 발견하였다. 그래서 귀여운 아기보다 성적 매력의 성인여성을 형상화하기로 결정했다. 물론 왕관도 씌울 작정이었다. 드디어 1959년 마텔[Mattel]이라는 장난감회사는 그간 아기나 돌보는 여아들의 관심을 성인아가씨로 한순간에 교체시켜 버린다.[16] 바로 바비가 탄생한 것이다. 바비라고 이름이 붙여진 이유는 당시 경영자 헨들러[Ruth Handler]의 공주병에 걸렸을 법한 딸, 즉 바바라[Barbara]를 통해서가[17] 아닌가를 추정해본다. 그로부터 바비는 세계의 수많은 여성인류의 인생을 180도 바꾸어놓게 되는데, 바로 여성인류는 그의 미래를 어머니

16 Essig, L., 2011, American Plastic: Boob Jobs, Credit Cards, and Our Quest for Perfection, Beacon Press, 이제영 옮김, 『유혹하는 플라스틱』, 이른아침, 2014, p.62.
17 위키백과 영어(en.wikipedia.org), 2015년 7월 21일(화), 'Barbie' 검색.

도 아니고 커리어우먼도 아니고 바로 허연 말을 몰고 오는 귀공자의 사랑을 모두 가져버릴 수 있는 공주가 되는 환상이 현실의 목표로 확고해지는 것이다. 이는 다시 말해서 자신의 성을 허락하는 남성조건은 최고의 남성이며, 그 최고의 남성인 왕자는 공주만 좋아한다는 깨달음이다. 따라서 여성인류는 어떻게 해서든 갖은 수단과 방법을 가리지 않고 그들의 뷰티에 모든 의식을 집중하기 시작한다. 죽음을 각오하고서라도 말이다.

어린이가 넘쳐나던 베이비붐the baby boom generation 시절 바비라는 아가씨는 선풍적인 인기를 끌며 다양한 복장과 직업으로 그 외모 변신을 꾀했다. 그러나 바비는 그 변신에도 불구하고 공주의 본성만은 잃지 않았다. 바로 허연 얼굴 빛깔, 금발에다 파란 눈, 거의 9등신의 기럭지는 공주의 본성 그 자체였다. 그래서 이는 공주가 한 번도 존재해본 적이 없는 나라 미국에서 공주란 어떤 형상인지를 온 세상에 개념화시킨 일대의 사건이 바로 바비의 탄생이었다. 그로부터 세월이 흘러 21세기 전 세계의 여성인류는 공주라고 하면 모두 바비의 육체를 떠올린다. 바비 1세대 문화평론가 로드M. G. Lord는 바비는 유명한 영화스타처럼 보이고자 제조되었지만 지금은 바비처럼 보이기 위하여 바비의 재료인 플라스틱을 몸속에 넣은 영화스타가 생겨났다고 한다.[18] 그리고 그러한 현상은 바비의 나라 미국을 넘어서 전 세계적이다. 이는 바비를 현재 그

---

18 Essig, L., 앞의 책, p.62

세월 동안 꾸준히 전 세계에 수출시켜 온 결과이다. 영국에도, 인도에도, 브라질에도, 남아공에도, 호주에도, 한국에도 이 공주아가씨는 세상의 모든 여아들에게 공주의 즐거움을 선사했다. 그래서 따님이 있는 세계 어느 가정이라면 이 바비는 어김없이 침대 옆에 눕혀졌으며, 그녀를 치장하는 도구도 따라서 놓이게 되었다. 바로 바비는 세계 여아의 놀이를 천하통일 했던 것이다.

그러나 바비는 공주인만큼 여아들에게 비현실의 외모를 주입시키기에 충분한 계기를 마련했고, 시기가 시기인 만큼 여아들이 생각하는 여성인류의 가장 모범적인 형상은 바로 바비임을 확실히 각인시켰다. 그렇다면 그 각인이 어떤 것인지 한번 분석해보기로 하자. 일단 바비는 미국에서도 거의 드문 신장이다. 그런 만큼 머리가 지나치게 작다. 그리고 그 작은 머리에 머리카락은 금발의 머릿결이다. 사실 서양인들, 특히 미국인들도 금발은 흔하지 않다. 또한 눈의 크기는 얼굴의 거의 반을 차지하는데, 이는 거의 외계인의 초롱초롱한 눈망울에 가깝다. 코의 높이와 입의 크기도 인류의 평균 모습에서 심하게 확대되어 있다. 그러다 보니 얼굴엔 살보다 3종의 구멍_{눈, 코, 입}들로 가득 채워져 있다. 팔과 다리는 매우 길어서 촉수만 달리지 않았을 뿐이지 문어의 응용이라고 해도 된다. 그 기괴함에다가 인류의 70%가 유색인종임을 감안한다면 늘 백인의 피부의 바비는 가당치도 않다. 오히려 이는 1898년 웰스_{Herbert George Wells}에 의한 최초의 공상과학소설 『우주전쟁』_{The War of the Worlds}에서 묘사된 외계인과 매우 흡사한 인류의 신체이기도 하다.[19] 물론 웰스는 콧구멍과 머리털은 생략했지만 200년 전에 웰스가 혐오스럽게 묘사한 외계인의 신체로 인류는 진화하고 있는 셈이다.

백인이고 젊고 비현실적인 신체의 플라스틱 아가씨 바비는 다양한 인종과 직업으로 전 세계 여아들에게 팔려나갔다. 그리고 바비가 환갑이 지난 만큼 지금 그 아가씨를 가지고 놀았던 수많은 여아들은 성인이 되었다. 그런데 그 성인여성들은 현재 고민의 나날을 보내고 있다. 고민인즉슨 자신의 신체를 그 바비라는 인형에 맞춰보니 성장하면서 점점 형편이 없어짐을 체감했던 것이다. 아니 원래 같지도 않았지만 갖은 노력에도 불구하고 외계인의 형상을 따라잡을 수는 없었던 모양이다. 그래서 자신의 신체를 바비에 맞춰 무시무시한 신체변경프로젝트, 성형수술을 감행하거나 때론 바비와 동떨어진 자신의 신체를 비관하여 오랜 우울증에 빠졌고, 심한 경우 자살까지 하는 베이비부머도 생겨났다. 결국 1959년 이후 전 세계의 여성인류는 자신의 행복을 바비와 유사하게 되는 의식 이하의 공주지각을 하게 된 것이고, 그 지각이 현재 가장 심한 나라가 바비와 전혀 딴판으로 생긴 한국이라는 나라이다.

1843년부터 경제로 굴러가는 세상을 알려주는 영국의 이코노미스트지The Economist는 드디어 한국을 경제적으로 조명했다. 이코

---

19 Wells, H. G., 1898, The War of the Worlds. 이재황 옮김, 『우주전쟁』, 범우사, 1989, pp.177-179.

노미스트지는 국제성형학회에서 내놓은 보고서를 인용하면서 2011년 현재 한국은 인구 1,000명당 성형을 가장 많이 하는 인류라고 발표^{Korean women top plastic surgery ratio}했다. 그로 인해 한국은 성형이라는 의료행위로 경제가 굴러가거나 휘청거릴 수 있는 그야말로 외모지상주의왕국을 만방에 알린 셈이다. 이미 21세기 플라스틱 신체의 산업은 한 국가의 경제를 움직이게 할 정도의 거대한 산업이 되었다. 적어도 한국에서는 말이다. 한국에서 가장 중요한 산업은 성형을 비롯한 외모에 신경이 가는 모든 산업이다. 그래서 외모에 필수적으로 따라붙는 의상, 귀금속, 화장품, 향수, 시계, 핸드백, 자동차^{한국에선 외모를 과시하는 액세서리로 자동차를 사용함}에 이르는 산업은 한국경제에 큰 몫을 차지하고 있다. 그리고 한국에서 이러한 현상이 가장 심한 지역을 꼽는다면 한국 대중가수 싸이^{psy}가 2013년 전 세계적으로 히트시킨 노래 〈강남스타일〉^{kangnam style}의 무대, 21세기 한국에서 돈이 가장 잘 몰리는 바로 강남^{kangnam gu}이라는 도시이다. 사실 싸이라는 가수가 이 동네를 노래화한 이유도 바로 그 공주외모의 여성인류들이 가장 많이 출몰하는 이 지역을 희화하기 위해서였다. 결국 강남스타일이란 말들이 뜀박질하는 경마장의 말들과는 아무런 관련이 없이 바비여성을 조롱하는 노래였다.

특히 한국의 여성인류들은 자신의 외모와 신체에 불만이 많다. 그리고 그 불만은 대부분 동일하게 호소되고 있는데, 바로 9등신에 육박하는 키, 작은 얼굴, 필히 염색한 머리, 큰 눈, 높은 코, 가

느다란 팔과 다리, 큰 가슴과 엉덩이, 그리고 무엇보다 미백이라는 미명 아래 백인같이 허연 피부를 가진 플라스틱 바비 신체를 왜 자신들은 가질 수 없냐는 것이다. 그러나 그러한 신체는 바비의 나라 미국에서도 흔하지 않다. 바비가 태어난 해 같이 태어난 할리우드 영화배우 볼드윈 ^{Alec Baldwin}은 알게 모르게 바비를 자신의 이성관으로 각인당했을지도 모른다. 그래서 그런지 그는 바비와 가장 유사한 베이싱어 ^{Kim Basinger}를 그의 아내로 삼았다. 그러나 그의 결혼은 10년을 넘기지 못했다. 지구 상의 모든 생명체는 이성에 혈안이 되어 있다. 아니 더 솔직히 얘기해서 성행위를 하고 싶어서 혈안이 되어 있다. 그리고 그 성욕의 가장 큰 조건이 바로 외모이다. 그러나 그 매력의 관점은 적어도 한 가지 종 ^{species} 안에서 매우 다양한데, 몸집에서부터 체취에 이르기까지 각자가 선호하는 다양성은 무궁무진하다. 그래서 이성이라는 이유만으로 성행위는 성사되지 않는다. 인류도 미안하지만 마찬가지이다. 그래도 인류가 다른 종과 구분되는 점은 외모도 외모지만 정신세계의 매력도 반쯤은 열어놓았다는 것이다. 결국 볼드윈도 겉으로 보기에는 바비에 가까운 외모를 선택한 것 같았지만 그 정신매력으로 인하여 혼자되기를 결정한 것은 아닌가 한다. 물론 베이싱어도 마찬가지겠지만 말이다. 어찌 되었건 불만이 하나도 없을 것 같은 신체의 소유자인 인간바비, 즉 베이싱어를 싫어하는 인류도 있다는 것은 몸뚱이든 마음이든 다양성에 대한 매력은 분명이 있다는 것이며, 그런 만큼 그 취향마저도 다양하게 변한다는 것이다.

인류가 결혼이라는 제도를 개발한 이유는 그냥 배설과 마찰하고 마는 이성관이 결코 아님을 증명하기 위해서였다. 바로 인류는 남성과 여성 간의 고차원의 이성 관계를 만들고자 했던 것이다. 그러나 그럼에도 불구하는 인류는 그 하찮은 장난감 하나를 통해 지난 20세기 후반부까지 쌓아놓았던 고급의 이성관을 플라스틱 서저리plastic surgery로 하락시켜 놓았고, 그 하락이 강하게 전개될 수밖에 없는 이유는 바로 바비와 동고동락이었던 어린 시절부터였다. 더욱이 그렇게 성장한 아시아의 여아들은 성인이 되어서도 자신의 신체를 플라스틱 바비로 바꿔야 마음이 놓이게 되었으며, 급기야 그래야 간택을 받을 수 있다는 아시아 여성에 대한 서구인의 지적 그대로를 드러내고 있다. "아시아인은 특유의 소극적이고 몰주체적인 기질이 있어." 그렇다면 한국여아들의 바비 사랑도 마찬가지가 아닐까 한다. 기괴한 바비로 형상화 된 서구인 신체에 대한 막연한 동경 말이다. 그러나 독일의 기업가 도벨리Rolf Dobelli의 유명한 주장, 즉 수영선수 몸매에 대한 환상swimmer's body illusion 속임수처럼[20] 의식은 서구인으로 변형될 수는 있어도 물리적 신체의 환상실현은 아예 없다는 것을 기억하길 바란다. 마치 서구에서 키워진 코리안처럼 말이다. 그걸 모르면 한국인류의 평평한 얼굴평야에 에베레스트 코가 치솟는 부조화가 실현될 뿐이다.

---

20 Dobelli, R., 2011, Die Kunst Des klaren Denkens, Carl Hanser Verlg, Munich/FRG. 두행숙 옮김, 『스마트한 생각들』, 걷는나무, 2012, p.25.

애초부터 인류는 그들의 여아들에게 기괴한 성인여성의 외모 형상을 인형으로 만들어주지 말았어야 했다. 특히 한국인류에게 말이다. 아무리 외모에 대한 사고수준이 한심할지언정 남모르게 생각만을 하는 것과 입 밖에 내는 것과는 천지 차이다. 적어도 인류이기 때문에 외모를 찬양하는 행위는 저지되었어야 했다. 그리고 그런 만큼 인위적이고 평균적인 외모 형상화는 하지 말았어야 했다. 더욱이 장난감으로도 개발하지 말았어야 했다. 현재 바비를 통한다면 인류가 꿈꾸는 여성인류의 외모는 외계인의 형상을 하고 있어야 한다. 그런가 하면 이렇듯 바비에 대한 지적이 거세지자 현재의 바비는 흑인, 백인, 황인종을 비롯해 50여 개 나라에서 다양한 인류형상으로 판매되고 있다. 그러나 문제는 피부색만 다를 뿐 평균적이어서 부실하고 왜곡된 바비라는 미의 기준은 세계의 여아들에게 여전히 심어지고 있다. 뚱뚱한 바비, 마른 바비, 눈이 작은 바비, 다리가 튼실한 바비, 입이 작은 바비, 콧구멍이 큰 바비, 3등신 바비, 가슴이 작은 바비, 장애인 바비, 할머니 바비, 아줌마 바비, 초등학생 바비, 청소년 바비, 히피 바비, 스포츠맨 바비, 가난한 바비, 홈리스 바비, 노동자 바비, 아픈 바비, 건장한 바비, 이누잇 바비, 아마존 바비, 부시맨 바비 등으로 끊임없이 다양화하는 것이라면 그나마 낫지 않았을까 한다. 그렇지 못한 지금 상태라면 전 인류는 머지않아 외계인을 신으로 모실지도 모르는 일이다. 적어도 바비를 여아들에게 계속 가지고 놀게 한다면 말이다.

인류 중에서도 여성인류에게 최악의 발명품이 바비라고 기자
회견이라도 한다면 여성인류의 신체변경프로젝트가 주춤할까 한
다. 아마 그래도 한국여성은 아랑곳하지 않고 신체변경을 위해
저축에 돌입하거나 대출을 과감하게 추진할 것이다. "죽으면 썩
어 없어질 몸 놀려서 뭐 하누." 한국에선 열심히 일하는 게 더 이
상 미덕이 아니다. 열심히 바비의 재료인 플라스틱을 신체에 넣
는 게 미덕이자 예의이고 미래에 대한 자기 투자이다. 알다시피
유태인종으로서 한국학자 박노자Park No Ja는 가공 민족주의가 선천
적 민족주의로 둔갑하는 한국의 현실을 질타하며[21] 노르웨이로
떠나버렸다. 그래서 그런지 한국의 극진한 민족 보존주의는 유독
그 민족의 신체에서만 예외이다. 전 세계적으로 자민족의 신체를
가장 싫어하는 민족이 바로 한국인류인 것 같다. 한국인류가 생
각하는 거리를 활보해도 되는 한국인종은 백색피부에 서구인 이
목구비와 문어같이 긴 사지의 기담적 외모의 민족주의자이다. 이
정도는 돼야 뒤통수가 간지럽지 않다. 한국은 외모에 대한 사상
적 교배thought cross fertilization가 확실하게 정착된 것 같다.

21　박노자, 『당신들의 대한민국』, 한겨레신문사, 2002, pp.199-231.

합리적 사고의 딜레마:
산아제한

사실 집안의 가장이 누가 되었건 상관없다. 1980년대 이슬람 문화권을 제외한 전 세계의 광고에선 서서히 그 무상관의 빈도를 조금씩 제시해갔다. 그리고 드디어 21세기 들어서 신남성[new man]이 탄생됐다. 신남성의 등장은[22] 전근대 인류 가족이 신격화했던 가부장과는 천지 차이의 남성을 보여주는 사건이었다. 신남성은 집안의 모든 일에서 아내를 돕는 차원이 아니라 공동으로 전담하는 남성이었다. 그래서 가정 안에서 인류에게서 남성의 기능이란 군림과 권위가 아니라 공동과 필요로 변경되었다. 이는 어찌 보면 가정 내에 남성권력의 약화일 수도 있겠지만 가정을 꾸려감에 있어서 배우자 간의 매우 합리적인 사고로 전환되었음을 의미하기도 한다. 결국 신남성은 20세기 초반에 신여성[new woman]이 그토록 바라던 남성상이 1세기가 넘는 기간을 거쳐 이룩된 셈이다. 물론 자연스러운 변화는 아니었다. 그간의 여성들의 끈질기고 눈물겨운 설득 끝에 드디어 실현된 셈이다. 그러나 오랜 시간 동안 남성의 그 무한 경제책임감도 어느 정도 숨을 돌릴 수 있는 시간으로 본다면 사실 설득할 것도 없이 간단하

---

22 Giddens, A., 2001, Sociology 4th edition, Polity Press & Blackwell Publisher Ltd. 김미숙 외 옮김, 『현대사회학』, 을유문화사, 2003, p.142.

고도 어렵지 않은 가정 내 사안이었다. 물론 아직도 설득이 진행 중인 사회도 많이 있겠지만 신남성이 거론되기 시작한 시점은 분명 21세기 초반, 즉 현재부터임이 틀림없다.

지난 100년 동안 가정 내의 남성과 여성의 지위와 역할이 비교적 동등해진 것은 매우 획기적인 인류의 격변이었다. 그리고 이러한 변화를 가능하게 한 것은 가족 구성원의 수를 줄여버린 탓도 크다. 물론 대가족large family의 상황에서 가족 간의 설득이 가능할 수도 있었겠지만 그 소요시간은 모르면 몰라도 500년은 족히 넘게 걸렸을지도 모른다. 왜냐하면 신여성이 설득할 대상은 시아버지에서부터 조카에 이르기까지 적어도 다섯 명을 100년으로 곱하면 갈 길이 한참 먼 500년이기 때문이다. 그렇게 따지고 보면 신남성의 원동력은 배우자 한 사람만 동의해주면 되는 이른바 핵가족nuclear family이라는 미니가족형태에서 비롯된 것으로 봐야 한다. 그런데 꼭 그런 것만도 아닌 거 같다. 사실 신남성이 등장해야 하는 이유를 천천히 살펴보면 꼭 설득이라기보다 오히려 핵가족에서 산더미같이 많아진 가사일로 야기된 당연한 결과가 아닌가 한다. 대가족에서 육아의 절반은 할머니가, 집안일은 N분의 1 동서들이 하면 되는데, 많으면 많을수록 적어지는 이치, 하다못해 규모의 경제economy of scale를 따져 봐도 대가족은 오히려 가사일을 줄이는 방법일 수도 있었다. 결국 신남성의 출현은 단순한 설득대상이 하나밖에 없는 핵가족 차원이 아니라 상대적으로 감당해야 할 가정일이 엄청나게 많아진 핵가족에서 비롯되는 노동량의 재분배의 결과가 아닌가 한다.

　신남성에게 가장 중요한 임무, 아니 신여성과의 공동임무는 바로 육아의 책임이었다. 아버지는 더 이상 과묵하게 아이의 머리만 쓰다듬거나 호통 치는 대상이 아니라 아이의 엉덩이도 닦아주고 기저귀도 갈아줘야 하는 임무를 공동으로 맡게된 것이다. 그런 중에 두 내외, 즉 신여성과 신남성은 부장님과 과장님이기도 했다. 그래서 두 인류에게 부여된 노동은 가사는 물론 직장일까지 기존의 대가족에서 두 배 이상 더 많아진 상황이다. 이들의 공동육아는 양육의 노동시간을 빨리 단축시키는 단 한 명으로 그치거나 신여성의 설득으로 무자녀 혁명Childless Revolution을 낳기도 한다.[23] 그런데 사실 단 한 명의 자녀 아이디어는 신남성들과 신여성들의 민주적이고 자발적인 합의는 아니었다. 겉으로는 그래 보이지만 이는 사후 합리화로 대입된 신남성과 신여성의 허상일 뿐이다. 알다시피 신여성이 보편적이기 이전에, 신남성이 탄생하기 이전에 국가는 감히 인류의 가족구성에 관여하기 시작했다. 국가는 여러 가지 이유를 대가며 부부간의 성행위도 관여했고, 자녀의 성별도 관여했다. 그뿐만이 아니다. 국가는 자녀의 수로 인하여 거렁뱅이거지에 대한 경기도 사투리가 될 거라는 위협덮어놓고 낳다 보면 거지꼴을 못 면한다까지 서슴지 않았다. 그러다 보니 한국인류는 자의가 결코 아닌 전적으로 타의, 즉 정부에 의해서 지속적으로 산아제한

---

23 Cain, M., 2001, The Childless Revolution, Don Congdon Associate, Inc. 이한중 옮김, 『무자녀혁명』, 북키앙, 2003, p.15.

^{birth control}을 해왔으며, 반세기 만에 산아는 제한을 해야 하는 대상이 되었고, 급기야 산아는 줄어드는 대상이 되었다. 결국 산아제한은 한국인류를 급격한 새로운 국면으로 접어들게 했는데, 현재 한국인류의 꼴을 보면 한국은 한국인류 종 자체의 흔적까지 없애버릴 수 있는 민족종말의 시나리오가 적용되는 매우 적합한 집단이기도 하다.

대부분의 동물의 수컷은 육아를 하지 않는다. 그래서 대부분의 수컷들은 짝짓기 철만 암컷을 찾아 킁킁거리고 떠나^{펭귄 수컷은 예외}버린다. 동물의 대부분의 암컷은 육아를 전담^{뻐꾸기 암컷은 예외}한다. 그래서 암컷들은 육아기간에 접근하는 모든 수컷을 어떻게 해서든 저지하며, 무엇보다 새끼를 건강하게 키워내려고 갖은 애를 쓴다. 신남성이 등장하기 전까지 인류의 남성도 동물의 수컷과 마찬가지로 육아는 뒷전이었다. 그래서 인류의 육아도 늘 여성인류의 몫이었다. 따라서 구남성 시대만 해도 육아에 대한 동물과 인류는 그리 크게 다르지 않았다. 아버지는 육아란 늘 여성의 일이라고 철저하게 믿으며 나귀 타고 장에 갔지만 어머니는 아버지가 변심을 해도 자식만은 철저하게 맡으며 건넛마을도 벗어나지 못했던 것이다. 결국 그런 의미에서 신남성의 출현은 드디어 동물과 인류가 육아로서 구분되는 산업혁명과 시민혁명 버금가는 일대의 가정혁명인 것이다.

사실 육아에 관한한 동물과 인류를 구분하는 기준은 또 하나가 있는데, 신남성이 완성된 시기보다 훨씬 먼저였다. 바로 산아를 제한하는 것이다. 동물은 그 어떤 이유가 있어도 산아를 제한하지 않는다. 낳고 나서 병약하여 그 수가 줄어들지언정 낳기 전에 일부러 제한하는 경우는 결코 없다. 그러나 인류는 여러 가지 이유로 산아를 제한한다. 창피해서 제한하기도 하고, 의도적으로 성교 자체를 거부하여 제한하기도 하고, 질외사정으로 제한하기도 하고, 콘돔이라는 고무관을 이용해서 제한하기도 하고, 알약을 먹고 제한하기도 한다. 그러나 이 모든 산아제한은 지극히 개인적인 사정이라서 인류의 어느 누구도 뭐라 관여할 수 없는 은밀한 부부정사다. 인류는 원래 오래전부터 그렇게 정했다. 따라서 개인적으로 아이 낳기를 제한하든지 말든지였고, 오히려 관여하는 것은 관음증^{성직자는 예외}에 가까웠다. 그런데 그 정사에 외부통제가 가해지는 계기엔 맬서스주의^{Malthusianism}가 탄생하면서부터였다. 맬서스주의란 영국의 경제학자 맬서스^{Thomas Malthus}가 19세기를 딱 2년 남겨놓고 주장한 인구론에서 비롯된다. 맬서스는 인류의 인구증가와 식량증가는 동일하게 상승하지 않는다 하여 빈곤을 당하지 않기 위해서 산아를 제한해야 한다는 꽤 논리적인 주장을 펼쳤고,[24] 이는 곧 전 세계적인 사조로서 널리 퍼져나갔다. 이후 많은 학자들의 수정을 거쳐 각국 정부는 이른바 산아제한정책^{Birth Control Policy}을 수입하였고, 20세기 초반 미국의 여권운동가인 생어^{Margaret Sanger}를 거치면서 산아의 제한은 이른바 가족계획^{family planning}

---

24 두산백과(www.doopedia.co.kr), 2015년 7월 7일(화), '맬서스주의' 검색.

이라는 개념으로 순화되어 못살면서 불쌍한 여성이 많은 나라 위주로 전개되었다. 그러나 급기야 1968년 교황 바오로 6세^{Pope Paul} ^{VI}는 그 산아조절에 관한 원칙^{Human Vitae}이라는 칙서를 통해 인류의 자녀수 통제에 새로운 장애물을 제공했으며,[25] 동시에 가정문제의 해결에 대하여 결혼한 부부에게 합의법적으로 주워진 수단임에도 불구하고 구체적인 피임수단까지 국민들에게 선호하게 하거나 강제로 부과하는 지도자를 맹비난하였다.[26] 그러나 그 인위적 제한이 인류에게 어떤 미래를 보여줄지는 하나님의 함구로 교황도 예측하지 못했다.

『늙어가는 미국』^{Mass Media, an Aging Population, and the Baby Boomers}을 집필한 언론학자 힐트^{Michael Hilt}와 립슐츠^{Jeremy Lipschultz}는 미국의 노령화란 여전히 미국의 문화지형을 견인하고, 미국경제의 주요한 위치를 차지하고 있는 세대들이 나이가 들었을 뿐이라며 요즘 미국광고를 통해 분석해내고 있다.[27] 이는 마케팅의 노화라 하더라도 여전히 가동되는 미국사회를 크게 걱정하지 않는다는 뜻이기도 하다. 그러나 현재 한국은 그러한 노령화가 가장 빠른 속도로 진행되는 이른바 조로^{premature old age}사회라는 것에서 그 문제가 크며, 그런 만큼 미국규모의 경제와는 비교도 안 될 정도로 다급한 한국경제의 위기가 다가오고 있다. 늙어간다는 것은 새로운 사회구성원의 생

25 황필호 편저, 『산아 제한과 낙태와 여성 해방』, 종로서적, 1990, pp.21-42.
26 황필호 편저, 『산아 제한과 낙태와 여성 해방』, 종로서적, 1990, p.32
27 Hilt, M. L. & Lipschultz, J. H., 2005, Mass Media, an Aging Population, and the Baby Boomers, Routledge. 홍명신 옮김, 『늙어가는 미국 미디어, 노인, 베이비붐』, 커뮤니케이션북스, 2008, pp.99-119.

산이 지나치게 느리게 발생하거나 멈춘 사회라는 의미이기도 하다. 수치스러운 줄도 모르는 국가가 부부간의 금실에 관여한 결과는 한국인류의 수를 고속으로 줄어들게 만들었으며, 현재는 그 씨가 마를지도 모르는 위기에 놓여 있다.

또 그 산아제한을 무개념으로 동참한 한국인류는 현재 이런 육아관을 갖고 있다. 2세를 갖는다는 것은 좀 더 풍요로운 생활과 노후를 위협하는 존재이기 때문에 매우 불합리한 결정이다. 2세의 수가 많아진다는 것은 많고 다양한 가정의 피로를 야기시킨다. 2세의 의료에서부터 교육, 직장, 생계, 요즘은 그들의 노후까지 마련해야 하는 현실에서 자녀의 수를 늘리는 것은 매우 몰세련됨이다. 가정경제문제 시 큰 피해를 입는 것은 아이들이기 때문에 아이를 두지 않는 것이 미덕이다. 이는 마치 유산계급이 그들의 재산 증여를 최소화하려는 의지에서 산아제한을 하는 것과 유사하다. 그야말로 전 국민의 유산계급 마인드화인 것이다. 그런 만큼 한국인류의 육아관은 모든 것에서 경제적인 조건으로 얽혀 있다. 이런 산아의 기피라면 더 이상 한국인류의 가계도란 아래로 그 폭이 넓어질 리가 없다. 오히려 줄어드는 형태를 취하거나 수직모양이 유지될 뿐이다. 그러나 그마나 수직이 이루어지면 좋겠지만 한국은 그 수직조차도 중단될 위기에 놓여 있는 인류로서 한국정부가 제일 좋아하는 랭킹 OECD Organization for Economic Co-operation and Development 순위에서 1위이다.

인류의 역사는 늘 합리적인 사고를 추구함을 지향하였다. 그리고 이는 가족 구성원에서도 매우 급진적으로 적용되었다. 그에 가장 대표적인 사안이 가족구성원의 수를 신속하게 줄이는 것이었다. 그래서 구질구질하고 군더더기 없는 심플한 가족이 오히려 구성원들의 시름을 덜어주거나 차단시키는 듯했다. 그런데 가족의 수가 줄어든다는 것은 당분간의 심플라이프이겠지만 자녀에게서도 사회성학습에 있어서도 전혀 도움이 못 되며, 사회적으로도 노동·생산인구가 부족한 기현상을 낳는다. 가장 쉬운 예로 오늘날의 시골동네에 어르신만 득실거리다가 급기야 오늘내일 하시는 분들까지 모두 사라지면 곧 죽은 동네가 되는 게 한국인류의 정겨운 농촌풍경이며, 이게 바로 한국인류의 복선적 미래인 것이다. 그렇게 따진다면 자동차를 수출하고 스마트폰을 잘 만들어댄다 하더라도 한국의 미래는 없다.

합리적인 rational 것과 현명한 wise 것은 조금 다르다고 본다. 합리적이라는 것은 극도의 이성을 요하는 것이고, 현명하다는 것은 그 이성에 감성을 더하는 것이다. 이를테면 이런 것이다. 판매자가 손해를 봐가며 무료로 샘플을 제공하는 행위는 매우 합리적이지 못한 낭비이다. 그러나 그 무료행위는 구매자와 판매자를 친근하게 맺어주는 계기로 본다면 현명한 행위일 수 있다. 바로 단골이 생겨나는 것은 현명한 일이다. 다시 말해서 감성이 더해진 합리성, 즉 현명한 합리성은 미래의 위험성을 비교적 제거해가며 추진될 수 있는 인류의 따뜻한 특성이다. 알다시피 인류는 자꾸 로봇처럼 빈틈이 없는 합리자 rational man 이고자 한다. 하지만 인류는 결코 로봇이 아니다. 산아제한도 마찬가지로 극도로 합리적일 뿐이지 인류를 제명에 살게 하는 혜안insight의 열쇠는 못 된다. 아니 못 되었다.

한국인류에게서 인구조절이 필요했을까 하는 의문이 든다. 아직도 여전히 1억도 못 되면서 지레 겁을 먹고 서양에서 공수한 인간생태학의 예방적 인구억제, 즉 피임, 성욕억제를 정부는 시민에게 강요했고, 이제는 자연스럽게 만혼이 너무나도 일반적으로 발생해버렸다. 선진국의 국력이 부러웠다면 이주나 분리와 같은 공동체분할이 더욱 글로벌하지 않았을까 한다. 서울 시내 한복판에 한 초등학교 1학년이 2개 반으로 심플해진 것은 결코 현명하지 못한 한국인류의 정책발상이었다. 부모훈육이 부재하면 조부모가 하면 되고, 교육이 부족하면 형·누나·사촌들이 돕고, 노후가 걱정되면 자식이 그 걱정을 덜어주었던 매우 순리적인 가족관을 거부한 한국인류는 현재 매우 많은 사회적 비용을 쏟아붓고, 붓고, 또 붓고 있어도 그 유지가 불안하다. 만약 그게 힘들다고 생각이 든다면 그 오래전 대가족관을 상고주의라고 치고 다시 한 번 검토해보는 것은 어떨까 한다.

이를테면 신여성과 신남성으로 다시 태어난 스스로의 대가족관 말이다. 신남성은 여성의 종속을 바라지도 않을뿐더러 생물학적으로 남성일 뿐이다. 여성도 남성의 지배를 보고만 있지도 않을뿐더러 생물학적으로 여성일 뿐이다. 할아버지, 할머니, 손자, 손녀, 며느리, 사위 모두 나와서 신남성과 신여성으로 무장했다면 황당무개념^{荒唐無概念}국가의 산아제한에 동참할 이유도 전혀 없었을 것이다. 물론 자녀들의 젠더화를 다시 수정해야 하지만 말이다. 하기야 그건 각자 알아서 할 일이고, 평등한 가족공동체로서 대가족관이야말로 적어도 21세기 한국인류의 단명을 늦출 만한 현명한 대안이다. "산아제한을 하지 않는 동물은 인류에 의해 멸종될 것이고, 인류는 산아제한으로 멸종될 것이다."^{인류멸망} ^{복음서 3장 16절} 산아제한은 인류가 만든 최악의 발명품임을 지금 한국에선 너무나도 확실하게 확인되고 있다. 농촌부터 다리에 힘 빠진 인류가 곧 사라지고 나면 유령농촌이 될 조짐을 지금 가서 확인해보길 바란다. 아마 야간에는 스릴 만점일 게다.

정복의 상징적 행위:
동물원

동물이 뛰노는 동산의 뜻을 갖고 있는 동물원動物園이라는 단어는 참 낭만적이다. 실제로도 정말 낭만적인 장소이기에 한국에서는 연인들의 데이트코스로 빠지지 않는 곳이 바로 이 동물원이다. 한국에서 가장 유명한 동물원은 서울대공원Seoul Zoo이다. 그런데 이 동물원은 바로 이웃한 곳에 한국 최고의 미술관인 현대미술관National Museum of Contemporary Art, Korea과 신나는 놀이동산, 서울랜드Seoul Land가 자리 잡고 있어서 서로를 아직 모르는 연인들이겐 세 배로 낭만데이트 코스를 즐길 수 있는 최적의 장소이기도 하다. 그런 동물원에 대한 낭만적인 인식이 하나씩 하나씩 모여 급기야 한국에서는 동물원영화가 한 편 만들어지기까지 했는데, 바로 〈미술관 옆 동물원〉Art Museum By The Zoo, 1998이다. 물론 이 낭만스토리에 동물은 등장하지 않는다. 그런데 이쯤에서 잠깐 동물원이란 정말 영화와 데이트코스가 될 만큼 낭만적인 곳일까 하는 의문이 든다. 이 질문이 쓸데없다고 생각한다면 이렇게 한 번 생각해보는 것을 어떨까 한다. 정작 동물들에게 동물원은 낭만적일까 하는 의문이다. 동물원 동물들의 처우를 직시한다면 그렇게 트리플 낭만으로 감상에 빠지지는 못하리라고 본다. 오히려 미술관 옆 동물원은 인류의 암컷과 수컷의 이야기를 담고 있는,

그래서 인류에게만 낭만적인 영화다. 그렇다면 이제 타임머신을 타고 인류가 동물원을 발명하기 전 시대로 떠나보자.

사실 동물과 인류가 친해진 것은 농경 사회가 본격적으로 시작되면서부터였다. 인류는 잉여의 농산물을 생산하기 위해 육식으로서의 동물사냥을 동물협동으로 전환시켰다. 이는 다시 말해 동물과 인류가 서로 자기에게 맞는 노동을 담당하며 함께 평화롭게 선량하게 살아가기 시작했다는 뜻인데, 인류는 동물의 힘을 빌려서 작물을 더 많이 생산했고, 동물은 죽을 때까지 천적으로부터 보호받았으며 식량을 무상으로 공급받았던 것이다. 이러한 조건으로 두 개의 종은 위험한 동거를 시작한 것이다. 그런데 역사적으로 그 동거의 암묵적 약속을 어긴 쪽은 늘 인류 쪽에서였다. 인류는 그들의 상서로운 일을 위해서라면 그 동거규칙을 여지없이 깨버리고 동물들의 목을 땄다. 사실 그래서 무늬만 협동이지 불평등한 조약은 인류의 아이디어였다. 그래서 인류는 동물을 친하지만 친구라고 부르지 않았다. 인류는 가축^livestock이라고 불렀다. 대표적인 것들이 소, 돼지, 닭, 말, 양, 염소, 개 등이며, 사실 이 가축들이 인류와 불평등한 조약을 체결할 수밖에 없는 결정적인 이유는 바로 온순한 그들의 성품 때문에 그러했던 것 같다. 알다시피 이것들은 타이거와 라이온과 달리 마구 때리고 혹사시켜도 음매^moo 정도였으니 인류는 부릴 만했던 것이다.

그러고 나서 많은 세월이 흘러 가축들은 다시 한 번 인류에 의해서 그 신분이 바뀌게 되는데, 바로 구경거리가 되는 것이다. 바로 동물들은 관상용으로 실제 살아 있는 볼거리 대상이 되어 집단적으로 가두어지는 꼴이 된다. 그게 바로 우리가 낭만적이라고 알고 있는 장소, 즉 동물원이다. 인류는 동물을 보기 위해 가두는 공간을 동물원이라고 부르기로 했다. 따라서 동물원은 동물들이 뛰노는 낙원이 아니라 동물을 수집하여 사육·번식시켜서 오로지 인류들에게 관람시켜 오로지 인류 볼거리를 목적으로 하는 인류만의 퍼블릭 파크public park 중에 하나로 발명된 것이다. 그러한 미명 아래 인류 최초로 만들어진 동물원은 바로 쇤브룬 동물원Schönbrunn Zoo, 1765인데, 바로 오스트리아에서다. 당시 오스트리아의 황제인 프란츠 1세Franz I. Stephan, 1708~1765는 그의 왕비인 테레지아Maria Theresia, 1717~1780를 위한답시고 그 동물원을 세웠다.[28] 사실 우리끼리 얘긴데, 이 두 부부의 딸이 바로 사치와 낭비로 잘 알려진 앙투아네트Marie Antoinette, 1755~1793였다. 결국 오스트리아의 두 높으신 양반들의 밀고 당기기로 만들어진 동물원은 당시 유럽 각지에서 줄줄이 유행으로 번져갔다.

동물원에 전시되는 동물들은 그간 인류에게 불평등한 노동계약이라도 감수하며 지낸 가축 따위의 의미와는 근본적으로 달랐다. 동물원의 동물은 착취보다 정복의 의미를 갖고 있었다. 다시 말해서 동물원의 설립은 당시 유럽의 열강들이 제3세계의 정복에 대한 상징적인 행위로써 이른바 식민지, 혹은 오지그들의 관점에서는 분명 오지였음 정복으로 얻어진 산물이었다. 오지의 기괴한 동물을 잡

---

28 네이버 지식백과(dic.naver.com), 2014년 8월 20(수), '쇤브룬 동물원' 검색.

아들이는, 그래서 그 식민의 위업을 국민과 이웃나라에 과시하려는 행위가 바로 동물원이었던 것이다. 잡혀온 동물들에게 요구되는 것은 그들의 생활 모두를 보여주는 일이었다. 동물들이 우울해도, 아파도, 괴로워도, 성교에도, 양육도, 부부싸움도, 출산도, 배설행위도, 모두 공개해버리는 이른바 동물사생활 공개 프로젝트가 시작된 것이다. 때마침 아시아에서도 유럽제국들을 똑같이 따라하는 한심한 괴뢰국이 하나 있었는데 바로 일본국이었다. 일본도 그들의 제국주의의 첫 대상 국가를 한국으로 결정했고, 당시 조선을 식민지화하면서 세계사에서 유래를 찾기 힘들다고 하는 500년 넘는 조선황실의 생활공간 창경궁^{Changgyeonggung Palace, 1484}에 함부로 기괴한 동물을 갖다 놓기 시작했다.[29] 사실 이 비행은 당시 순종의 마음을 달래준다는 명분이었지만 일제는 조선인들에게 알량한 그들의 식민위업을 아시아에서 제일 큰 동물원으로 과시하고자 했으며, 급기야 춘당지^{Choondangjee Pond, 1911}라는 벚꽃 만발의 연못정자까지 만들어 조선궁궐에 일룡점정을 찍어댔다. 그 과시욕으로 인하여 순식간에 한 나라의 궁궐은 동물들이 득시글거리는 창경원^{Changgyeonggung Zoo, 1909}으로 그 존재가치가 격하된 수모를 겪게 된다.[30] 다행히도 35년 뒤에 그 일족속은 한국에서 썩 물러갔지만 20세기가 거의 끝날 때까지 한국인류는 그 궁궐을 식민시대의 동물원 그대로 사용했다고 한다.

29 이향우, 『궁궐로 떠나는 힐링여행 창경궁』, 인문산책, 2014, p.4.
30 위의 책, pp.23-25.

식민을 하든 정복을 하든 문제는 다시 인류와 동물 간의 사이로 돌아와서 얘기해보자. 사실 박물^{wide knowledge}이 이루어진다는 것은 볼거리가 많아진다는 것이기 때문에 즐겁고 신기한 일이 아닐 수가 없다. 그래서 영구적인 박물관^{museum}이 세워지고 박람회^{exposition}가 개최되는 것인데, 이를 반기지 않을 이가 누가 있겠는가 말이다. 그러나 동물에 관한 박물은 180도 다르다. 문제는 그 박물대상이 살아 있는 상태에서 구경거리가 된다는 것인데, 이는 그리 즐겁지만은 않은 일이다. 물론 동물 입장에서는 아주 오래전 인류의 식용대상이 되는 것보다 더 낫겠지만 말이다. 인류가 가장 싫어하는 감정의 하나가 바로 구경거리, 더 나아가 조롱거리가 되는 것, 즉 그들의 사생활이 다른 인류들에게 들추어지는 것인데, 인류는 이를 사생활침해라는 용어로 강력하게 경계해왔다. 그러면서 인류는 이를 동물들에게 강요해왔다는 것은 적어도 인류답지 못한 행동이었다.

애완동물을 가족이라고 여기는 사람들은 동물도 창피함을 알고 분노하기도 함을 주장한다. 그리고 이는 동물학자이자 침팬지 엄마인 구달^{Jane Goodall}에 의해서도 과학적으로 증명된 바 있는데, 그녀에 따르면 인류는 개성과 합리적인 사고와 감정을 지닌 유일한 동물이 아니었음이 그녀의 동물관찰을 통해 입증되기도 하였다.[31] 이는 동물들은 인류가 드러내는 감정 모두를 알지만 탐욕의

---

31 Goodall, J., Maynard, T. & Hudson, G., 2010, Hpoe for Animal and Their World, Grand Central Publishing. 김지선 옮김, 『희망의 자연』, 사이언스북스, 2010, p.30.

다른 이름인, 이기주의가 부족하기 때문에 그 구경과 조롱에 속수무책으로 당하는 것이다. 그런 의미에서 2012년 한국에서 미술관 옆 동물원인 서울대공원 앞에서 재미있는 시위가 벌어졌다. 다름 아닌 동물원 내의 돌고래쇼dolphin show를 반대하는 시위인데, 바로 쇼를 중단하고 돌고래를 바다로 돌려보내라는 시민단체의 주장이 동물원 측과의 갈등을 빚는 한 달간의 뉴스거리였다. 매우 일리가 있었다. 바다에서 자유롭게 살고 있던 돌고래를 포획해서 좁은 공간에 가두고 이들에게 쇼라는 노동까지 강요하는 것은 19세기 우매한 인류와 다를 바 없는 짓이었다.

　그런데 이상한 것이 하나 있다. 왜 이 돌고래만 구출시켜야 한단 말인가 하는 것이다. 그 옆에 갇혀 있는 곰, 코끼리, 하마 등은 자유를 원하지 않았을까 하는 것인데, 이들은 아예 우리 안에서 관상용으로 일생을 바쳤다. 인류는 어릴 적 부모님의 손을 꼭 잡고 애처로운 영혼들이 가둬진 동물원이란 곳을 간다. 왜냐하면 동물원은 낭만과 교육이 가득한 곳이기 때문이다. 그러나 나는 어릴 적 동물원이 하나도 낭만적이지 않았다. 오히려 기괴하면서 당혹스러운 곳이 바로 동물원으로 기억된다. 백곰은 우리의 이쪽 끝에서 다른 저쪽 끝까지 끊임없이 왔다 갔다 했다. 그리고 코끼리의 다리는 사실 다섯 개였다. 그리고 결정적으로 그들은 어린 나로서는 감당하기 힘든 고약한 악취의 기억을 남겼다. 난 얼마 전 20층에 올라가 있는 엘리베이터를 기다리면서 건물현관을 이리저리 반복적으로 왔다 갔다 하는 나 자신을 발견했다. 순간 그 옛날 동물원의 백곰이 했던 행동이 떠올랐고 1층에 내려온 엘리베이터를 보고 그 이상한 백곰을 그때서야 이해하게 되었다. 또한 난 이성에 눈을 뜨면서 끔찍하게도 나 자신의 사지도 다섯 개라는 것을 알게 되었다. 그리고 마지막으로 죄송한 말씀이지만 서울역이나 대전역에 무리지어 계시는 노숙자 분들로부터 왜 악취가 나는 지를 나는 알게 되었다.

돌고래의 복지를 생각하는 한국인류의 시민단체 분들의 노력은 잘 모르겠다. 이는 돌고래에겐 탁월한 이타적 행위지만 다른 동물의 입장에서는 부당하기 짝이 없는 노릇이다. 동물원 그 자체는 동물들에게 스트레스다. 좁은 공간에서 먹이만 받아먹고 인류들의 구경거리가 되는 그 자체는 돌고래보다 더 심각한 중노동이다. 돌고래에게는 연민을 느끼면서 다른 동물에게는 왜 그 신성한 감정을 느끼지 못하는지 이상하고 답답하다. 동물원 자체는 인류가 만든 최악의 발명품이다. 그래서 그 돌고래를 사랑하는 시민단체는 돌고래만 빼내올 것이 아니라 동물원 자체를 반대해야 더 논리적인 시위가 아닐까 한다. 그러나 한편으로는 이러한 편애의 시민운동이 한국에서야말로 가능한 것이라는 것도 이해가 된다. 왜냐하면 현재 한국은 동물사랑에 대한 사고가 유행처럼 번지고 있는데, 집집마다 개나 고양이에게 새삼스럽게 쏟아내는 사랑이 이상하게 변질되어 있다. 말하자면 이런 것이다. 인류를 포함하여 동물 최대의 관심사인 성욕을 거세로 처리하고, 마음껏 고함치고 싶은 성대를 절단하면서 견육합법화를 반대하는 시민단체가 있는가 하면, 시장에서 곧 식용화될 개들 중에서 굳이 시베리안 허스키 종으로 보이는 개만을 골라 동물구출이랍시고 떠들어대는 한 방송 프로그램을 정상이라 말할 수 있겠는가 말이다.

인류와 동물은 서로를 경계하며, 서로의 영역을 인정하는 것이 가장 행복한 상생이었다. 이러한 암묵적인 협정을 깬 것은 알다시피 인류 쪽이었다. 그러나 그 시작은 협동이라는 측면에서 적어도 『프란다스의 개』^{A Dog of Flanders, 1871}에서만큼은 행복했었다고 확인된다.[32] 인류 간의 가장 고차원의 사회덕목인, 의리^{faith·trust·obligation}가 동물에게도 얼마나 크게 작용하는가 하는 것은 파트라슈^{프란다스의 개에 나오는 늙은 개의 이름}가 보여주었던 동반아사에서 십분 느낄 수가 있었다. 그러나 이렇듯 인류와 다를 바 없이 사고하는 동물들을 작은 공간에 종별로 가두어놓고 그들의 사생활까지 모두 구경거리로 개념화시킨 발명품 동물원은 동물들에게는 지옥과도 같은 감옥이거나 감옥과도 같은 지옥이다. 이렇게 예를 들면 그 지옥이자 감옥의 느낌이 인류에게 느껴질까 하는데, 바로 인류 스스로가 가장 참혹하게 경험했던 홀로코스트^{Holocaust} 말이다. 아우슈비츠 수용소^{Auschwitz Concentration Camp, 1940~1945}는 결코 신나고 즐거운 새내기들의 기숙사 생활이 아니었다. 인류는 안락한 곳에 머물면서 아이들과 둘러앉아 〈라이온 킹〉^{The Lion King, 1994}을 보며 끝없이 펼쳐

---

32 Ouida, 2011, A Dog of Flanders, Dover Publications Inc.(*New York*), pp.65~68.

진 아프리카 대륙 초원을 가로지르는 심바, 품바, 티몬의 삶을 장엄하게 찬미하는 노래를 함께 따라 불렀지만[33] 현실에서 동물원 동물들은 그 울타리가 세상에 전부인 줄 알고 평생 관상용으로 살다가 생을 마감한다.

미국에서도 『우린 동물원을 샀다』^{We bought a zoo, 2008}라는 낭만적 동물원 책이 나왔다. 그리고 너무나도 낭만적이어서 3년 뒤 할리우드는 그 이야기를 가만두지 않았다. 영화는 실화를 바탕으로 했기 때문에 더 눈물을 짜낸다. 잃어버린 동물원의 낭만을 다시 찾으려는 한 편부가정의 잔잔한 감동 그 자체였다. 그래서 영화는 동물원이야말로 한국과 다를 바 없이 낭만적인 공간임을 영상으로 재확인시켜 주었다. 결국 그 감동으로 독자와 관람객이 배운 것은 결코 동물이 아니라 동물원이었다. 여지없이 주인공은 "나는 매일 동물원에 대하여 더 많이 배워나갔다^{I was learning more about the zoo every day}"라고 했다.[34] 그러나 그들은 동물원이 작동되기 위한 몰야성의 동물시스템을 배워나간 것뿐이며, 인류는 그것을 낭만의 일종이라고 불렀다. 세계 어느 도시를 가도 이 감동과 낭만의 공간이 어김없이 존재한다. 마치 인류가 무리지어 사는 어느 곳이라면 꼭 있어야 하는 공공의 공간처럼 말이다. 그래서 어느 때라도 생각나면 찾을 수 있는 곳이 바로 동물원이고, 꼭 그래야만 한다. 그렇다고 해서 입장료 없이 누구나 찾을 수 있는 공공은 또

---

33 French, T., 2010, Zoo Story, Hyperion. 이진선 외 옮김, 『동물원 우아하고도 쓸쓸한 도시의 정원』, 에이도스, 2011, p.19.
34 Mee, B., 2008, We bought a zoo, Weinstein Books, p.43.

결코 아닌 곳이 동물원이다. 동물원도 비싸게 돈 주고 잡아온 동물을 가두고 먹이기 위해 방문객으로 하여금 돈을 요구해야 하고, 더 나아가서 수익을 창출해야 한다. 광고도 하면 더 좋다. 그러나 동물원은 광고할 필요가 전혀 없는 유일한 화수분의 수익원을 보유한 곳이다. 왜냐하면 인류는 적어도 인생에 네 번은 꼭 동물원을 찾기 때문이다. 어려서 한 번, 연인이 되어서 또 한 번, 아이들이 생기면 또 한 번, 그리고 마지막 황혼에 사이가 좋다면 또 한 번 더 거기에 가서 동물을 보는 게 아니라 자신들이 얼마나 행복한가를 확인하러 간다.

　도살에도 자비를Compassion Over Killing, 1995년 결성이라는 뜻밖의 시민단체가 있는가 하면 돌고래만 빼내오자고 하는 단순한 시민단체도 있다. 알다시피 인류가 지구를 뒤덮는 통에 다른 생물 종은 멸종위기에 놓여 있다.[35] 인류 스스로가 멸종위기에 내몰아놓고 멸종보존이라는 미명 아래 '낭만'에서 '과학'으로 위장시킨 요즘 동물원 변신도 그리 성숙해 보이지 않는다. 인류는 아직도 자신을 종석종족Keystone Species이라고 착각한 나머지 애완용으로밖에 보존되지 않는 이른바 종 보존Species Conservation을 21세기 동물원의 정체라고 거창하게 내세우고 있다. 위치를 추적해야 하는 사명감이 평생 동물 목에 불편한 짐을 매다는가 하면, 아무리 선한 야생방사라고 해도 인류가 지나가면 영락없이 걸인처럼 교태를 부리거나

---

35 French, T., 앞의 책, p.19.

먹이를 구걸하는 친근한 애완동물뿐인 것을 말이다. 알다시피 몽테뉴[Michel de Montaigne]는 이미 오래전 인류의 폐부를 꿰뚫는 글을 많이 남겼다. 그중에서도 동물을 대하는 인류의 태도, 즉 동물이 인류보다 우수종임을 인류는 깨닫지 못함에 대하여 답답해하는 글까지 남겨 금수들의 심정을 대변한 바 있다.[36] 혹시 지구 상에 인류 외의 다른 종들은 종 보존의 과학이든 그녀와의 낭만이건 다 집어치우고 제발 좀 꺼져달라고 외치는 것은 아닐지, 동물들의 얘기를 한번 확실하게 들어보고 싶다.

『피터래빗』[Peter Rabbit, 1902]에서 피터는 인류인 맥그리거 부인[Mrs. McGregor]의 정원을 가지 말 것을 항상 당부 받는다. 이미 저자는 인류와의 동물접촉 자체란 서로를 위험하게 만듦을 전제로 하고 동화를 꾸려나갔다. 『푸우』[Winnie the Pooh, 1926]에선 2페이지에 걸쳐 마을 동물들의 서식지 그림이 있다. 각 동물의 구분된 영역이자 경계 지역이다. 물론 유일하게 그 동물들에게 허락된 인류 크리스토퍼[Christopher Robin]의 영역도 있다. 〈뽀로로〉[Pororo, 2003]에는 아예 그렇게 허락된 인류조차 등장하지 않는다. 건드리지만 않는다면 동물들끼리 잘 살고 있음을 인류의 동화책에서도 인류 스스로가 확인시키고 있다. 그 귀엽디귀여운 그야말로 숲 속의 친구들은 이미 인류에게 그야말로 포효하고 있었다. "난 동물원이 정말 싫어요!"라고 말이다.

---

36 Montaigne, M. D., 1586, LES ESSAIS. 손유성 옮김, 『몽테뉴 수상록』, 동서문화사, 2014, p.485.

거창한 환상 의례:
결혼식

20세기 현대미술의 따라쟁이 작가 프린스
Richard Prince는 형식주의를 조롱하고 싶어서 그의 이름까지 독John Dogg
이라고 퍼트렸다. 그의 작품 모두는 지나치게 형식에 얽매인 인류
의 의례행위가 원본의 본질적 의미를 상실하게 함을 드러내고 있
다. 그의 작품 간호사 연작에선 새하얀 가운의 천사이미지와 다를
수 있는 사악하고 무서운 간호사를 탄생시키고 있었다. 형식적인
백의 가운이 전부가 아닌 것이다. 그럼에도 불구하고 인류는 간호
사를 천사로 인식하는 것처럼 형식을 통해 세상의 가치를 판단한
다. 그래서 프린스는 이러한 인류의 이중적 윤똑똑이의 생활방식
을 비판하기 위하여 사정없이 다른 작품을 복사하고 도용하는 이
른바 저작권침해 작가로 유명하다.[37] 한국의 사회학자 송재룡Song
Jae Ryong은 그러한 포스트모던시대를 설명하면서 오래전 독일 사회
학자 베버Max Weber의 세상의 탈미몽화 과정the process of disenchantment of the
world을 끄집어냈다. 그의 설명은 더 첨가하자면 이 과정은 초자연
적, 비합리적인 영역들이 삶의 영역에서 점진적으로 축소, 대체되
어 외연으로 밀려나게 되는 과정이라는 것이다.[38] 이를테면 불합

---

37 심은록, 『세계에서 가장 비싼 작가 10』, 아트북스, 2014, pp.131-155.
38 송재룡, 『포스트모던 시대와 공동체주의』, 철학과 현실사, 2001, pp.22-23.

리한 의례들이 세상에서 밀려나 해체된다는 것이다.

인류는 언제부터인가 결혼marriage과 결혼식wedding을 동일하게 취급하게 되었다. 그래서 그런지 결혼에 대하여 많은 인류는 환상을 갖고 있다. 아니 정확히 말해서 결혼식에 대한 환상을 결혼으로 대체해버렸다. 인류는 특정한 날에 모든 감각을 총동원하여 혼을 빼고자 하는 습성이 있다. 그래서 초기 인류의 혼 빼기 의례ritual사상인 토테미즘Totemism과 애니미즘Animism은 사이키델릭한 형식을 수반함은 물론이고 때론 그런 난리가 형이상학의 경지로까지 이해되기도 한다. 왜 햄의 저주에 순종하는 아프리카 야만인의 우상숭배가 노예들의 이동으로 서인도제도의 초자연적인 종교 부두교Voodoo 얘기를 많이 들어보지 않았는가 말이다.[39] 바로 그것이 현재에도 남아 있는 인류 의례ritual의 원형인 것이다. 물론 지금에 이어져온 모든 의례는 많이 점잖아졌지만 그대로 인류 초기 의례를 많이 닮아있는 부두는 바로 결혼의례의 혼 빼기 과정이다.

알다시피 인류는 그 어떤 동물들보다 사회성이 남다른데, 이 결혼의식이라는 것은 인류의 그 과도한 사회성 때문에 생겨난 거창하고도 거창한 환상적 의례가 되어버렸다. 그러다 보니 결혼의례를 결혼환상으로 혼동하는 인류가 생겨났다. 또 그래서 때론 토템과 애니가 강림해야 할 정도로 그 환상결혼의례와 현실결혼

---

39 Hurbon, L., 1995, Voodoo: Search for the Spirit, Harry N. Abrams. 서용순 옮김, 『부두교 왜곡된 아프리카의 정신』, 시공사, 1997, p.14.

생활의 괴리를 못 견디는 애송이 인류도 속속 나타나고 있다. 인류는 축복을 한눈에 받았던 환상놀이와 달리 가정을 꾸리는 생활은 만만치 않은 노동임을 알고 나서 결혼이라는 환상에 빠져 있는 신랑신부를 가엾게 연민하기도 한다. 물론 시대가 시대인 만큼 요즘 결혼 전 남녀인류는 더 즐겁고 환상적인 성교를 이미 질리도록 치렀던 터라 그들이 기대하는 결혼의 구성요소에서 성교는 이미 생략되어 있을 것이다.

2003년 일본에 있는 한 TV 방송사는 결혼 직전의 가상연인의 하루를 프로그램코이스루 히나카미 恋スルハニカミ으로 만들었다. 그리고 2008년 한국의 한 TV 방송사도 결혼 직후의 가상부부의 한 달간을 프로그램우리 결혼했어요화 했다. 참 창의성도 없이 말이다. 사실 현재도 높은 시청률을 기록하며 방영되고 있다. 일본은 인류 짝짓기 프로그램의 연장이었지만 한국은 제법 그럴듯한 취지를 갖고 있었다. 다름 아닌 그 환상적인 결혼식의 거품을 제거하고, 더 나아가 결혼적령기의 젊은이들이게 현실적 결혼을 유도하기 위한 제법 설득력 있는 야심이었다. 그래서 그런지 거기에는 당연히 결혼식은 빠져 있었다. 그러나 나는 개인적으로 무엇보다 육체적 결합을 기반으로 이뤄지는 결혼인 만큼 신중해야 하지만 지나치게 가볍게 생각한 철없는 역시 놀이 혹은 오락에 지나지 않은 볼거리가 아닌가 한다. 결국 근본적으로 결혼을 가상으로 체험한다는 자체는 있을 수 없는 일이고, 그러다 보니 프로그램은 결혼 아닌 멤버십 트레이닝이었으며, 결혼식과 결혼을 분리해내지 못하

는 갖은 경박스러운 판타지 부두행위를 보여주고 있었다.

　이성이 만나 또 다른 확대가족을 결성하는 것은 결혼식, 즉 결혼의례에서부터였다. 그래서 결혼식을 결혼으로 보는 경우가 많았다. 그러나 잘 보면 결혼식과 결혼은 매우 다른 개념이자 행위이다. 결혼식은 남녀가 같이 살 것을 공표하는 날에 행하는 의례 활동이며, 결혼은 남녀가 같이 사는 부부생활의 시작인 것이다. 그렇다면 결혼식이 없어도 결혼은 가능한 것일까 하는데, 사실 가능하다. 결혼식은 결혼에 있어도 되고 없어도 되는 일종의 이데올로기인 것이다. 그래서 결혼식은 결혼쇼로서 한낱 허상에 지나지 않는다. 말하자면 결혼이라는 본질이 빠진 결혼의 껍데기이자, 결혼의 이미지에 불과한 것이 바로 요즘의 결혼식인 것이다. 사실 웬만큼 산다는 국가에선 그 쇼만 환상적으로 치르고 결혼을 못 견디고 다시 나 혼자 가구로 되돌아가는 인류가 증가하고 있다. 그야말로 방송의 가상결혼프로그램과 유사하게 말이다. 사실 인류는 생애에서 가장 충격적인 시기는 결혼시기이다. 여기서 충격이라는 의미는 가장 감정의 기복이 심해지는 그야말로 마음이 평정하지 않은 시기, 그래서 욕정·환상·현실이 뒤죽박죽되는 인류정신 최대의 혼돈의 시기가 바로 결혼시기라는 의미이다. 결국 남녀가 만나서 결혼을 한다는 것은 정신 못 차리는 시기로서 때론 가장 어수선한 정신적 시기라고 보면 된다. 그렇다면 정신 못 차리는 인류의 짝짓기시기를 한국인류에게 있어서는 어떠한지 한번 따라가 보자.

서로에게 호감을 느낀 한국의 미혼 남녀인류들은 서로에게 공주와 왕자인 것을 화려한 결혼식으로 확인받아야만 후회 없다고 믿는다. 그래서 결혼식이 치러지는 것이 아니라 그야말로 거행되길 바란다. 결혼식이 거행되는 날의 의상은 평소에 입을 가능성이 전무후무한 공주와 왕자 의상으로 바뀌어야 한다. 이는 모든 대륙을 막론하고 아주 오래전부터 있어 온 결혼의 가장 핵심적인 보여주기 형식이기도 한다. 한국은 조선시대 세종황제 때부터 시작하여 숙종황제 때 신숙주申叔舟가 완결한 국조오례의國朝五禮儀, 1474에서 다섯 가지의 의례인 길례·가례·빈례·군례·흉례 교본을 친절하고 알기 쉽게 그림으로 소개하고 있다.[40] 국조오례의에서는 혼인의례wedding ceremony도 읽어낼 수 있는데, 바로 가례와 길례에서다. 가례에서는 왕가의 성혼의례를 따라 해볼 수 있고, 길례에서는 왕자녀의 혼례를 그대로 재현해볼 수 있었다.[41] 물론 초기는 사대부nobility가 그 의례를 일부 따라 했지만 이는 서서히 조선 말기로 갈수록 곧 평민들에게까지 유행되었는데, 신부는 중전이 입었던 대례복full-dress uniform을, 신랑은 벼슬아치가 입었던 사모관대government official uniform를 평생 한 번 입어보는 하루 호사를 누릴 수 있었다. 그러나 이 의례들은 1910년 일본이 훼방을 놓으면서 그 보존이 순탄치 않았고,[42] 머지않아 양반이고 뭐고 할 것 없이 모는 한국인류의 궁정호사는 검은 양복과 허연 면사포의 유럽과 북아

---

40 민창문화사 편집부(신숙주 외),『국조오례의(474)』, 민창문화사, 1994, p.
41 배영기,『결혼의 역사와 문화』, 한국학술정보, 2006, p.110.
42 이수부,『글로벌 시대 혼인(결혼)의 역사 문화』, 동경, 2013, p.15.

메리카 대륙의 호사로 바뀌게 되는데, 이는 기독교 선교사들에 의해서였다. 선교사들은 포교를 하면서 그들의 그리스도교도의 결혼의례를 한국 신도여성에서 구별 짓기화했다. 그래서 보색묘미^{연두 · 적색}의 대례복은 순백색의 드레스로 바뀌게 했고, 청색묘미^{관복의 위엄}의 사모관대는 백인들의 야간용 약식예복인 턱시도로 하여 유일신 앞에 맹세를 하게 했다. 물론 초기에는 그 재현이 어려워 신부에게 한복에 하얀 보자기만 씌우거나 신랑에겐 셔츠를 말끔하게 입혔지만, 현재는 순백의 드레스와 그 야간정장을 입고 교회나 성당도 아닌 결혼식 전문점 안에서 맹세한다. 이게 바로 가장 일반적인 현재 한국의 결혼의례이다.

그런 한국 무신론자들에게까지 벌어지는 기독교의 결혼식, 이른바 기독결혼쇼가 이상한 것을 넘어서 결혼식, 즉 결혼의례 자체는 현명한 인류답지 못하다는 문제제기는 1975년쯤 프랑스의 캠퍼스에서부터였다. 당시 프랑스의 지성인들은 결혼식이라는 환상의 대가가 이렇게 많은 비용을 허비해야 하는지에 대하여 사회적으로 크게 문제화했다. 그리고 그들의 지적에 대하여 프랑스 시민들은 조촐하게라도 결혼식을 하는 것이 아니라 결혼식을 아예 하지 않을 것이라는 의견까지 내놓았다. 급기야 21세기 들어선 현재 프랑스는 결혼식 자체의 불합리함으로 번져나가서 예식 없이도 결혼하고, 양육과 부부생활이 전혀 이상하지 않은 확대가족 문화가 정착되었다. 그러나 한국은 그들보다 더 빠르게 1969년 우습게도 대통령이 직접 나서서 가정의례준칙^{family rite standards}이라는 것을 제정하여 시민에게 결혼식쇼는 하지 말고 결혼을 하라고 당부했건만 21세기 들어선 한국시민은 미동도 없이 환상결혼식을 아예 결혼으로 인식하는 것을 즐겼다. 돈이 프랑스인보다 많은가, 아니면 부두행위를 특별히 사랑하거나 둘 중 하나이다.

시민이 없는 가정의례준칙과 달리 시민이 있는 프랑스의 젊은이들은 이렇게 생각했다. 우선 너무 길어서 길바닥에 쓸려 어디도 나설 수 없는 하얗기만 한 옷과 변장된 얼굴의 신부, 신랑도 마찬가지, 성악을 전공하지 않은 사람이라면 평생 입어야 할 이유가 전혀 없는 제비 꽁무니의 검은 의상, 그렇다면 이 두 사람이 있어야 하는 공간은 귀족거주지인 성이어야 하지 않을까 하는 것, 그러나 우린 우리를 괴롭히는 형식을 원하는 것이 아니라 서로라는 우리의 그 본질을 원할 뿐이다. 과학시대에서의 환상은 허상이고 현실에서의 형식화 작업엔 매우 많은 비용을 유발시킨다. 그렇다면 프랑스의 젊은이들은 많은 비용이 드는 환상적인 결혼식 이데올로기를 않겠다는 것이었다. 그러나 우주인탄생 러시아 기술로 한국 최초로 우주여행을 하고 온 박소연 박사에 열광하는 21세기 자칭 과학의 나라 한국은 여전히 그 원시적 환상을 여전히 TV에서 공유하고 있다. 한국의 광고실무자 김태경 Kim Tae Kyung 은 한국의 젊은이들의 안일한 취업관을 질타하면서 TV에 빠질수록 현실을 삐딱하게 보는 젊은이들을 꼬집고 있다.[43] 그의 지적을 우리 한국인류의

---

43 김태경,『우리는 같은 병을 앓고 있다』, 쳄엔파커스, 2012, pp.154-157.

결혼식에 대입한다면 영상세대로 성장한 현재의 한국 젊은이들의 결혼관이란 결혼식이다. 그러니 고진하지 않은 상태에서 영상과 네트워크에서 재현되는 감래의 환상 결혼식은 감당하기가 어려워서 삐딱해지는 것이다.

귀족이 되는 호사의 날과 달리 결혼생활의 시작은 초라하기 짝이 없다. 궁전이 아닌 전세나 월세라는 방 한 칸, 드레스를 들어주는 하녀·하인도 없는 주방, 그렇다면 결혼을 결혼식으로 오해하지 말고 결혼을 결혼으로 이해한다면 결혼식에 소비할 돈은 결혼생활에 쓰는 게 현명한 인류로서 더 현명한 결혼계획이 아닐까 한다. 결혼식 날과 달리 상대적으로 빈곤한 나날 속에서의 귀족기념사진 바라보기는 더욱 허망하다. 그리고 무엇보다 결혼식 후 가족들의 태도는 예수를 섬기는 백인 귀족이 아닌 유교평민으로 돌변하는데, 우선 여성에게는 무한한 가사노동력을 요구하고, 남성에게는 비합리적인 가장책임감을 요구한다. 그래서 여성은 남자가족 집단에서 하녀가 되어야 하고, 남성은 그 하녀를 잘 돌봐주고 있다는 이유로 여성가족에게서 극진한 감사를 받아야 한다. 때론 이러한 결혼식과 결혼의 괴리는 배우자와 그 배우자의 가족집단에 대한 적개심을 낳게 되고, 급기야는 결혼식이 아닌 결혼에 대한 환멸을 느끼게 된다. 그래서 그런가, 한국에서는 그러한 결혼의 환멸을 사전에 은폐하고자 환상적 결혼식의 산업화가 더욱 거대하다. 그 산업은 이른바 웨딩박람회 wedding fair 라는 것으로 절정에 이르는데, 매년 한국에서 가장 거대한 무역전시관인 코엑스^{Convention & Exhibition}라는 곳에서 그 환상의 아이디어가 끊임없이 모색되고 있다.

동물과 다르게 인류는 많은 의례를 만들어 그들의 세련된 사회성^{sociality}을 강조해왔다. 물론 의례란 형식이기는 하지만 앞으로의 영원함에 대한 다짐이고, 그 다짐에 대한 가시적인 확인이다. 그러나 그렇다고 해서 그 형식이 현실을 압도함에는 문제가 크다. 지속적으로 인류가 진보를 거듭해서 여기까지 온 결혼은 결혼식이 되어버렸다. 그것도 너무나도 가식적인 예식이 되어버렸다는 것이다. 급기야 드라마에서는 결혼식을 해주지 못한 아내에게 미안해하는 남편과 이를 언젠가는 했어야 하는 아내의 귀족피해의식이 당연하게 투영된다. 그런데 인류에게는 그 어떤 동물보다 탁월한 습성이 또 하나 있는데, 바로 주체성^{independence}이라는 것이고, 이는 다른 말로 철학적 사고라고 한다. 동물과 비교된 인류의 주체성이 잘 이해가 안 간다면 개와 고양이의 행동을 비교해보면 된다. 개는 인류에게 있어서 최고의 친구라고 하는데, 그 친구와 달리 고양이는 자신의 의지를 방해받거나 무한정한 통제는 아무리 주인이라 하더라도 할퀴거나 공격을 시도한다. 다시 말해서 주인에 대한 고양이의 종속은 개처럼 무조건은 아니라는 것이다. 인류는 적어도 개 같지는 않았다. 여기서 잠깐, 오해 않길 바란다. 개의 의리와 고양이의 주체성은 매우 다른 개념이다. 다시 말해서 개는 멍청하고 고양이는 똑똑하다는 유치한 결론은 결코 아니다. 이는 결혼철학이 있느냐 아니면 결혼이데올로기에 빠져 있느

나에 대한 비유일 뿐이다. 다시 돌아와서, 그렇다면 프랑스와 다른 한국의 결혼식은 인류 각자의 주체성이 가장 최소화되거나 상실되어 버리는 시기라고 보면 적당한데, 바로 한국인류의 결혼식이란 주체성이 최대한 결여되고 사회성이 최대로 발휘되는 기이한 생애시기라고 보면 된다. 그래서 잠깐 귀족이 되어보는 것도 100% 주위 사람을 의식한 특별의상착용이고, 거금을 내고 궁전 같은 전문점을 구매하는 것도 주위 사람을 의식하는 소비이고, 결혼식 날만 최고급의 자동차를 타고 공항으로 질주하는 것도 주위 사람을 위해서이지 결코 결혼 당사자를 위함이 아닌 영혼 없는 의례인 것이다.

현대인류는 자신의 신체까지 자신을 위한 것이 아니라 주위 사람의 허락을 받기 위해서 위해를 가한다. 그래서 주위 사람을 위해서 머리 크기, 다리 길이, 허리둘레, 몸무게, 눈 크기, 코 높이 등을 맞춰하고, 칼로 찢는다. 진정 내 신체가 나의 것이라면 그렇게 아프고 못살게 할 필요가 있을까 하는 의문이 든다. 그렇다면 결혼이 진정 나를 위한 결혼이라면, 적어도 타인과 구별 짓기를 위한 수단이 아니라 나의 부부생활의 시작임을 다짐하고 그런 귀족놀이의 환상쇼는 그만둬야 한다. 프랑스의 사회학자 부르디외 Pierre Bourdieu가 개념화한 문화자본cultural capital의 축적 정도가 그 어느 때보다 요구되는 한국사회에서 그 자본이 극명하게 드러나는 생애주기가 바로 결혼쇼의 시기이다. 한국에서 최고의 계급분파는 땅 좀 있고 건물 좀 있는 계급들이다. 그리고 그 분파들이 한가할 때 축적한다던 문화자본은 단시간의 피아노학원교습으로 축적되는 것은 결코 아니다. 우아한 구별 짓기를 하고 싶은 욕구는 알겠지만 애초에 문화자본이 풍부한 것처럼 누구나 행하는 결혼쇼는 허망한 불꽃놀이에 지나지 않는다.

차라리 이런 구별 짓기 결혼은 어떨까 한다. 동거 부부의 보금자리를 방문한 적이 있다. 그 부부는 귀족놀이의 흔적인 결혼사진이 없었다. 그 부부는 결혼을 않고 세계 일주를 했다고 한다. 그리고 애초부터 둘이서 살아왔기 때문에 결혼기념일은 따로 없고 굳이 얘기하라면 정부에 혼인을 신고한 날이 그에 적당하다고 했다. 그런 만큼 그 두 인류는 자신들의 귀중한 주말시간에 방해가 되는 그 어떤 결혼쇼에 가지 않았다고 했다. 사실 옷 차려 입고 가기도 싫었다고 했다. 그런 부모에게서 태어난 귀한 아이들은 매우 천진난만했다. 마치 이들은 혀만 꼬지 않았지 한국인의 탈을 쓴 비혼 미혼이 아니라 결혼식 혹은 결혼하지 않은 부부를 의미함의 프랑스인들 같았다. 결국 인류의 즐거운 사회성은 무한히 많은 의례를 만들어냈고, 그 수많은 의례들은 또 다른 환상의례로 진화했다. 그러나 그 의례들은 정작 인류에게 있어서 정신적으로나 육체적으로나 전혀 즐겁지 않은 과도한 스트레스로서 불필요한 문화자본을 축적하게 했다. 그에 가장 대표적인 사례가 바로 결혼의 예식이다. 그렇다면 미국의 신학자 켈러 Timothy Keller 의 주장 결혼제도의 죽음과44 달리

---

44 Keller, T., 2011, The Meaning of Marriage: Facing the Complexities with the Wisdom of God, McCormick & William, New York. 최종훈 옮김, 『팀 켈러 결혼을 말하다』, 두란노서원, 2014, p.15.

결혼제도는 각자 어딘가에서 자기만의 방식으로 여전히 이루어지고 있을 뿐이며, 서서히 신과 사회라는 성가신 세속화에서 벗어나고 있는 것이 아닌가 한다.

요즘 인류는 예전과 다르게 자신의 배우자를 부모에 의존하지 않고 자신의 의지가 100% 반영된 이성인류를 찾아낸다. 그러나 그러한 연애주체성은 공식약속이라고 할 수 있는 결혼에서 머뭇거린다. 약속의 부담이 보여주기식 결혼식으로 체감되는 것이다. 그도 그럴 것이 미국의 윤리학자 데이몬^{William Damon}은 요즘 젊음이의 속성을 애기하면서 "약속을 두려워하기 때문에 결혼하지 않는 젊은이 인류가 많다"고 했다.[45] 요즘과 같은 한국의 이러한 결혼식이데올로기이라면 결혼식이라는 인류의 발명품은 처음 인류가 발명한 신나는 의도와는 전혀 다르게 최악의 방향으로 흘러가고 있는 것이다. 프랑스는 그래서 일찌감치 폐기했다. 그러나 한국은 아직까지 고수하고 있다. 차이가 뭘까 한다. 한국인에겐 주체성이 부족한 걸까, 아니면 사회성이 중요한 걸까 하는데, 두 인류의 사회를 막론하고 분명한 것은 누군가를 사랑한다는 것의 결말은 결혼식이 아니라 결혼이라는 것이다. 그래서 애정이란 서로에게만 중요한 것이지 남에게는 전혀 중요하지 않은 것이다. 내가 하면 로맨스로 끝나야지 남이 하면 불륜까지 알아내고야 마는 한국인류는 참 오지랖이 넓다. 이 대목에서 정말 필요한 한국

---

45 Tapscott, D., 2008, Grown Up Digital: How the Net Generation Is Changing Your World, The McGraw-Hill Companies. 이진원 옮김, 『디지털 네이티브』, 비즈니스북스, 2009, p.28.

인류의 명언이 있다. 정말 정말 친절해서 영화에 등장한 금자씨 Sympathy For Lady Vengeance, 2005 의 명언 "너나 잘 하세요." 말이다. 피곤하고 성가시고 때론 가식적인 형식을 조롱하는 프린스와 같은 작가가 등장하는 것도 결코 우연이 아니라고 보며, 그런 탈미몽화의 과정을 선도하는 작가는 결코 한국에서 탄생할 수 없음을 깨닫는다.

불안한 가상의 생활:
신용카드

인류를 포함해 지구 상에 모든 생명체는 미래를 위해 준비하는 방법을 알고 있다. 바로 '저축'이다. 저축이란 미래를 위해 현재 잉여의 자원을 축적해놓는 매우 건전하고도 여전히 세련된sophisticated 생활방식이다. 무늬다람쥐Asiatic chipmunk는 추운 겨울 동안의 먹을거리를 위해 땅속에 식량을 이리저리 파묻는 저축을 한다. 물론 다람쥐가 숨긴 장소 모두를 다 기억할지는 의문이지만 말이다. 또한 알라스카 회색곰Grizzly Bear도 동면에 들어가기 전 무늬다람쥐처럼 장독을 묻지는 않지만 사정없이 먹어대는 그야말로 그만의 저축을 한다. 그래서 그 오랜 수면 동안 회색곰은 죽지 않고 건강을 유지하는 것이다. 물론 동면을 마치고 세상 밖으로 나온 회색곰은 비쩍 말라 있긴 하지만 말이다. 그러나 아무것도 먹지 않고 근 3개월 동한 버틴 상태로 친다면 회색곰의 폭식저축은 놀라운 결과가 아닐 수 없다. 고로 분명한 것은 인류보다 훨씬 하등한 두 동물들도 미래를 위한 준비, 즉 저축을 명확히 알고 있다는 것이다. 사실 지구 상에서 가장 유명한 저축왕은 알다시피 개미이다. 생물학자들에 따르면 이 성실이 생물 개미의 가장 오래된 화석은 6천만 년 전이라고 추정하고 있다. 그렇다면 지구생물들의 저축역사는 그 오랜 역사 동안 지속된 것이지 인류만의 것은 결코 아닌 셈이다.

저축의 역사로 본다면 가장 짧은 생물이 바로 인류이다. 사실 초기 인류는 저축에 있어서 하등했지만 무늬다람쥐, 회색곰, 개미 등이 행하는 저축생활로부터 배워나갔을 것이다. 인류는 사계절이 뚜렷한 지역으로 이동하면서 미래라는 것을 깨닫게 되었고, 그 미래는 결코 수월하게 다가오는 것이 아님을 지난 얼음비가 내리던 때 굶어 죽어간 동료를 통해 느꼈었을 것이다. 인류는 난생 처음 하얗디하얀 솜이 하늘에서 내리기 시작하면서 굶주림의 시기를 학습했고, 두 번째로 내린 하얀 솜은 저축의 길로 인도했을 것이다. 이를테면 파묻거나 말리거나 절이는 식량저축 말이다. 그러나 현대의 인류는 세련된 인류답게 돈이라는 최고의 매체를 개발해 그 저축을 행하고 있다. 결국 현재 지구 상의 생물 모두는 미래를 위해 저축을 터득했다.

그런데 알다시피 지구 상의 그 어떤 생물보다 변덕이 심한 인류는 그 저축이 지겨워 또 다른 미래준비의 방법을 하나 더 개발해놓았는데, 바로 빚^{debt}이라는 것이다. 인류는 불필요했지만 빚 개발의 변명을 이렇게 말한다. "너무 다급한 나머지 어쩔 수 없었어요", "미리 당겨 쓰는 건데요 뭐", "지금이 아니면 후회해서", 인류는 현재 자신의 축적한 양으로는 도저히 감당할 수 없지만 그래도 뭔가 간절히 하고 싶어서 빚이라는 것을 개발했다. 그러나 빚이라는 것은 인류에게 있어서 매우 무섭고 불안정한 미래임에 틀림이 없다. 그런데 이 빚이란 것을 인류를 제외한 다른 종들이 진정 몰랐을까 하는 의문이 살짝 든다. 이미 6천만 년 전에 그 고약함이 확인되어 폐기된 유물은 혹시 아닐까 한다. 그래서 그런지 인류는 그 빚에다 그 고약함을 슬쩍 가릴 수 있게 작정하고 신용credit이라는 그럴듯한 포장을 씌워서 휴대하기 간편하게 플라스틱으로 물리화한 것은 아닐까 한다. 어찌됐건 플라스틱 머니Plastic Money가 탄생한 것이다.[46] 직사각형의 플라스틱은 그럴듯한 디자인으로 인류의 지갑에 자리했고 언제 어디서나 빚을 지는 사회를 가능하게 한 것이다.

인류가 개발한 신용이란 지구의 다른 종들이 행하는 공생symbiosis과는 전혀 다른 사회성인데, 악어새Egyptian Plover bird가 악어crocodile에게, 악어가 악어새에게 신용을 저버리는 법은 전혀 없다. 사실 이들 간의 신용은 금이 갈 수 있는 연약한 신용은 결코 아니다. 그래서 그런지 악어새와 악어는 공생의 언브레커블unbreakable 유대를 유지한다. 그렇다면 이 두 종에게서 서로의 관계란 깨질 수 있는 신용이라기보다 영원한 공생인 것이다. 그러나 그 관계에 인류가 끼어든다면 악어새와 악어처럼 견고한 신용, 아니 견고한 관계, 즉 영원한 협동은 느슨해지거나 끊어지고 말 것이다. 하물며 인류끼리의 신용이란 늘 위태로운 신용으로서의 약속을 지킬 것인가, 못 지키는가, 아니면 안 지키는가가 복잡하게 얽혀 있는 그야말로 위태로운 시스템이라는 것을 우리는 1929년 검은

46 Essig, L., 2011, American Plastic: Boob Jobs, Credit Cards, and Our Quest for Perfection, Beacon Press. 이재영 옮김, 『유혹하는 플라스틱』, 이른아침, 2014, p.22.

목요일 black Thursday 에서부터 최근 서브프라임모기지론 subprime mortgage loan 환란에서 뼈저리게 경험한 바 있다. 결국 빚이란 정말 어려울 때, 혹은 뜻하지 않은 미래가 닥쳤을 때 의존해야 할 인류들의 불편한 협약이다. 그래서 빚이란 빌려주는 사람은 불안하고 빌려가는 사람도 찜찜한 기분 나쁜 미래이다.

사실 빚이란 가짜의 저축상태로 보면 된다. 그럼에도 불구하고 그것이 가짜가 아닌 것처럼 느껴지는 이유는 바로 신용카드 credit card 라는 플라스틱을 손안에 쥐어주기 때문이다. 그리고 가짜의 저축상태는 가짜의 저축분량까지 한계를 설정해놓고 얼마만큼의 내 가짜저축을 풀어낼 수 있는지를 인류사회에서 매우 중요하게 자극시킨다. 그래서 가짜저축을 더 많이 퍼 쓰면 쓸수록 그 가짜의 저축 양은 더욱더 커지는 것을 암시한다. 그래서 그런지 인류는 그 양을 지속적으로 부풀리기 위해서 그야말로 가짜의 노력을 행하는데, 그 노력에 있어서 가장 모범적 인류가 바로 한민족이라는 인종이 몰려 사는 한국이라는 지역이다. 이 지역의 인류는 그 가짜의 저축상태의 사용이 가장 빈번한, 아니 아예 그 가짜의 저축상태를 사용하는 생활이 인류의 당연한 삶이라고 굳게 믿는 민족이다. 그래서 한민족이라는 인류에겐 신용카드란 생존의 방법이자 생활의 수단이다. 그래서 그들에게선 늘 위태롭고 불안한 가짜의 생활이 감지되곤 한다.

한국인류에게 있어서 가장 유용한 금융생활이 가짜저축이라면 한민족의 누군가가 그 가짜금융을 개발했을 법도 하지만 애석하게도 한민족은 아니었다. 우선 저 먼 섬나라의 앵글로색슨족의 왕조는 은행이라는 것을 개발하여 가짜저축이라는 제도지급준비율 10%를 마련했고, 또 앵글로색슨족의 신도시 뉴욕에 사는 기업가 맥나마라Frank McNamara는 1951년 어느 저녁 가짜저축을 대신하는 종이를 생각해냈다. 맥나마라는 하루는 뉴욕 거리를 걷다가 지갑을 분실했다는 것을 알게 되었다. 그는 그날 멋진 행색에도 불구하고 무전취식을 할 뻔한 자신의 상황에서 긴 한숨을 쉬고 나서 기발한 아이디어 하나를 토해낸다. 단골도 아닌 식당에 외상을 달아놓는 싸구려 신세보다 은행을 내세워서 맛난 저녁을 우아하게 먹을 수 있는 아이디어가 생각난 것이다. 바로 가짜저축을 대신하는 단 한 장의 종이증명서에 서명을 하는 것 말이다. 최초로 다이너스 카드가 탄생한 것이다. 이 카드는 회원들이 가맹 레스토랑에서 음식을 먹고 나서 식사비를 월말에 갚는 시스템이었다.[47] 은행에서 허락만 해준다면 시장의 장사치처럼 돈다발을 앞치마에서 꺼내는 것보다, 멋진 지갑이 불룩해지는 것보다 간단한 방법으로의 나의 결제, 생각만 해도 깔끔한 신사의 품격인 것이다. 사실 지금 멋진 신용으로 그럴듯하게 보이는 요 맥나마라의 센스는 편리성보다 우아함이 컸다.

그의 아이디어를 어디서 주워들은 미국은행Bank of America은 발 빠르게 신용이라는 미명으로 어디서나 빚을 질 수 있게 범용 카드

---

47 Freinkel, S., 2011, Plastic, Houghton Mifflin Harcourt. 김승진 옮김, 『플라스틱사회』, 을유문화사, 2012, p.295.

보급에 들어갔다. 드디어 오늘날의 카드방식으로 가짜저축이 역사적으로 탄생한 것이다. 카드의 재질은 우선 두꺼운 종이였지만 그 종이에서 금속으로, 금속에서 플라스틱으로, 플라스틱에서 모바일로 바뀌었다. 여기서 멈출 수는 없었다. 때마침 미국의 미래학자 커즈와일Ray Kuazweil의 주장대로 곧 다가올 특이점singularity을 감안한다면[48] 2025년쯤에 모바일카드는 인류 피하로 들어가 피부만 닿아도 빚 이자와 가짜저축 이자의 신용생활이 가능해질 수 있다는 것이다. 생각만 해도 금융 유토피아가 아닐 수가 없다.

이상Lee Sang은 그의 단편소설 『날개』the wing, 1936에서 1906년 일본이 한국에 설립한 미스코시三越백화점을 등장시킨다. 거기서 주인공은 백화점 옥상에 올라가 비로소 자신이 현재 어디에 있는지를 깨닫게 된다.[49] 사실 이 백화점은 한국 최초의 백화점이기도 했지만 한국 최초의 신용카드를 만들어낸 신세계백화점의 전신 백화점이기도 했다.[50] 미스코시백화점에서 동화백화점으로 변모했던, 지금의 신세계백화점은 1969년 한국에 카드를 처음 등장시켰다. 처음에는 회사 임원이나 직원을 대상으로 하는 통장식 신용거래로 시작하였다. 그 후 1974년 지금은 사라진 미도파백화점이 카

---

48 특이점이란 천체물리학에서는 블랙홀 내 무한대 밀도와 중력의 한 점을 뜻하는 용어로 잘 알려져 있으며, 사회경제적인 의미로 차용하여 너머를 알 수 없을 정도로 커다란 단속적 변화가 이루어지는 시점을 가리킨다(Kuazweil, R., 2005, THE SINGULARITY IS NEAR, Loretta Barrett Books. 김명남 외 옮김, 『특이점이 온다』, 김영사, 2007, p.23). 그래서 놀랄 만한 결과를 가져오는 특이한 사건을 의미하는 단어이다(Kuazweil, R., 2005, THE SINGULARITY IS NEAR, Loretta Barrett Books. 김명남 외 옮김, 『특이점이 온다』, 김영사, 2007, p.43). 따라서 나는 그의 저서를 읽고 기술과 신체가 결합되는 시점으로 이해했다.
49 이상, 『날개, 봉별기 외』, 푸른생각, 2014, p.77.
50 김상봉, 『신용카드의 이해』, 청목출판사, 2010, pp.13-15.

드시장에 진입했고, 은행에서는 1978년 외환은행이 비자카드사와 제휴로 카드를 발행한 것이 한국 신용카드의 효시이다.[51] 그때만 해도 한국 여건에 어울리지 않는다는 의견이 많았다. 다시 말해서 시기상조라는 걱정이었다. 그러나 신용사회에 있어서 늘 세련을 추구하던 신세계백화점은 이른바 신세계카드를 탄생시킨 것이다.[52] 우선 이 카드는 신용카드의 역할은 물론이고 백화점 이용의 호사스러운 특권도 수행하게 했다. 그러나 이는 극히 일부의 한국인류들에게 한정되어 있었다. 따라서 한국에서 본격적인 카드보편의 조짐은 비로소 외부인류들을 초대한 서울올림픽을 기점으로 크게 상용화된다. 한국정부는 개최 바로 전년도인 1987년 카드의 본격화를 가동시켰는데, 역시 신속하게 추진될 수 있었던 이유는 편법에 정평이 나 있는 한국인류다운 습성에서였다. 한국정부는 신용카드의 사용을 적극 장려하는 법률까지 만들었는데, 1987년부터 국민 모두에게 우선 빚을 지고 생활하는 것을 선진금융으로 계몽하기 시작했다. 지갑에 동전과 지폐 몇 장을 대신하는 신용카드가 여러 장 있어야 하는 이른바 빚의 보편문화가 한국에서 시작된 것이다. 사실 정부는 은행을 통해서 국민들의 씀씀이를 모두 보고 싶었던 것이 아닌가 한다. 안개 걷힌 맑은 하늘처럼 훤히 말이다. 그렇다면 한국의 신용카드는 맥나마라의 우아함보다 정부의 엿보기로 시작된 의도가 더 컸던 것으로

---

51 김인호, 『백화점의 문화사』, 살림, 2012, pp.67-68.
52 신세계백화점, 『신세계 개점 70주년 기념 화보집』, 신세계백화점, 2000, p.25.

느껴진다. 이윽고 한국에서는 남의 저축을 빚으로서 우선 빌려서 쓰고, 사후에 갚아나가는 경제활동감시의 금융문화가 정착되었다. 그러나 요상하게도 그 감시는 개미같이 성실이 서민^{low incomer}에게만 철저하게 이루어질 뿐 돈으로 거들먹거리는 자^{chaebol}에게는 그리 잘 적용된 것 같지는 않아 보였다. 가끔 한국의 개미들은 신용카드 결제를 거부하는 점포를 정부에 일러바치는 진풍경도 벌어지는데, 이는 서민들끼리 누굴 위해서인 줄도 모르는 소탐풍경인 것이다.

인류는 미래를 대비하는 방법을 저축에서 빚을 지는 것으로 전환하였다. 그래서 우선 빚을 지고 조금씩 갚아나가는 발 뻗고 자기 어려운 생활을 시작한 것이다. 빚을 지기 위한 이유는 여러 가지가 있겠지만 신용카드를 이용해야 할 이유는 원래 맥나마라처럼 먹을거리 한 끼 정도였다. 그러나 그 이유는 매우 거대한 규모로 확대되어 자동차에서부터 현재는 가장 거대한 규모의 집과 토지에 이르기까지 실로 대단하다. 그래서 집도 돈을 꿔서 구매할 수 있는 보편적 대상이 되었다. 그러나 이는 명백히 내 집이 아닌 가짜 내 집인 것이다. 그리고 급기야 그 가짜 집의 비극적 결과는 알다시피 미국에서부터 시작되었다. 2007년 미국엔 서브프라임 모기지론 회사[3단계 주택담보대출등급회사에서 3등급^{저신용 · 저소득층 대상} 회사]인 뉴센트리 파이낸셜^{New Century Financial}이 파산신청으로 대재앙이 불어닥쳤다. 이른바 서브프라임 모기지론 재앙^{subprime mortgage crisis}이라고도 하는데, 이는 미국인류만의 재앙이 아니라 전 세계적인 빚 시스템에 제동을 걸리게 했다. 가짜 내 집, 즉 자기 집이 아니라 은행 집이어서 쫓겨난 미국인류들의 걸인과 노숙생활이 시작된 것이다.

취득할, 취득하고 싶다면 그에 상응하는 돈이 지불되어야 한다. 그러나 그 돈이 모자라다면, 혹은 저축액이 모자다라면 더 저축해서 나중에 취득하면 되고, 없다면 그 자리에 머물거나 일찌감치 포기하는 것이 기분 좋고 쉬운 경제 원리이다. 그러나 인류는 이를 망각한 채, 남의 저축_{지급준비율 10%만 빼면 다 뻥튀기 저축임}으로 본다면 미리 당겨쓰는 기분 나쁘고 어려운 원리만을 선진적인 금융생활이자 현대성으로 착각해 남용해왔다. 사실 아무리 딱해도 서민에게서 세금은 꼭 받아내야겠다는 정부, 대부업의 다른 이름 은행, 그리고 주택광고를 일삼는 건설사, 이 셋이 만들어낸 그럴듯한 내 집 마련의 이데올로기는 서민에게서 피할 수 없는 매력적인 소유욕 실현을 부추겼다. 그에 속아 넘어가 빚을 진 서민들은 결코 내 집이 아닌 내 집에서 살게 된 것이다. 알다시피 거대한 월세나 다름없는 재산세, 은행이자 등은 네 것이 아니라고 정기적으로 독촉을 한다. 정부도 은행도 기업도 더 이상 뱅크런_{bankrun}을 두려워하지 않는다.

사실 인류 중에 가장 낮은 위치에 있는 서민은 저축의 동물로 알려진 개미 못지않게 가장 근면 성실하게 살아왔으며, 회색곰 못지않게 혹한을 위해 준비하는 습성도 남달랐다. 또한 무늬다람쥐만큼 다양한 곳에 돈을 차곡차곡 저축하기로 유명했다. 그런데 한 가지 이들에게서 가장 큰 약점은 바로 집이 없다는 것이다. 그래서 빚을 져서 집을 구매할 수 있다고 꼬드긴 정부, 은행, 건설업자들은 원래 이들과 공생의 의지가 전혀 없었음을 서민은 깨달았어야 했다. 맹추 같은 서민은 무서운 미래, 빚을 내어서 내 집 아닌 내 집을 취득한 것이 화근이 되어 걸인으로 급락한 경우가 미국엔 허다하고 한국에선 쉬쉬하여 고달프게 산다. 영국의 사회학자 슬레이터Don Slater는 현대의 소비문화를 비판하면서 무한정한 욕구에 제동을 거는, 즉 올바르게 제한하는 응집력이 부재한 사회는 필연적으로 고통의 원천이라고 했다.[53] 이는 다시 말해 세금을 늘리고자 하는 정부의 욕구, 이자를 확대하고 싶은 은행의 욕구, 수익을 더 창출하고픈 건설사의 욕구, 경제력 없이 집을 소유하고 싶은 서민의 욕구는 무제한적으로 시장을 팽창시켜 주지만 고통을 담보로 팽창된다는 이치를 지금 막 첫 월급을 받은 신인류는 명심하길 바란다.

한국으로 또 돌아와서 한국은 그 윤똑똑이의 서민의 시름이 더하다. 그러나 그럼에도 불구하고 한국은 우선 빚으로 구매하는 신용카드가 여전히 모든 의식주 구매의 유일한 수단이다. 그래서 이미 돈이라는 현금은 없어지고 말았다. 물론 이 빚 카드는 편리하다는 장점도 있지만 정부가 일거수일투족 서민의 금융행보를 모두 파악하여 통제한다는 기분 나쁜 사실과 세금징수의 완벽함

53 Slater, D., 1997, Consumer Culture and Modernity, Polity Press Limited. 정숙경 옮김, 『소비문화와 현대성』, 문예출판사, 2000, p.113.

의 의미가 더 크다. 한국에서 맥나마라와 같이 식당에서 황당함에서 비롯된 아이디어를 낼 사람이 몇이나 될까 한다. 내 수중에 준비되지 못한 돈이라면 뉴욕의 거리활보도 없었을 것이고, 식당에 가려 하지도 않았을 것이다. 왜 "돈 없으면 집에 가서 빈대떡이나 부쳐 먹지"라는 노래가 한때 한국에서 유행한 것을 보면 한국선 신용카드의 아이디어가 결코 나올 수가 없었던 토양이다. 한국인류는 굳이 나에게 없는 돈을 남에게 빌려서 식당에 가거나 굳이 체면을 구겨가며 밥을 사 먹지도 않았을 것이고, 더 나아가 하우스 푸어 House Poor도 양산되지 않았을 것이다.

인류는 지구에 사는 그 어느 생명체 못지않게 저축의 중요성을 잘 안다. 그러나 아이러니하게도 그런 인류는 남의 저축을 빚을 내어 미리 가져다 쓰는 저축과 전혀 상극의 생존방법, 빚카드 debt card를 만들어냈다. 인류보다 훨씬 오래전부터 지구에 기거해왔던 개미도 미래를 준비하는 방법에 대하여 저축만큼 좋은 방법은 아직 못 찾은 것 같다. 결코 인류보다 하등하지 않은 경제생명체 개미이다. 서민에게 있어서 언젠가는 필연적으로 폭삭 망하게 하는 빚카드는 인류에게서 개발되지 말았어야 했다. 신용카드라는 미명에 가려진 빚카드는 분명히 인류 최악의 발명품이다. 맥나마라는 빚카드를 자신의 멍청한 생각쯤으로 치부해버리고 입 밖에 내지 말았어야 했다. 한국은 신용카드를 선진금융이라고 깝치지 "재촉하다"라는 경남지역 사투리 말았어야 했다. 그러나 인류는 갚다가 갚다가 다 갚지 못하고 황혼기에까지 채무의 고달픔으로 부채인생을 만끽하고 있다. 결국 고통을 담보로 돈을 빈번하게 꾸게 하는 그 기원 신용카드는 고통스러운 미래의 암시인 것이다. 고통의 편리를 택하겠는가? 불편의 행복을 택하겠는가?

공허한 개념:
정의

미국의 언론학자 알철^{Herbert Altschull}은 대부분의 현대인류가 철학과 이데올로기를 혼동하는 경우가 많다고 지적했다. 그에 따르면 철학은 현명하게 애정을 베푸는 것을 의미하고, 이데올로기는 지극히 개별적인 신념이라고 한다.⁵⁴ 따라서 똑똑하고 애정 어린 지혜와 거리가 먼, 때론 괴변일지 모르는 이데올로기는 있을지언정 괴변으로 평가받는 철학은 있을 수 없다는 얘기다. 그러나 안타깝게도 세상은 철학으로 흘러가는 것이 아니라 늘 상대적인 이데올로기로 흘러가고 있으며, 그것은 곧 정의로 해석되기가 더 빈번하다. 계몽이 한창이던 시절 몽테스키외^{Montesquieu}는 그 정의를 승리하게 하는 법이야말로 정말 좋은 법이라고 했다. 그 시절 소문난 세상 비판쟁이 볼테르^{Voltaire}도 사실 정의에 대하여 관심이 많았다. 그래서 그의 저서 『철학사전』^{philosophical dictionary}은 계몽을 속 시원하게 알고자 했던 당시 인류들에게 인기였다. 그러나 그 정의를 소지한 자는 정의롭지 못하게 사형된 것을 보면 당시의 정의도 정말 정의롭지 못한 요물이었던 것은 분명하다.

---

54 Altschull, H., 1990, From Milton to Mclihan: The Ideas Behind American Journalism, Longman Publishing Group. 양승목 옮김, 『현대언론사상사』, 나남, 2007, pp.38-39.

나중에 승리하게 하는 법이라도, 일단 잡아갔다 하더라도 "언젠가 정의_{justice}는 승리한다"라는 말이 있다. 그래서 인류는 세상을 사필귀정_{Justice will prevail} 으로 흘러갈 거라 굳게 믿지 않았던가 한다. 그리고 그 믿음직한 사례는 인류 세상에 얼마든지 널려 있기 때문에 고달프고 때론 분해도 그 정의를 위해 싸워줄 것을 어린 시절 만화영화를 통해 당부 받았다. 그런데 인류는 언제가 오게 될 정의승리의 카타르시스는 인류가 만들어낸 드라마와 소설 내지는 영화에서만 넘쳐날 뿐, 정작 인류가 실제 숨 쉬는 지구엔 없다고 생각한지 오래다. 아니 원래 존재하지도 않았다. 맞다, 그 옛날 밀턴_{John Milton}이 확신했던 자동조정원리_{the self-righting principle}가 다름 아니라 필히 정의로 돌아간다는 세상 원리인데, 이는 원래 없는 것이나 다름없다. 그래서 정의의 승리란 전혀 이루어진 바 없었다는 인류정의사의 결론이다. 결국 인류가 최고로 경외하는 사상인 정의란 거창한 관념에 지나지 않는다고 보는 편이 속 편하다.

　　사실 그 계몽자들보다 더 오래전에 아리스토텔레스_{Aristotle}는 중용_{Gold Mean}이라는 한시적인 정의규준을 따라볼 것을 권장했다. 그러나 당하는 소수 입장에서는 그리 쓸모 있어 보이지는 않는다. 그래서 그런지 21세기에 들어서 미국의 철학자 샌들_{Michael Sandel}은 2010년부터 그 정의가 얼마나 정의하기 어려운지를 전 세계의 인류에게 연설하기 시작했다. 한국인류는 한동안 EBS를 통해 그 애절함을 확인할 수 있었다. 그의 정의는 다양한 진퇴양난의 사례를 많이 제시하고 있었는데, 그래서일까, 그를 통한 정의는 간단했던 개념마저도 너무나도 어지럽게 했다. 샌들의 정의 아닌 정의가 있기 전까지 인류는 아주 먼 옛날 고대 철학인들의 정의에 의존했다. 그러나 생각해보면 왠지 그들의 경구도 정답 같지는 않는다. 수사의 묘미를 온 세상에 설파하고 다녔던 고르기아스Gorgias도 사실 믿을 만하지 못했다. 오히려 그로 인하여 오늘날의 세상은 온통 수사로 풍성해졌고, 정의란 그 수사에 늘 숨어 있는 꼴이 되었다. 정의가 가려진 상태가 바로 세상의 이치가 되어 버렸다. 2045살로 여전히 살아 숨 쉬는 소크라테스Socrates의 언명 Dura lex, sed lex은 정의에 대한 변함없는 준수미덕 같지만 드라마틱한 그의 말년을 빛내줄 세계적 감동거리일 뿐이었다. 사실 감동은커녕 법 자체가 바로 악악스러운 상황에서 우매한 나로서는 정의로운 발언이라기보다 변명 같아 보이기까지 하니 말이다. 계몽주의를 냉랭하게 보기 시작한 시절의 인류는 칸트Immanuel Kant의 순수이성비판the Critique of Pure Reason을 통하여 과감하게 세상을 알려고 따져봤지만 세상은 정의인식의 구성주의대로 움직여주지 않았고, 헤겔George Wilhelm Friedrich Hegel의 변증법dialectics대로 수천 번을 변증해왔건만 현재의 정의도 인류를 이렇다 하게 납득시켜 주지 못하는 변덕을 부렸다. 결국 이러한 인류의 현학적 사유과정은 정의 자체가 애초에 없었음을 확인시켜 주는 대목이 아닌가 한다.

그래도 인류는 정의란 늘 지켜지거나 지금 지켜지지 않으면 나중에라도 지켜질 것이라고 굳게 믿으며 살아간다. 그러나 다시 반복하지만 정의는 없다. 그럼에도 불구하고 인류는 인류최고의 이성을 정의로 꼽는다. 참 안타깝게도 말이다. 주차장에서 이웃 집의 차를 긁어놓은 사람을 봤다. 다양한 조치를 취할 수 있을 것이다. 예를 들어, 가서 따지기, 이웃에게 알리기, 모른 척하기 등등 어떤 것이 가장 정의로울까 한다. 우선 가서 따진다면 당사자도 아니면서 경찰도 아니면서 나서는 모습이 그리 정의로워 보이지 않는다. 또 차주인 이웃에게 바로 일러바치는 것도 어린 시절 어머니가 제일 못된 짓이라고 분명히 그랬다. 그렇다고 해서 모르는 척하는 것도 못될 것까지는 없지만 비겁하다는 생각이 뒤통수를 불편하게 한다. 결국 어떤 경우로든 정의로운 것이 없어 보인다. 더 거대하게 생각해볼까 한다. 지구 주변을 맴도는 달에 석유보다, 석탄 못지않게, 천연가스는 저리 가라의 헬륨3Helium-3이라는 에너지원이 존재한다고 하는데, 그 헬륨을 처음 발견한 인류는 리David Lee 오셔로프Douglas Osheroff 리처드슨Robert Richardson이라는 미국의 물리학자 3총사이다. 물론 1996년 그로 인해 그들은 노벨상을 수여받았다.55 그렇다면 그 달 덩어리에 있는 헬륨3는 누구의 것일까요? 한다면, 헬륨3를 제일 먼저 발견하고 달까지 맨 처음 탐사한 미국의 것, 아니면 달은 지구의 모든 나라에 둥둥 떠 있으니 독점할 수 없는 것, 또 아니면 이미 외계인이 맡아놓은 것이니 외계인의 것, 그렇다면 인류는 외계인에 대항하여 인류소유를 주장할 수 있을지도 의문이다. 난 지구생명체로서 외계인과 싸우는

---

55 The Nobel Foundation, 2014, The Nobel Prize in Physic. 이광렬 외 옮김,『당신에게 노벨상을 수여합니다』, 바다출판사, 2014, pp.478~480.

것을 지지하지만 외계인의 말을 들어보면 그게 아닐 것이다. 에너지를 찾아 그 먼 곳에서 갖은 고생을 해가며 여기까지 와서 맡아놨는데, 인류에게 니들은 뭐야 한다면 이도 이해할 만하지 않을까 한다. 샌들의 주장과 같이 정의로운 것이 무엇인가 하는 의문은 매우 크게 부각되는 대목이다.

한국이라는 국가는 현재 두 개의 정의로 나뉘어 있다. 이걸 한국에서는 흔히 이념 ideology·philosophy·principle·values·stereotype·concept 이라고도 한다. 그러나 두 지역에선 그게 바로 정의이고 법이다. 물론 난 남한의 정의가 옳다고 본다. 남한사람들이 보기에 북한은 정의롭지 못한 못된 국가다. 또한 북한사람들이 보기에 남한사람들도 정의롭지 못한 나쁜 나라이다. 그렇다면 그 중간은 뭘까 한다. 즉, 가장 정의로운 한국인류의 국가상태는 뭘까 하는 것이다. 독일에 사는 한국인 사회학자 송두율 Song Doo Yul 은 1991년 남한의 정의와 전혀 다른 북한학계의 강의 초청에 응했다. 그리고 학계의 초청으로 남한도 마찬가지로 요구해왔다. 그러나 남한은 북한에 실제 당도한 그의 행보에 대하여 당분간 그를 거부했다. 당시 언론은 그의 그런 행보를 빗대어 이른바 경계인 marginal man 이라고 불렀다. 이는 두 정의의 경계에 있다는 뜻이다. 내 기억으로 한국의 김대중 대통령 Kim Dae Jung, 한국의 15번째 대통령 은 북한을 미국의 카터 대통령 Jimmy Carter, 미국의 39번째 대통령 처럼 친근하게 대했다. 그러나 한국의 이명박 대통령 Lee Myung Bak, 한국의 17번째 대통령 은 북한을 미국의 부시 대통령 George Walker Bush, 미국의 43번째 대통령 과 같이 못마땅해했다. 이렇듯 시시각각으로 변하는 정의의 변덕은 미천한 시민인류에게 있어서는 빈번한 적응을 요구했다. 결국 정의는 늘 인류에게 새로운 적응을 요구하고 그에 적응하지 못하면 정의롭지 못한 자가 되거나 긴급하게 자신의 정의를 수정하게 한다. 그래서 그 변덕스러운 정의에 둔감한 인류는 오히려 변경된 정의 때문에 골탕을 먹거나 때론 큰 재앙에 직면하게 된다. 소크라테스도 그랬을 게다.

정의는 다음과 같은 공식이 따른다. 소크라테스가 주장한 인류의 선한 본성Good Nature Principle이란 사실 없는 것이다. 오히려 인류는 선해 보이는 그럴듯한 결과만을 따를 뿐이다. 그래서 1862년 배고픈 조카 7명을 위한다는 선한 장발장Jean Valjean (위고 Victor Hugo 의 소설 『Les Misérables불쌍한 사람들』에 나오는 주인공 이름)의 본성은 철저하게 무시될 수 있었던 것이다. 2003년 미국의 이라크 침공은 이라크 해방이 되었다. 사실 샌들의 세기인 21세기 이전에 20세기는 역시 미국 철학자 롤스John Rawls에 의해서 정의가 평정되다시피 했다. 그는 기회균등equal opportunity이라고 하였다. 그러나 기회균등은 모든 데모그래픽스가 감춰진 상황에서 기회균등일 뿐이다. 그래서 겉으로 보기에는 기회가 균등한 것처럼 보이지만 개별적 사정을 살펴보면 어떤 인류는 출발선보다 훨씬 멀리서 죽기살기로 준비만 하다 죽고, 또 어떤 인류는 도착선 바로 앞에서 별준비 없이 도착한다. 이를테면 환경문제로 온실가스배출의 제한은 G7Conference of Ministers and Governors of the Group of Seven Countries들만의 정상회담에서는 당장 취해야 할 정의로운 일이지만 나머지 230개국은

G7이 이미 헤저어 놓은 진창지구환경을 떠안아야 하는 것은 물론이고 자국경제를 위협하는 정의롭지 못한 불균등한 기회에 난색을 표하는 것이다. 결국 정의란 고함 소리의 강도가 큰 인류들의 주장에서 비롯되는 결과를 개별사정이 가려진 채 주워지는 기형의 기회인 것이다. 이쯤 되면 정의란 매우 견고하고 관대하며 세심해 보이는 껍데기이미지일 뿐이고, 그 본질은 가장 견고하지 못하고 관대함 없이 자혜롭게 적용되지도 않는 알맹이로 알아야 옳다. 고로 세상에는 정의로운 제도는 없을뿐더러 정의로운 인류도 없는 것이 감지되는 것이다.

현재까지 가장 정의롭다는 감탄의 인류정의산물, 민주주의도 전 세계적으로 모두 '집단사고'오류에 빠져 있다. 정의를 실천한다던 사회주의실험은 전 세계적으로 대단했지만 정의의 근처에도 가지 못했다. 그 결과 만들어진 인류의 실수가 바로 전쟁이었다. 그리고 인류는 전쟁의 결과에 따라서 들쑥날쑥한 정의로 역사를 정의하고 있는 것이다. 이를테면 미국의 남북전쟁에서 남군의 승리였다면 남쪽 사람들의 고충이 세상에 알려졌을 것이고, 그 고충의 최전선에 섰던 남군 장군 리^{Robert Lee}가 미국의 17대 대통령이 되었을지도 모르는 일이다. 그래서 링컨^{Abraham Lincoln, 16번째 미} ^{국 대통령}은 노예해방^{the emancipation of slaves}이란 불리해진 생색내기로 드러났을지도 모르는 시나리오이다. 제2차 세계대전의 전범국가로 알려진 독일의 경우도 마찬가지이다. 사실 끔찍한 대량학살이었지만 전혀 이유가 없는 것은 아니었다. 늘 주변사람들로부터 놀림받아 온 사람이라면 그에 대한 보복이 어떤 방향·형태로든 터져 나오기 마련이다. 당시 유럽 전역에 게르만족에 대한 암묵적인 비하는 독일인을 화나게 했으며 때마침 경제 불황과 지난 제1차 세계대전에서 독일에게 속 시원하게 교통정리를 못 해준 탓에 그 엄청난 결속을 가능하게 했다. 만에 하나 상상이지만 독일이 승리했다면 홀로코스트는 노아 Noah, 성경의 창세기에 기록된 카인의 후예 방주 밖에 있는 자들에 대한 대청소로 취급되었을지도 모르는 일이다. 하다못해 이성계 Yi Seong Gye, 조선의 첫 번째 국왕는 조선의 건국자이지만 고려의 반역자였다는 것은 한국인류라면 한번 짐작해봄 직하며, 만약 고려가 21세기인 현재까지 건재했다면 이성계는 한국인류 최대의 악인으로 취급받았을 것이다. 결국 정의란 매우 가변적이다. 그래서 영원한 기준은 없으며, 그렇기 때문에 그 가변에 발 빠르게 수용하는 인류만이 정의라는 혜택을 누릴 수 있는 것이다.

인류는 정의라는 가변적 사고를 매우 거창한 개념인 것처럼 인류의 어린 시절부터 학습시켜왔다. 그래서 정의란 인류에게 있어서 필연적인 귀결인 것처럼 인식되는 개념 중에 하나이다. 그러나 정의는 알량한 나생문 rashomon들에서 승리자들의 논리일 뿐인 정의 아닌 정의인 것이고, 그렇게 결판난 정의는 찬양되고 역사에 기리 남는 것이 정의로운 역사가 되는 것이다. 이렇게 생각해보면 어떨까 한다. 지구의 주인은 인류일까, 나무일까, 생쥐일까, 바퀴벌레일까 하는 것이다. 많은 SF영화에서 외계인의 침공 혹은 방문에서 협상과 갈등의 주체는 항상 인류이다. 그중에서도 미국

인류이고, 또 그중에서도 미국대통령이다. 지구에 존재하는 많은 생명체와 아무런 민주적 의논도 없이 미국대통령은 외계인을 수용하거나 거부하는 주인행세를 한다. 알다시피 할리우드영화 〈아바타〉avatar, 2009에서 나비족은 자신들의 판도라행성의 모든 생명체와 의논해가며 외계인인 인류와 맞섰다. 인류보다 진보된 정의를 꾀하고 있었던 것은 아닐까 한다. 물론 그도 인류가 만들어낸 영화지만 말이다.

결국 이렇게 있으나 마나 한 지나칠 정도로 유동적인 기준, 즉 '정의'를 인류는 왜 만들었을까 하는 의문이 든다. 이쯤 되면 적어도 인류사용의 정의는 인류가 만든 최악의 발명품으로서 퇴출시키거나 아니면 아예 '변덕'이라는 용어로 교체시키는 것이 더욱 적절하다고 본다. 정의를 위해 싸운다며 죽어간, 아니 기꺼이 희생한 전우들만 불쌍할 뿐이다. 아마 이라크군도 미군도 모두 정의, 아니 변덕을 위해 싸웠을 것이다. 그래도 정의가 영원불변하다고 굳게 믿고 싶은 감정이 가시지 않는다면 늘 지혜로워서 정의로운 인류로 평가받는 솔로몬Solomon 등장의 성경은 그만 접어두고, 이제는 승려 설두중현Xuedou Zhongxian이 세심하게 완성한 불서 벽암록Blue Cliff Record · 碧巖錄을 들쳐보길 바란다. 거기엔 자연을 통해 옳고 그른가의 기준, 즉 정의의 다른 이름으로서 변덕스러운 정의whim ethics 사례가 너무나도 많다. 꼭 참고하길 바란다.

또 다른 차원의 메타 권력: 퍼스트레이디

권력이 가장 우세한 단 한명의 인류가 세상을 지배하던 시절 한 나라의 제일 높은 인류는 단연코 그 지배자인 국왕이었다. 그리고 버금가지는 않았지만 그 국왕을 둘러싼 가족들 모두 역시 그 군주와 같은 마제스티^{majesty}였다. 가족 중에서 남성군주의 배우자라면 왕비에 해당하는 자를 옆에 끼고 있는데, 어떤 면에서 이 여성도 군주 못지않은 또 다른 형식의 권력의 소유자였다. 그래서 임금은 나라의 아버지, 그 아내는 나라의 어머니로 대대로 인식되기도 하였다. 이 지체 높은 양반들은 요즘으로 따지면 국민의 아버지, 국민의 어머니인 셈일 게다. 그러나 그 옛날 국왕과 왕비는 지금처럼 얄팍하고 일시적인 상징으로서 아비어미가 아니라 무서운 권력자로서 영원한 백성의 부모였다. 그러한 불멸할 것 같은 영원의 권력이 썩 물러가던 20세기에 접어들면서 인류는 그 국민아버지를 국가대표^{President}로 명칭변경을 시도하였고, 어머니는 그 대표의 부인^{President's wife} 정도로 불렀다. 이는 군주시대와 비슷한 권력자들이기는 하지만 4년이나 5년 정도 지나면 권력물이 쏙 빠지는 비정규권력으로 돌아간다. 적어도 이론상으로 그렇다.

세수가 턱없이 부족한 21세기에 접어들면서 인류는 그 내외에게 모든 권력을 주지 않으려 했다. 왜냐하면 한 국가의 대표는 여성이든 남성이든 하나면 되지 굳이 그 아내까지 더 나아가 그 배우자까지 챙길 이유는 아무것도 없었던 것이다. 물론 그들은 더 이상 국민의 아버지도 어머니도 아닌 국민을 대표할 만한 단 한 명의 정치직업인이었던 것이다. 그러나 그러한 21세기에도 국민에게 아버지를 어머니를 강조하는 신민의 나라는 얼마든지 존재한다. 가장 대표적인 나라가 유럽에선 영국_{United Kingdom of Great Britain and Northern Ireland}이라는 왕국_{Kingdom}이, 아시아에선 일본국_{Japan}이라는 괴왕국이 그에 속한다. 우선 영국은 국가명칭 표기와 같이 그레이트브리튼 섬 잉글랜드, 스코틀랜드, 웨일스, 북아일랜드가 연합된 섬나라로서 여전히 군주가 그 모든 군도를 지배한다. 아시아의 같은 섬나라인 일본도 마찬가지로 일본국이라는 명칭 아래 기다란 열도들_{홋카이도, 혼슈, 시코쿠, 규슈}을 한데 묶어주는 군주 국가이다. 그런데 일본의 왕이 영국의 왕과 좀 다른 것은 아예 신_{God}으로 취급된다는 것이다. 이른바 천황_{The Emperor of Japan}이라고 부르는데, 무지몽매_{lack of enlightenment}한 신민 시절의 호칭을 국민 스스로가 21세기에도 원한다는 것이다. 그래서 일본의 왕은 천국과 다른 생으로 인도한다는 예수와 석가와도 같은 살아 있는 영인인 것이다. 섬나라 왕국의 얘기는 여기까지 하고 그 외에도 현재 여전히 군주가 지배하는 왕국은 의외로 많은데, 네덜란드, 스와질란드, 말레이시아, 브루나이, 모로코, 부탄, 바레인, 오만, 타일랜드, 사우디아라비아, 요르단, 쿠웨이트, 통가, 조선민주주의인민공화국_{민주주의국가}

에 이르며, 바티칸은 좀 다른 형태지만 일본과 유사한 신격왕국에 속한다. 물론 이 왕국들은 과거에 절대군주의 권력과는 상대적으로 입헌군주국constitutonal monarchy의 권력형태를 유지하지만 일부는 여전히 왕의 절대적 권력을 유지하기도 한다.

21세기에도 분명히 왕국은 적지 않게 존재하며, 그런 만큼 이런 왕국에서 때론 왕권의 버금가는 권력을 지닌 자, 즉 왕비도 존재한다. 그렇다고 해서 현재의 왕국에서 아주 오래전 악명 높았던 왕비의 권력을 읽어낼 수는 없다. 사실 여성권력자들의 은밀한 권모는 워낙 소리 없는 파워라서 드러나진 않았지만 오히려 국왕의 무시무시한 보호 아래 극도의 안락감이라고 해야 옳다. 알다시피 중국 당나라 최고의 전성기를 이룩한 당명황의 아내 양귀비Yang Kuei fei는 그의 미모로 그 현종을 씩씩이에서 멍청이로 만들어놓았다.[56] 24시간 배우자에게 교태를 부릴 수 있다는 것은 극도의 평안에서 비롯된 권력이다. 프랑스의 우유부단쟁이 루이 16세의 왕비인 앙투아네트Marie Antoinette는 백성들이 못살겠다는 원성도 모르고 보석스캔들과 염문스캔들에 휘말렸지만 누릴 것 없이 다 누린 권력자의 손색없는 고급 아내였다. 사실 궁정사회의 대표적인 상징은 바로 아름다운 여인들에서 비롯된다. 그러나 그들은 아름답기만 한 것이 아니라 그 뒤에 소리 소문 없이 아래로부

---

56 장숙연, 中國歷史上的 十大女生, 2011. 이덕모 옮김, 『중국을 뒤흔든 불멸의 여인들』, 글누림 출판사, 2011, pp.78-79.

터 권력이 형성되어 있기 때문에 오랫동안 백성들로 하여금 찍소리를 허락하지 못하게 했다. 보기에는 권력에 초연한 우아한 여성이지만 이들에게 잘못 걸리면 능지가 처참되는 것은 물론이고 한여름에 서리도 내리게 하는 존재가 바로 왕비였다. 왕궁에서의 여인의 권력은 왕권보다 더욱 범접하기 힘들고 어려운 물귀신과도 같은 권력이었다. 그렇다면 왕비의 권력이란 거창하지는 못하지만 그렇다고 해서 경시하기 어려운 또 다른 차원의 메타권력인 셈이다.

건국 이래 한 번도 왕국이 되어본 적이 없었던 미국은 시민을 내세우며 민주국임을 자랑해왔다. 그러나 19대 국가대표가 등장하면서부터 그 대표의 부인에게 왕권국가와 유사한 별칭을 선사시켰는데, 그게 바로 퍼스트레이디^{first lady}라는 호칭이다. 1877년 언론은 헤이스^{Rutherford Hayes}가 국가대표로 취임할 당시 그의 부인 헤이스^{Lucy Hayes} 부인을 퍼스트레이디라고 불러줬다. 그 이후 미국은 당선되는 대통령의 아내들 모두를 족족 퍼스트레이디의 의미 그대로 한 나라의 여성 지도자로 위치시켰으며,[57] 이는 민주주의를 채택한 모든 국가에서 따라 하기 시작했다. 어찌 보면 이는 비정규직의 국가대표의 부인에게 그 옛날 왕비와 비슷한 안락한 권력을 투영해내고 싶은 언론의 왕비놀이이기도 했다. 물론 그렇다고 해서 국민들은 앞선 귀비와 마리에서와 같이 퍼스트레이디에

---

57 두산백과(www.doopedia.co.kr), 2015년 8월 16일(일), '퍼스트레이디' 검색.

게서까지 횡재의 권력^{미모 · 풍요}을 부여하지는 않았다. 퍼스트레이디는 그냥 국가대표의 여자였다고 보면 된다. 그래서 퍼스트레이디란 알게 모르게 국가대표의 아내로서 모범과 존경에 대한 다짐이자 확인, 즉 그렇게 해달라는 시대적 미래적 요구와도 같았다. 적어도 시민이 최우선인 민주주의 국가니까 말이다.

그러나 1960년 미국의 39대 국가대표 케네디^{John Fitzgerald Kennedy}가 대통령으로 당선되면서부터 당선자의 아내는 거의 왕비와 같은 찝찝한 퍼스트레이디의 권력을 국민들에게 스며들게 했다. 젊은 케네디의 아내 케네디^{Jacqueline Kennedy} 부인은 당연히 젊고 아름다웠고, 미모의 왕비가 즉위한 것처럼 온 나라를 떠들썩하게 했다. 그때부터 이른바 영부인들은 외모로 평가받기 시작한다. 이를테면 의상으로써 퍼스트한 레이디를 평가하는데 케네디 부인은 샤넬 스타일로, 레이건^{Ronald Reagan}의 집사람 레이건^{Nancy Reagan}여사는 퍼드드레스 스타일로, 부시^{George Bush}의 동침자 부시^{Barbara Bush}영부인은 귀금속 스타일로 등등 말이다.[58] 그러나 이 중 케네디 부인은 남편의 이른 사망으로 퍼스트하지 못한 행보로 이끌렸으며, 한 도색잡지의 누드모델로까지 소개되어 퍼스트레이디가 아닌 라스트레이디로서 살기도 했다.

가장 초보적인 권력부터 시작해보자. 한 초등학교의 한 학생이 그가 공부하는 학급을 이끌어갈 반장이 되었다. 그는 의심한 여

---

58 Lightfoot, E., 2008, Michelle Obama First Lady Hope, The Lyons Press. 박수연 외 옮김, 『미셸 오바마』, 부키, 2009, p.206.

지없이 그 반에서 가장 권력이 있는, 그래서 학급의 최고 권력을 지닌 학생이다. 아니 내가 사는 사회는 민주주의이기 때문에 권력이 빠진 학급의 대표 정도로 해두자. 물론 그 이상의 대표이자 책임자는 선생님이지만 말이다. 그럼 그 대표학생의 여자친구, 혹은 남자친구는 뭘까 한다. 대표가 되기 이전과 다를 게 없이 대표학생의 여자친구는 여전히 여자친구이고, 남자친구는 여전히 남자친구이다. 결코 그 대표의 권력, 아니 대표성이 그 계집애한테, 그 사내놈한테 이양되지는 않는다. 아니 그렇게 될 수도 없다. 그럼 한 직장의 과장의 수준으로 높여보자. 과장 정도면 일반사원보다는 높은 자리에 있는 자이다. 그래서 그 밑에 모든 평사원은 그 과장에게 아부까지는 아니더라도 그의 지시에 따를 수밖에 없다. 아니 따라야 한다. 그렇다면 어느 날 그 과장님의 마누라나 영감이 일터에 등장해서 일반사원에게 찬거리 좀 사 오거나 집에 가서 빨래 좀 하라고 시켰다고 가정해보자. 그 사원은 따라야 할지 말아야 할지다. 아니면 이게 가당키나 한 일일까 하는 분노가 밀물썰물일 것이다. 한국 드라마는 직장 내의 신분이 마누라전도현상wife conduction phenomenon을 이루거나 영감전도현상husband conduction phenomenon을 이루는 것을 매우 당연시한다. 그렇다고 해서 이를 옳다고 안방에 올리는 것은 아니다. 오히려 그르다고 비판하는 차원이다. 좀 더 권력의 대표 차원을 높여볼까 한다. 국가기관의 한 장관이 있다. 그 장관 역시 책임이 막중한 만큼 권력도 만만치 않다. 대국민 담화를 발표하기 위하여 장관이 기자회견장에 오기로 되어 있다. 그런데 갑자기 장관이 복통이 나서 참석이 불가능했다면 그의 아내 혹은 남편이 대신해도 될까 하는 의문이 든다. 왜냐하면 부부는 일심으로 동체한다고 하니 이도 가능하지 않을까 한다.

20세기에 가장 많은 국가들이 채택한 민주주의국가의 최고 권력자, 아니 대표자로 다시 가보자. 또다시 미국이다. 1993년 42대 대통령인 클린턴Bill Clinton의 마누라 클린턴Hillary Clinton여사는 사실 대통령의 마누라, 혹은 영부인, 혹은 그래서 퍼스트레이디라고 하는 한심한 전도권력, 아니 전도대표성을 거부한 최초의 여성이다. 왜냐하면 그녀에게 바깥양반은 정치적인 경쟁자이기도 했으며, 그래서 그녀는 아예 정치가가 되고자 한 것이다. 그녀는 한 나라의 대표에게 따라붙는 퍼스트레이디가 아니라 한 나라의 대표가 되고자 했다. 물론 앞으로 어떻게 전개될지는 모르겠지만 말이다. 한국의 대표적인 두 여자대학은 영부인, 즉 퍼스트레이디를 배출했었다. 그래서 두 대학은 번갈아 세상에다 그들의 책거리능력을 자랑했다. 그런데 뭐가 자랑스럽다는 것인지 의아하지 않을 수가 없다. 왜냐하면 나라의 대표를 배출한 것도 아니고 겉으로는 거부하지만 은근히 기대하는 여성들의 이중성, 즉 시집 잘 간 대박과도 같은 신분이 자랑은 아니어야 하는데 그걸 자랑하고 있는 것은 아닐까 한다. 물론 내조assistance라고 하는 공로도 있지만 내조자랑은 좀 미성숙한 자랑이 아닐까 하며, 왜 여성들만 우글거리는 여자대학은 퍼스트레이디만 되려고 고집할까 하는 의문도 든다. 한 영토의 대표는 싫고 퍼스트레이디만 고수하는 여자대학만의 여성교육비법이 마련되어 있는가 하는 궁금증마저 생긴다. 혹시 신비주의 교육이라도 있다면 알아내고 싶을 뿐이다. 물론 신세기에는 그 목표가 좀 다양해졌을 것이다.

한국은 건국 이래 최초로 여성 국가대표를 탄생시켰고, 그녀의 출신대학은 남녀공학이었다. 물론 대학 말고도 다양한 당선 원인과 노력이 있었겠지만 당선인이 다녔다는 남녀공학대학은 영광스럽지 않을 수가 없다. 그런데 이 한국 최초의 여성국가대표, 한국말로 대통령은 외국순방을 나가거나 국민들 앞에 설 때를 보면 늘 혼자다. 왜냐하면 현재까지는 남편이 없는 상태이기 때문이다. 그런데 그 대통령 옆에 퍼스트레이디, 아니 퍼스트젠틀맨이라고 해야 하나, 퍼스트젠틀맨이 없어도 전혀 이상하지 않다. 오히려 이는 그간에 국민의 혈세를 소진시켜 가며 외교와 정치에 아무것도 모르는 퍼스트레이디가 순방길에 같이 오른다는 것이 오버이며 낭비라고 생각하게 하는 대목이다. 차원을 좀 낮춰보면 더욱 공감이 가지 않을까 한다. 구청장의 아내를 혹은 남편을 외국 출장길에 동반하게 하는 것은 이상한 일이며, 동사무소장의 출장길에 아내를, 남편을 동반하는 것은 꼴불견이다. 직장도 마찬가지, 김 대리가 아내를, 남편을 대동해가며 바이어와 만나는 것은 비효율적인 시간낭비이며, 사측도 언감생심daring dream으로 허락지 않는다.

여성이건 남성이건 자신의 과업에서, 더 나아가 일정한 책임과 권력이 따르는 행보에서 배우자의 대동은 매우 기이한 현상이다. 21세기에는 배우자도 따로 엄연한 과업이 있고, 또 다른 영역의 대표로서 사회생활을 한다. 그래서 이를 인류는 맞벌이라고도 하며, 그래서 서로의 직장에 얼씬거리는 일을 부담스러워한다. 혹시 전업주부라고 하더라도 배우자의 직장에 나타나는 것은 그리 장려할 만하지 못하다. 그럼에도 불구하고 배우자의 출장에 데려가 달라고 때를 쓴다면 철없는 집사람이자 바깥양반이거나, 아니면 철이 있어도 그렇다면 괴상한 일이고, 민폐도 그런 민폐가 아닐 수 없다. 국가대표로서의 평가는 일단 접어두고라도 영국의 대표, 영국말로 프라임 미니스터Prime Minister 대처Margaret Thatcher도, 일본의 대표 일본말로 소오맇ᇂᆯᆯ 고이즈미Junichiro Koizumi도, 독일의 대표 독일말로 칸츨러린Kanzlerin 메르켈Angela Merkel도 퍼스트레이디와 퍼스트젠틀맨을 대동하지 않았다. 물론 고이즈미는 독거 수상으로 혼자였지만 말이다. 남편은 대통령이고 그 아내는 선생님이라는 직장인, 아내는 총리이고 남편은 한 회사의 과장이라는 직장인이 더 정상적인 부부관계이자 암수한몸이 아닌 독립된 인격체로서 배우자가 아닐까 한다.

　한 국가의 대표는 내외가 아니라 내든 외든 하나만 있으면 된다. 그간 부부동반의 국가리더는 더 이상 두고 볼 일이 아니다. 국민들 세금을 낭비하지 않고 혼자서도 일 잘하는 리더가 더 멋있고, 그 리더 못지않게 자기 직업에 충실한 리더의 배우자가 더 구설수도 꼬이지 않는다. 적어도 민주주의국가라면 말이다. 그렇게 본다면 지금까지 퍼스트레이디란 배우자의 원래의 주체적인 꿈을 원천적으로 말살하는 그래서 알량한 내조만을 강요하는 인류가 만든 가장 최악의 신분발명품이 아닌가 한다. 퍼스트레이디가 되었다는 것은 인류로 태어나서 가장 못난 인생을 사는 것으로 봐도 무방하다. 아마 모르면 몰라도 다가올 22세기에는 퍼스트레이디라는 직업이 가장 이상한 직업으로 기록될 것이다. 배우자 따라 손 흔들어주고, 배우자 따라 술잔 들어주고, 배우자가 타국 대표를 만나서 심각할 때 조용히 나가 고아원이나 양로원을 방문하여 웃어주는 직업 말이다. 참, 이건 직업이 아니지, 얼굴뭐 뭐일 수도 있다.

<< EPILOGUE

　　2175년 10월 3일이 건국기념일로 명명된 것은 100년 전 일이다. 그런 만큼 오랜 역사 속에서 겨우 35년 동안 일제에서 벗어난 광복절은 일제강점종식일로 변경되었고 그 기념규모도 축소되었다. 오늘은 건국기념일이며 내가 태어난 날이다. 그래서 괜히 신 나는 날이기도 하다. 그러나 내일 제출해야 할 사회학 과제가 있어서 도서관에 가서 자료를 찾기로 했다. 그러던 중에 건국기념일의 옛 명칭인 개천절이 날 무척 흥미롭게 했다. 마치 그리스신화나 성경신화에 나오는 명칭 같았다. 사실 스마트폰으로 도서관을 대신한다는 얘기도 들었었다. 그러나 그건 아버지께서 아주 오래전 얘기라고 했다. 세계사 시간에도 인류가 발명한 많은 이기가 있었지만 시대에 따라서 이기는 해기로 전락하는 경우가 종종 있었다고 했다. 그중에서 가장 대표적인 해기가 핵발전과 스마트폰이라고 했다. 이 스마트폰은 21세기 초반 미국의 한 괴짜발명가가 발명한 것으로 폭발적인 인기를 누렸다고 한다. 그러나 얼마 못 가서 인류의 모든 능력을 통제하는 무서운 존재로 취급되었고, 급기야 2094년 세계 150여 개국에서 생산 금지품목으로 지정되었다. 한국은 조금 늦게 2099년 금지되었다고 한다. 늦은 이유는 시민생활의 마비가 뒤늦게 체감되면서부터이다. 금지의 발단은 2098년 한국에서 발생한 인간정신적출사건으로 국민의 50퍼센트의 정신이 1년간 외부로부터 조정 당하는 사건이 발생하면서부터였다. 사실 2090년에 사과를 베어 문 모양의 글로벌기업은 스마트폰을 인체의 뇌 속에 장착하는 상품은 출시했으며, 그 첫 번째 시장이 한국이었다. 왜냐하면 그때만 해도 한국 스마트폰의 시장성은 대단했다고 한다. 그러나 얼마 못 가서 구매자들 대부분이 자신의 의도와 전혀 무관한 행동을 하기 시작했고, 이는 시민의 반이 넘게 기이한 허상을 보았다고 호소하며 사회가동을 마비시킬 지경까지 이르렀다. 그로 인하여 스마트폰과 인체는 분리되어야 하는 법률이 만들어졌고, 휴대폰 자체의 다기능화는 아예 법적으로 금지시킨 국가가 100여 개국에 이르렀다. 따라서 스마트폰에서 전화의 기능과 전자네트워크의 기능은 근 150년 동안 통합되어 있다가 다시 완전히 분리되었다고 한다. 그렇다면 전화는 휴대는 할 수는 있어도 신체 내에 흡수는 금지되었고, 전자네트워크도 마찬가지로 몸속에 흡수시키는 것은 철저하게 제한되어 오로지 지정된 장소나 신청한 가정에서만 활용할 수 있게 되었다.

돌아오는 길에 어머니가 부탁한 채소를 사러 가게에 들렀다. 아주머니께서 날 알아보시고 덤을 주셨다. 걸어가서 5분도 안 되는 가게지만 그래도 귀갓길이니 어머니가 부탁을 하셨다. 사실 어머니가 어릴 적에 외할머니로부터 들은 얘기인데, 그때만 해도 이런 가게가 없었다고 한다. 매우 어마어마한 크기의 아울렛이라는 것이 있었는데, 거기는 늘 자동차라는 기계가 있어야 갈 수 있는 곳이라고 했다. 또한 전쟁 때 식량을 비축하듯 어마어마한 양으로 구매를 해야 하는 최면에 걸리는 공간이라고 했다. 그러나 외할머니가 대학에 입학할 때쯤 자동차를 작동시켰던 지구의 에너지인 석유가 모두 바닥이 나면서부터 대형가게는 서서히 사라지기 시작했다고 했다. 그리고 나서 근 200

년간 지속되어 오던 글로벌사회는 점점 지역화되기 시작했다고 한다. 따라서 인류의 창의성이란 회복과 회귀의 의미로 바뀌었고 모든 사회는 마을을 중심으로 시장이 꾸려졌다고 한다. 결국 집집마다 작은 농작물을 키우거나, 도시의 거리마다 농작물을 키우게 되었다고 한다. 사실 우리 집도 개인온실밭이 있지만 아버지가 어제 새 농작물을 파종하고자 밭을 다 갈아엎으시는 바람에 푸성귀가 현재 하나도 없다. 따라서 우리 집은 할 수 없이 당분간 가게에서 채소를 구매해야 하는 것이다. 집에 도착 후 현관을 들어서면서 나의 부주의로 어머니가 제일 아끼시던 물건 하나를 깨트렸다. 바로 2015년산 콜라병이다. 당시에는 쓰레기로 취급되었지만 그 병은 어머니의 어머니 그리고 그 어머니의 어머니로부터 대대로 내려오던 명품이라고 한다. 난 조각조각을 모아 다시 붙여놓기는 했지만 모양이 영 어색했다. 콜라병 특유의 비취색이 제대로 연출되지 않았다. 어머니는 명품보다 내가 더 소중하니 다치지 않았는지부터 살피셨다.

　모든 직장은 5시가 되면 퇴근이다. 물론 집에서 근무하는 사람들은 있지만, 4년 전인 2171년부터 시민건강지속법이 시작되면서 재택근무자는 신선한 공기를 맡고 하늘을 구경하는 즐거움 그리고 걸기를 확보하게 하기 위하여 오프라인 출퇴근이 장려되기 시작했다. 따라서 자연스럽게 인류에게 엄청난 피로와 수명단축을 유발하는 24시 서비스와 근무는 법적으로 금지되었다. 물론 이웃나라인 연변국은 아직도 시행하고 있다고 하지만 대부분의 국가에서는 인류의 생체주기상으로 5시 혹은 6시 퇴근이 옳다고 본다. 그 때문에 누나가 5시 20분 정각에 귀가를 했다. 요즘 누나의 귀가시간이 정확한 이유는 우선 첫 번째로 집에서 가족들과 저녁식사를 하고 싶어서이고, 두 번째 이유는 7

시면 영업이 모두 끝나버리는 음식점은 불안해서 더 이상 못 먹겠다는 이유에서였다. 먹으면서 시간을 수시로 봐야 하는 것은 거의 공포에 가깝다고 했다. 누나의 직업은 시민봉사원이다. 누나는 급여가 작아도 시민에게 봉사하는 일이 매우 즐겁다고 했다. 누나는 대학에서 봉사학을 전공했다. 사실 아주 오래전 이 시민봉사원이라는 직업이란 없었다고 한다. 아주 오래전 시민의 일을 하고자 하는 사람들을 공무원, 혹은 정치인이라고 불렀는데, 그 직업에서 요구하는 가장 큰 능력은 시민에게 봉사하고자 하는 의지였다. 그러나 그 의지는 제거된 자들이 대거 공적인 일을 도맡으면서부터 국가재정은 바닥을 드러냈고, 결국 국가파산에까지 이르게 되었다고 한다. 우리와 같은 민족인 연변국의 도움이 없었으면 우리나라는 일본국의 통제를 받으며 반식민지상태에 또 놓일 수 있었다고 한다. 결국 정치인들은 2078년에 정당·정치인무용론을 사회적으로 확산시켰으며 자기 스스로 정당을 해체시키고 사라졌다. 그리고, 시민봉사원만 남았다고 한다. 따라서 대통령도 시민봉사원이어야 가능해 진 것이다. 현재는 국정이나 공공의 일에선 시민봉사의지가 부족하거나 교육되어 있지 못한 사람은 제한되었다. 그러나 내가 봐도 누나는 시민에 대한 소명의식이 남다른 것 같다.

　저녁식사 시간에 아버지가 요즘 한창 벌어지고 있는 자동차개인화 문제에 대해서 이야기를 꺼내셨다. 21세기 후반에 석유에너지가 바닥이 나면서 풍력, 태양열, 지열 등 천연에너지는 대중교통수단에만 한정하는 법률이 세계적으로 확산되었다고 한다. 그에 선두가 바로 네덜란드인데, 요즘 네덜란드에서는 자동차개인화의 조짐이 다시 고개를 들고 있다고 한다. 그 이유는 모든 국가가 우주탐사에 열중할 때

유독 네덜란드만이 지하탐사에 열을 올렸고 그 결과 헬륨3 버금가는 에너지의 공급이 가능해진 것이다. 그래서 네덜란드는 서서히 자전거를 치우고 20세기 자동차문화로 다시 돌아가자고 하는 움직임이 있다고 한다. 그러나 아버지는 달에 존재하는 헬륨3는 남극이 특정 국가의 소유가 아니었던 것처럼 지구중심의 에너지도 마찬가지이며, 무엇보다 천연에너지로 에너지생활이 가능함에도 불구하고 굳이 과거와 같이 지구를 소진시키는 일은 옳지 않다고 했다. 나도 아버지의 의견이 더 인류답다고 생각했다. 그런데 갑자기 어머니가 숟가락으로 접시를 두드리며 그 이야기보다 더 중요한 얘기가 있다고 하셨다. 바로 쓰레기 얘기였다. 좀 불경스러운 단어지만 음식물 쓰레기를 일부러 만들어서 산이나 들에 동물을 포획하는 사람들이 있다고 한다. 이는 암암리에 이루어진다고 하는데 오늘 신문에 그 기사가 공식적으로 공개된 것이다. 그러나 우리는 이미 알고 있던 사실이고 목격하기도 하였다. 그러나 알고는 있었지만 그 포획하는 이유가 불법으로라도 21세기처럼 동물을 키우고 싶어서 그러는 것이 아니었다. 그 포획된 동물은 다른 행성으로 팔려가는 것이다. 사실 2101년 지구의 에너지가 모두 소멸되었다는 국제연합의 발표 이후 각 국가의 고위계층의 인류들은 대체행성으로의 이주를 시작했다. 1977년 발사된 보이저 1호는 2017년 다른 항성으로 진입하면서 지구와 거의 흡사한 행성의 존재를 알려왔다. 그런데 보이저가 지구에 보내온 행성사진의 가장 큰 문제는 또다시 인체에 해로운 아파트문명의 흔적이었다. 그런데 그럴만한 이유가 있긴 하다. 사실 그 행성은 표면의 95%가 물이고 나머지 5%가 육지로 메마른 땅이 그리 많지 않다고 한다. 그래서 기술력으로는 최첨단의 쾌적한 행성이기는 하지만 인구밀도가 높은 행성으로 지구를 대체하는 행성이 된 지 오래다. 그러나 자동차개인생활은 물론이고 에너지 걱정이 없는 행성이라고 한다. 언젠가 한번 여행을 가보고 싶기는 하다. 그러나 이주한 사람들은 절대 지구영주권을 되찾을 수 없다고 한다. 물론 여행은 가능해도 말이다. 그런 만큼 거기는 지구가 그리워서 지구의 동물을 애완용으로 키우고자 하는 문화가 보편적으로 확산되어 있는 실정이다. 하루의 대부분의 시간이 안개 속에 뒤덮인 대체행성생활은 우울증의 지속인 사람들이 많기 때문에 지구의 생물을 더욱 그리워하는 것 같다.

식사가 끝나고 나의 생일을 위한 선물 주기를 본격적으로 시작하였다. 식물소시지로 배를 불리고 나니 후식은 눈에 들어오질 않았다. 돼지의 각종 부위가 갈려진 동물소시지라는 것도 있다고 하는데, 그 소시지는 집에서 돼지를 키우는 인류들만 먹는 것이고 우리 집처럼 개인온실만 있는 집은 매우 어려운 일이다. 설사 돼지를 키운다 하더라도 도살신고, 도살기술자의뢰, 소시지제조의뢰, 혈액방류신고, 위생조사, 육류교환 등의 검열을 받아야 하기 때문에 대부분의 가정은 소시지를 먹지 않는다. 그러나 식물소시지는 조리법만 잘 따르면 매우 맛있는 요리가 된다. 난 사실 소시지가 원래 육류였다는 것을 지난 영양학수업시간에 처음 알았다. 동물식용 자체를 혐오음식으로 지정한 마을도 많다. 그러나 우리 마을은 그렇지는 않다. 물론 시내에 있는 식당은 식당온실은 물론이고 돼지를 기르고 그에 비롯되는 복잡한 과정을 모두 수행할 수 있는 시설을 갖추고 있기 때문에 동물소지기를 맛볼 수 있는 곳이다. 고기는 식당에서의 식사 이외의 상품으로 교환과 판매가 불가능하다. 이는 에너지생산이 바닥나면서 가정마다 개인온실이 냉장고를 대체시키면서부터 시작되었다. 육류의 냉장냉동은 어려워졌기 때문에 그렇다. 결국 육류대량산업은 사향산업으로 전락했다고 한다. 그러나 그러기 몇 해 전 세계보건기구는 비만으로 인류의 신체가 기형화되고 있음을 경고하고 식재료의 섭취 지침을 종합적으로 발표했다. 우선 곡물은 정제하지 말 것, 부패가 빠른 육류를 상품화하지 말 것, 플라스틱 생선은 유통시키지 말 것 등이다. 대체행성에 사는 사람들은 지구에 사는 사람들이 플라스틱으로 만들어진 생선을 먹고 산다고 안다. 왜냐하면 아주 오래전 지구오염 역사를 알기 때문이다. 그러나 플라스틱 생선이란 플라스틱으로 만든 생선이 아니라 다름 아닌 생선의 80% 이상이 플라스틱으로 축적된 생선을 말한다.

아버지는 선물로 새 자전거를 선물해주셨다. 기존의 자전거보다 2배 이상의 전기를 생산해내는 자전거였다. 요즘 유행하는 것이기도 하고 획기적인 상품으로 시민소비자단체가 인정한 특허품이기도 했다. 에너지부족 이후로 전기를 소모하고 소비시키는 전자제품은 더 이상 시민소비자단체의 특허를 받을 수 없게 되었다. 그런 제품은 다른 행성에서 소량으로 수입되기는 하지만 이는 풍족한 자가발전시설을 대규모로 갖추고 있는 사람들만의 얘기이다. 우리 집은 태양열, 풍력으로 전기를 생산하고 때론 하루 온 가족 전기생산일이라고 해서 인력발전기를 가동한다. 바로 우리 가족 모두 발전용 자전거를 하루 종일 타는 것이다. 물론 할아버지는 장시간은 어렵다. 지난해 발전용 자전거로 어르신들이 사망하는 사건이 벌어지고 나서 30분 이상 어르신 발전은 삼가라는 시민건강단체의 발표가 있었다. 사실 우리 집은 물론이고 대부분의 가정에서 전기를 소모시키는 제품은 전등, 네트워크기기, 음향기기, 건강측정기에 한정되어 있다. 따라서 그리 다량의 전기가 필요하진 않다. 난 내일부터 두 배의 전기를 생산할 수 있는 자전거로 학교에 갈 수 있다. 누나는 저질의 전투식량인 라면을 선물하였다. 난 지난 7차 대전 때 연변국과 북경국이 갑자기 전투를 중단하고 전투식량인 라면을 교환했다던 얘기를 들었다. 비록 우리나라는 전쟁 비발생국으로 향후 1세기 동안 어떤 경우로든 전쟁을 하지 않는 국가로 지정되었지만 그 저질의 전쟁식량인 라면은 한번 먹어보고 싶었다. 먹는 방법은 모르지만 전쟁인 것을 가정하고 체험해보기로 했다. 남동생은 가끔 나와 전쟁놀이를 즐긴다. 그래서 그런지 우리는 전쟁의 날을 다음 주 일요일로 정해놓고 그날만을 기다리며 마당에 파놓은 자신만의 참호에 들어가서 고생해보기로 했다. 이럴 때 항상 막내 동생은 그 전장에 등장하여 우리를 훼방 놓곤 한다. 우리의 전쟁은 언제나 휴전으로 끝나지만 그 이유는 우리가 놀다가 놀다가 허기가 지기 때문이었다. 그러나 이번에는 라면으로 한번 버텨보고자 한다.

막내 동생은 어린 꼬마인 만큼 자기가 가지고 싶은 물건을 선물했다. 바로 바비인형 돌연변이버전이다. 어머니가 그러시는데 우리 인류의 형체가 매우 왜곡되어 있는 이 돌연변이버전 바비는 사실 지난 20세기 말 인류가 선호하던 인류형체를 많이 닮아 있다고 했다. 그래서 동생에게는 신기한 인형이며, 나 또한 우스꽝스럽다고 생각했다. 어머니는 좀 피곤하시다며 소파에 잠시 누워 있겠다고 했다. 엄마는 현재 임신 중이시다. 현재 우리 대전광역국의 인구는 2백 50만 명이다. 물론 다른 행성으로 이주한 50만까지 합하면 3백만이 다 되는 인구였다. 지난 인류학 시간에 교수님께서는 역사적으로 우리나라 인구가 10만도 안 되게 급속도로 줄어든 시기가 있었다고 하셨다. 나도 역사 시간에 대전광역국의 미니국가시기를 배웠다. 이는 국가가 시민의 사생활을 관여한 최대의 실수로 빚어진 역사적 비극이라고 했다. 물론 인근의 서울국은 대체행성으로 대거 이주하는 바람에 지금은 세계적인 미니국가 중에 하나이다. 그 이후 서울국은 산아제한이건 산아장려이건 국가는 시민의 사생활인 산아를 결코 통제할 수 없는 시민성생활통제금지법을 만들어냈고, 현재 우리나라가 G7의 일원국이 된 이유도 인구의 크기가 크게 작용하였다고 한다. 미니국가에서 G7의 국가로 1세기 만에 이동한 국가는 현재 대전광역국과 오클랜드국밖에 없다고 한다.

정말 즐거운 생일 저녁이었다. 동생의 엉뚱한 선물이 있긴 했지만 말이다. 난 잠자리에 들기 전에 네트워크를 켰다. 어머니의 말처럼 동물과 인류의 경계를 모호하게 하는 애완동물에 대한 기사가 심각하게 등장했다. 동물과 인류의 경계가 모호한 애완동물의 처우가 문제가 된 것이다. 대체행성으로 불법적인 반출도 문제지만 이들을 위해 동물원을 다시 부활시켜야 한다는 의견이 컸다. 동물원은 지난 21세기 후반에 종 보존에 모두 실패한 나머지 야생동물 국립공원이 있는 아프리카, 남아시아, 남아메리카대륙만을 제외하고 모든 국가에서 폐쇄시켰다. 당시 동물원은 종 보존은커녕 야생성을 잃은 아둔한 동물들만 생산해왔다. 그러나 이번에 주장하는 동물원은 그간의 인류에게 길들여진 동물이 여생을 보낼 공간이라는 것이다. 다시 말해서 인류의 마지막 동물원이고 이를 끝으로 동물과 인류의 경계는 확실하게 끊어지는 것이다. 그러나 난 반대이다. 만약 동물원을 일시적으로라도 다시 부활하여 운영한다면 그 동물을 애완화했거나 야생성을 상실하게 한 인류들만의 책임이라고 본다. 그에 대하여 난 세금을 내지 않을 것이다. 나와 무관한 정책이며 그에 대한 혜택을 받지 않겠다고 신청하면 얼마든지 나에게 세금이 부과되진 않는다. 난 늘 동물인류경

계주의자이다. 하물며 난 나중에 가정을 꾸려도 고기를 먹고자 가축을 키우지는 않을 것이다. 남동생이 누워 있다가 "형, 결혼식이 뭐야" 하고 물어왔다. 난 "남녀가 만나서 함께 생활하기 위한 예절이지"라고 대답해주었다. 오랜 풍습에 관련된 숙제인 것 같았다. 남동생도 학교 도서관에 가서 찾아보기는 했지만 잘 이해가 되지 않는 모양이었다. 내가 남동생 나이 때는 졸업식이라는 것을 조사한 적이 있다. 아주 옛날에는 사람들이 인생의 어떤 기점에서 예식을 행하기를 좋아했던 것 같다. 그래서 고대 인류는 사람을 재물로 바치는 예식을 행했고, 근대 인류는 사람을 번거롭게 하는 예식을 했다고 한다. 그 잔재가 바로 오늘 우리 집의 저녁식사 시간에서 행했던 생일선물 주기도 그런 맥락이었다. 그러나 우리 가족들만을 즐겁게 하는 이 선물 주기는 우릴 귀찮게 하지는 않았다.

밤늦게 할아버지가 귀가하셨다. 할아버지가 들어오자마자 나를 안아주셨다. 나의 생일을 챙기지 못하셨다고 했다. 할아버지는 신용카드를 발급해주는 일을 하신다. 이는 사람들의 신뢰도를 다양한 방법으로 측정해서 신뢰도가 높으면 각종 혜택을 주는 제도로서 그런 사람만이 누나처럼 시민봉사원이 될 수 있는 것이다. 그래서 할아버지는 우리나라에 몇 안 되는 5시 퇴근 제외 직장에 다니시는 것이다. 한때 이 신용카드라는 용어는 아주 오래전 빚을 지기 위한 빚카드로 쓰였다고 한다. 이는 10년 전 돌아가신 할머니를 통해서 들은 얘기였다. 할머니는 늘 그 빚카드를 신용카드로 혼동하셨다. 갑자기 할머니가 그리워졌다. 할머니가 혼동하신 단어는 아주 많았다. 그중에서 가장 기억에 남는 것이 바로 변덕이라는 단어를 정의로 혼동하신 것이었다. 할머니는 늘 정의로운 사람이란 믿음이 없는 사람이니 늘 경계하라고 당부하셨다. 그리고 정의로운 사람이 되지 말 것은 꼭 강조하셨다. 각자 자신에게 가장 큰 교훈이 되어주는 사람에 대하여 퍼스트맨이라고 한다. 그중에서 여성은 퍼스트레이디라고 하는데, 난 우리 할머니가 나의 퍼스트레이디이다. 그리고 현재 우리 할아버지는 나의 퍼스트맨이다. 난 자리에 누워 2175년 10월 4일 또 펼쳐질 즐거운 내일을 위해 잠을 청했다.

<< BIBLIOGRAPHY

가와기시 하로카즈(河岸宏和), 『마트신선식품』, 2008. 서수지 옮김, 『마트신선식품』,
    국일미디어, 2011.

강응천, 『지하철사호선』, 효형출판, 2008.

강준만, 『미국사산책 3 남북전쟁과 제국의 탄생』, 인물과 사상사, 2011.

강준만, 『전화의 역사』, 인물과 사상사, 2009.

강준만, 『세계문화사전』, 인물과 사상사, 2005.

김동규, 『문선명과 김일성』, 교육과학사, 2014.

김병도 외, 『한국백화점 역사』, 서울대학교 출판부, 2006.

김상봉, 『신용카드의 이해』, 청목출판사, 2010.

김용학 외, 『비교사회학』, 나남출판, 2000.

김인호, 『백화점의 문화사』, 살림, 2012.

김진성 외, 『유통론』, 출판사두남, 2011.

김헌식, 『텔레비젼』, 일조각, 2013.

김태경, 『우리는 같은 병을 앓고 있다』, 쌤엔파커스, 2012.

김홍호, 『연꽃이 피기까지는 벽암록 해설』, 풍만, 1983.

구인회(김영태) 외, 『비전을 이루려면』, LG, 2012.

나카무라 우사기(中村うさぎ), 2002, 안수경 옮김, 『쇼핑의 여왕』, 사과나무, 2002.

나카무라 우사기(中村うさぎ), 2002, 안수경 옮김, 『나는 명품이 좋다』, 사과나무,
    2003.

노명우, 『세상물정의 사회학』, 사계절, 2013.

노벨재단, 『당신에게 노벨상을 수여합니다』, 바다출판사, 2010.

도현신, 『전쟁이 요리한 음식의 역사』, 시대의 창, 2011.

문원택 외,『헨리포드에서 정주영까지』, 한언, 1998.

민성길 외,『세계보건기구 삶의 질 척도 지침서』, 하나의학사, 2002.

민태원, "병이되는 버릇, 약이 되는 습관 ⑥ 비만", 국민일보(www.kmilbo.co.kr), 2015
　　　년 3월 23일(월) 검색, 2004.

박규철,『수사학과 도덕성: 플라톤『고르기아스』읽기』, 한국학술정보, 2012.

박노자,『당신들의 대한민국』, 한겨레신문사, 2002.

박미애 외 옮김,『위험사회』, 도서출판길, 2010.

박상익 외,『슈퍼마켓 경영론』, 도서출판 대진, 2008.

박영숙 외,『유엔미래보고서2040』, 교보문고, 2013.

박진표, 전종우, 서형석,「자하철 광고제도 및 현황에 대한 비교연구(한국과 일본, 영
　　　국, 프랑스를 대상으로)」, 한국옥외광고학회,『옥외광고학연구』, 8(2), 35-70,
　　　2011.

변시민,『사회학개론』, 박영사, 1998.

배영기,『결혼의 역사와 문화』, 한국학술정보, 2006.

산케이신문 특별취재반(サンケイ新聞 特別取材班), 임홍빈 옮김,『모택동 비록』, 문학
　　　사상사, 2001.

송두율,『전환기의 세계와 민족지성』, 한길사, 1991.

송재룡,『포스트모던 시대와 공동체주의』, 철학과 현실사, 2001.

서대숙,『북한의 지도자 김일성』, 청계연구소출판국, 1989.

신세계백화점,『신세계 개점 70주년 기념 화보집』, 신세계백화점, 2000.

신숙주 외,『국조오례의(474)』, 민창문화사, 1994.

신중선,『강철왕 박태준』, 문이당, 2013.

심은록,『세계에서 가장 비싼 작가 10』, 아트북스, 2014.

에이지 가와하라(川原英司), AT커니 코리아 옮김,『전기자동차와 에코경제학』, 전자
　　　신문사, 2010.

양정해,『광고의 역사 산업혁명에서 정보사회까지』, 한울, 2009.

양창삼,『아리스토텔레스의 정치철학』, 대영사, 1982.

오사카 후미오(大阪文雄), "초고층 아파트 대안인가, 재앙인가", KBS환경스페셜
　　　(2008년 4월 23일 방영).

오세조,『할인점경영』, 박영사, 1998.

윤명숙 외,『유통관리론』, 대경, 2004.

이건일,『모택동과 장개석』, 삼화, 2014.

이광호,『불우한 산책자들의 도시 - 한국현대 문학과 도시 모더니티』, 문학과 사회 81,
　　　2008.

이기열,『정보통신 역사기행』, 북스토리, 2006.

이문열,『우리들의 일그러진 영웅』, 열림원, 2015.

이상,『날개, 봉별기 외』, 푸른생각, 2014.

이수부,『글로벌 시대 혼인(결혼)의 역사 문화』, 동경, 2013.

이재열,『경제의 사회학』, 사회비평사, 1996.

이향우,『궁궐로 떠나는 힐링여행 창경궁』, 인문산책, 목대신청, 2014.

장숙연, 中國歷史上的 十大女生, 2011. 이덕모 옮김,『중국을 뒤흔든 불멸의 여인들』,
　　　글누림출판사, 2011.

전상인,『아파트에 미치다』, 이숲, 2009.

전상인,『편의점 사회학』, 민음사, 2014.

전영선,『자동차이야기』, 정우사, 1990.

정기현,『플라스틱』, 보진재, 2003.

정용욱 외,『전기자동차』, GS인터비전, 2011.

표창원, "프랜시스 스페이트호를 닮은 대한민국", 경향신문, 2014.

하루야마 유키오(春山行夫), 2006. 강승구 외 옮김,『서양 광고 문화사』, 한나래, 2007.

한국산업사회학회, 『사회학』, 한울아카데미, 2004.

한국식품공업협회 한국식품연구소, 『식육햄, 소시지의 위해분석』, 한국식품공업협회
　　　한국 식품연구소, 1993.

황순재, 『합성수지』, 동화기술, 2008.

황필호 편저, 『산아 제한과 낙태와 여성 해방』, 종로서적, 1990.

허용우, 『대화편, 플라톤의 국가란 무엇인가』, 너머학교, 2014.

吉見 俊哉, 若林 幹夫 & 水越 伸, 1992, 『メディアとしての電話』, 弘文堂. 오석철 외
　　　옮김, 『전화의 재발견』, 커뮤니케이션북스, 2005.

春山 行夫, 1981, 『西洋廣告文化史』, シジュコ石橋. 강승구 외 옮김, 『서양광고문화사』,
　　　한나래, 2007.

辻原 康夫, 2002, 『SEKAI CHIZU KARA SHOKU NO SEKAI O YIMU HOHO』,
　　　KAWADA SHOBO SHINSHA. 안정환 옮김, 『음식, 그 상식을 뒤엎는 역
　　　사』, 창해, 2002.

川原 英司, 2009, 『DENKI JIDOSHA GA KASUSHIN SURU KIGYO SENRYAKU』,
　　　Nikkei Business Publications. AT커니 코리아 옮김, 『전기자동차와 에코경제
　　　학』, 전자신문사, 2010.

Altschull, H., 1990, From Milton to Mclihan: The Ideas Behind American Journalism,
　　　Longman Publishing Group. 양승목 옮김, 『현대언론사상사』, 나남, 2007.

Beck, U., 2008, Weltrisikogesellschaft, Suhrkamp Verlag GmbH. 박미애 외 옮김, 『글
　　　로벌 위험사회』, 길, 2010.

Braverman, H., 1974, Labor and Monopoly Capital: The Dgaradation of Work in the
　　　Twentieth Century, New York and London, Monthly Rrview Press. 인한주
　　　외 옮김, 『노동과 독점자본: 20세기에서의 노동의 쇠퇴』, 까치, 1998.

Berger, J., 1980, about looking, Pantheon. 박범수 옮김, 『본다는 것의 의미』, 동문선,
　　　2002.

Bourdieu, P., 1979, La Distinction, Critique Sociale du Jugement, Editions de Minuit.

최종철 옮김, 『구별 짓기 문화와 취향의 사회학』, 새물결, 1995.

Cain, M., 2001, The Childless Revolution, Don Congdon Associate, Inc. 이한중 옮김, 『무자녀혁명』, 북키앙, 2003.

Carnegie, A., 1920, Autobiography of Andrew Carnegie, Houghton Mifflin company. 박상은 옮김, 『성공한 CEO에서 위대한 인간으로 강철왕 카네기 자서전』, 21 세기북스, 2005.

Collier, P. & Horowitz, D., 1976, The Rockefellers: An American Dynasty, Holt, Rindhart and Winston. 함규진 옮김, 『록펠러가의 사람들』, 씨앗 뿌리는 사람, 2004.

Corcoran, M. P., 2008, Communities of 'Limited Liability.' In: Belongings: Shaping Identity in Modern Ireland. Irish Sociological Chronicles (6). Institute of Public Administration, Dublin, pp.259-273.

Craughwell, J. T., 2008, The Book of Invention, Black Dog & Leventhal Publishe. 박 우정 옮김, 『역사를 수놓은 발명 250가지』, 현암사, 2011.

Corrigan, P., 1997, The Sociology of Consumption, SEGA publishing Company. 이 성용 외 옮김, 『소비의 사회학』, 도서출판그린, 2002.

Dobelli, R., 2011, Die Kunst Des klaren Denkens, Carl Hanser Verlg, Munich/FRG. 두행숙 옮김, 『스마트한 생각들』, 걷는나무, 2012.

Douglas, M., 1966, Purity and Danger: An Analysis of Concept of Pollution Taboo, Routledge & Kegan Paul. 유제분 외 옮김, 『순수와 위험』, 순수미학사, 1997.

Einstein, A., 1995, Ideas And Opinions, Broadway Books; Reprint edition. 김세영 외 옮김, 『아인슈타인의 생각』, 부글북스, 2013.

Essig, L., 2011, American Plastic: Boob Jobs, Credit Cards, and Our Quest for Perfection, Beacon Press. 이재영 옮김, 『유혹하는 플라스틱』, 이른아침, 2014.

Frank, A., 1967, The Diary of a Young Girl, International Collectors Library. 이건영 옮김, 『안네의 일기』, 문예출판사, 2004.

Frederick, L. A., 1931, Only Yesterday: An Informal History of the 1920s, Harper and

Brothers. 박진빈 옮김,『원더플 어메리카』, 엘피, 2006.

Freinkel, S., 2011, Plastic, Houghton Mifflin Harcourt. 김승진 옮김,『플라스틱사회』, 을유문화사, 2012.

French, T., 2010, Zoo Story, Hyperion. 이진선 외 옮김,『동물원 우아하고도 쓸쓸한 도시의 정원』, 에이도스, 2011.

Garrido, B., 2014, The Blackguard, Lucky Bat Books.

Gelézeau, V., 2003, Séoul, ville géante, cités radieuses, CNRS Edition. 길혜연 옮김,『아파트 공화국』, 후마니타스, 2007.

Giddens, A., 2001, Sociology 4th edition, Polity Press & Blackwell Publisher Ltd. 김미숙 외 옮김,『현대사회학』, 을류문화사, 2003.

Goodall, J., Maynard, T. & Hudson, G., 2010, Hpoe for Animal and Their World, Grand Central Publishing. 김지선 옮김,『희망의 자연』, 사이언스북스, 2010.

Hergman Knoflacher, Virus Auto by Hergman Knoflacher, Verleg Carl Ueberreuter, 2009. 박미화 옮김,『자동차 바이러스』, 지식의 날개, 2010.

Hermann, W., 1986, Lenin, Salvat. 정초일 옮김,『레닌』, 한길사, 1999.

Hilt, M. L. & Lipschultz, J. H., 2005, Mass Media, an Aging Population, and the Baby Boomers, Routledge. 홍명신 옮김,『늙어가는 미국 미디어, 노인, 베이비붐』, 커뮤니케이션북스, 2008.

Hollis L., 2013, Cities are good for you: The Genius of The Metropolis, Bloomsbury.

Hopkins, C., 1927, My Life in Advertising, Editorium. 김동완 옮김,『불멸의 광고수업』, 거름, 2014.

Hsiang, J. L., 2014, Slippery Noodles, Prospect Books.

Humphrey, C. R. & Frederick R. B., 1982, Environment Energy and Society, Wadworth Publishing Co. 양종회 외 옮김,『환경사회학』, 사회비평사, 1995.

Hukuyama, F., 1996, Trust: The Social Virtues and The Creation of Prosperity, Free Press. 구승회 옮김,『트러스트』, 한국경제신문사, 1996.

Huntington, S. & Harrison L., 2000, Culture Matters, Basic Books. 이종인 옮김,『문

화가 중요하다』, 김영사, 2001.

Humphrey C. & Buttel, F., 1982, Enviroment, Energy and Society, Wadworth Publishing. 양종회 외 옮김,『환경 사회학』, 사회비평사, 1995.

Hurbon, L., 1995, Voodoo: Search for the Spirit, Harry N. Abrams. 서용순 옮김,『부두교 왜곡된 아프리카의 정신』, 1997, 시공사.

Isaacson, W., 2011, Steve Jobs, Simon & Schuster. 안진환 옮김,『스티브 잡스』, 민음사, 2011.

Jacob H. E., 2002, Coffee The Epic of a Commodity, Hans Jöergen Gerlach. 박은영 옮김,『커피의 역사』, 우물이 있는 집, 2005.

Jaspers, K., 1966, Socrates, Buddha, Confucius, Jesus: From The Great Philosophers, Volume I, Mariner Books. 황필호 옮김,『소크라테스, 부타, 공자, 예수』, 종로서적, 1980.

John P. & Urs G., 2008, Born Digital, Basic Books. 송연석 외 옮김,『그들이 위험하다』, 갤리온, 2010.

Keller, T., 2011, The Meaning of Marriage: Facing the Complexities with the Wisdom of God, McCormick & William, New York. 최종훈 옮김,『팀 켈러 결혼을 말하다』, 두란노서원, 2014.

Knoflacher, H., 2009, Virus Auto die Geschichte einer Zerstorung, Ueberreuter Verlag. 박미화 옮김,『자동차 바이러스』, 지식의 날개, 2010.

Kuazweil, R., 2005, THE SINGULARITY IS NEAR, Loretta Barrett Books. 김명남 외 옮김,『특이점이 온다』, 김영사, 2007.

Kurlansky, M., 2014, Frozen in Time: Clarence Birdseye's Outrageous Idea About FrozenFood, Delacorte Books for Young Readers.

Kurlansky, M., 2013, Birdseye: The Adventures of a Curious Man, Anchor Books.

Laidlaw, R., 2008, Wild Animals in Captivity, Fitzhenry & Whiteside, 2008. 박성실 옮김,『동물원 동물들은 행복할까』, 책공장더불어, 2012.

Latta S. L., 2014, Microwave Man, Enslow Publisher, Inc.

Lightfoot, E., 2008, Michelle Obama First Lady Hope, The Lyons Press. 박수연 외 옮김, 『미셸 오바마』, 부키, 2009.

Manning, R. D., 2001, Credit Card Nation, Basic Books. 강남규 옮김, 『신용카드제국』, 참솔, 2002.

Maugeri, L., 2007, The Age of Oil: What They Don't Want You to Know About the World's Most Controversial Resource, Lyons Press. 최춘화 옮김, 『당신이 몰랐으면 하는 석유의 진실』, 가람기획, 2008.

McCraken G., 1990, Culture and Consumption, Indiana University Press. 이상률 옮김, 『문화와 소비』, 문예출판사, 1997.

McCormick, B., 2001, At work with Thomas Edison, Entrepreneur Press. 남기만 옮김, 『에디슨의 두 개의 책상』, 이지북, 2002.

McDonough, Y. Z., 1999, The Barbie Chronicles, Touchstone. 김숙 옮김, 『바비이야기』, 새움, 2003.

Mcluhan, M., 1956, Understanding Media(The Extention Man), McGraw-Hill, p.266.

Meadows, D. H., 1974, The Limits to growth: A report for the Club of Rome's Project on the Predicament of Mankind, Universe Books. 김승한 옮김, 『인류의 위기 로마클럽 레포트』, 삼성문화재단, 1980.

Mee, B., 2008, We bought a zoo, Weinstein Books.

Milne, A. A., 1988(1926), Winnie the Pooh, the Original Version, Dutton Children's Books.

Montaigne, M. D., 1586, LES ESSAIS. 손유성 옮김, 『몽테뉴 수상록』, 동서문화사, 2014.

Moore, C. & Phillips, C., 2012, Plastic Ocean: How a Sea Captain's Chance Discovery Launched a Determined Quest to Save the Oceans, Avery Trade. 이지연 옮김, 『플라스틱 바다』, 미지북스, 2013.

Ouida, 2011, A Dog of Flanders, Dover Publications.

Palfre, J. & Gasser, U., 2008, Born Digital, Basic Books. 송연석 외 옮김, 『그들이 위험하다』, 갤리온, 2010.

Patterson, P. & Wilkins L., 2011, Media Ethics: Issue and Cases, McGraw-Hill Education. 장하용 옮김, 『미디어 윤리와 이론과 실제』, 한울, 2013.

Potter, B., 2006(1902), Beatrix Potter The Complete Tales(Peter Rabbit), Fredrick Warne. Co.

Putnam, R. D., 1993a, The Prosperous community: Social capital and public life. *American Prospect*, 13(4), 35-42.

Putnam, R. D., 1993b, Making Democracy Work: Civic Traditions in Modern Italy, Princeton University Press. 안청시 옮김, 『사회적 자본과 민주주의』, 박영사, 2000.

Putnam, R. D., 1995, Bowling Alone: Americas's Declining Social Capital, Journal of Democracy, 6(1), 65-78.

Putnam, R. D., 2000, Bowling Alone: The Collapse and Revival of American Community. Simon and Schuster.

Putnam, R. D., 2002, Democracies in Flux: The Evolution og Social Capital in Contemporary Society, Oxford University Press.

Rawls, J., 1971, A Theory of justice, Cambridge The Belknap Press of Harvard University Press.

Rawls, J., 1999, Theory of justice, Belknap Press. 황경식 옮김, 『정의론』, 이학사, 2003.

Rifkin, J., 1993, Beyond Beef: The Rise and Fall of the Cattle Culture, Plume. 신현승 옮김, 『육식의 종말』, 시공사, 2008.

Rimas A. & Fraser E. D. G., 2011, Empire of Food(Feast, Famine, and Rise and Fall), Larry Weissman Literacy. 유영훈 옮김, 『음식의 제국』, 알에이치코리아, 2012.

Ritzer, G., 1983, Contemporary Sociological Theory, Alfred Knopf Inc. 최재현 옮김, 『현대사회학이론』, 설형출판사, 2000.

Roberts, B. J., 2004, Rating The First Ladies: The Women Who Influenced the Presidency, Citadel. 김형곤 옮김, 『위대한 퍼스트레이디 끔찍한 퍼스트레이디』, 선인, 2005.

Rothfels, N., 2002, Savages and Beasts(Animals, History, Culture), The Johns Hopkins University Press. 이한중 옮김, 『동물원의 탄생』, 지호, 2003.

Ryogo Kubo, 2004, SERVICE MIND WO YAKAMERU MONOGATARI, KOUSHBOU Co., LTD. 모주희 옮김, 『작은 가게, 서비스에 반하다 단골손님을 부르는 14가지 힘』, 이비락, 2011.

Sara L. L., 2014, Microwave Man: Percy Spencer and His Sizzling Invention, Enslow Elementary.

Savage, S., 1998, The Plain Reader, Ballantine Publishing Group. 김연수 옮김, 『플러그를 뽑은 사람들』, 나무심는사람, 2001.

Sandel, M. J., 2010, Justice What's the Right Thing to Do, Farrar Straus & Giroux. 이창신 옮김, 『정의란 무엇인가』, 김영사, 2010.

Sen, A., 2009, The idea of justice, Cambridge, Mass. Belknap Press of Harvard University Press.

Slater, D., 1997, Consumer Culture and Modernity, Polity Press Limited. 정숙경 옮김, 『소비문화와 현대성』, 문예출판사, 2000.

Solt, G., 2014, The Untold History of Ramen, University of California Press.

Sombart, W., 1922, Luxus und Kapitalismus, University of Michigan Library. 이상률 옮김, 『사치와 자본주의』, 문예출판사, 1997.

Strasser, S., 1999, Waste and Want, Mary Evans Inc. 김승진 옮김, 『낭비와 욕망』, 이후, 2010.

Sinclair U., 2009, The Jungle, Dover Publications. 채광석 옮김, 『정글』, 페이퍼로드, 2009.

Swanson, J. A. & Cobin, C. D., 2009, Aristoteles'S Politics Broomsbury Publishing Plc., U.K.. 김영균 옮김, 『아리스토텔레스의 정치학입문』, 서광사, 2014.

Tapscott, D., 2008, Grown Up Digital: How the Net Generation Is Changing Your World, The McGraw-Hill Companies. 이진원 옮김, 『디지털 네이티브』, 비즈니스북스, 2009.

Th. W. Allen, Tom. Ⅲ-Ⅳ, 1917-19, Homeri Opera, rec., Oxford. 천병희 옮김,『오뒷
　　세이아』, 숲, 2006.

The Nobel Foundation, 2014, The Nobel Prize in Physic, 이광렬 외 옮김,『당신에게
　　노벨상을 수여합니다』, 바다출판사, 2014.

Toffler, A. & Toffler, H., 2007, Revolutionary Wealth: How it will be created and
　　how it will change our lives, Bantam. 김중웅 옮김,『부의 미래』, 청림출판,
　　2012.

Twitchell J. B., 2003, Living It Up: America's Love Affair with Luxury, Simon &
　　Schuster; Reprint edition. 최기철 옮김,『럭셔리신드롬』, 미래의 창, 2003.

Warwick K., 2002, I, Cyborg, Century. 정은영 옮김,『나는 왜 사이보그가 되었는가』,
　　김영사, 2004.

Weber, H., 1970, Lenin, Rowohlt Taschenbuch Verlag GmbH, Reinbek bei Hamburg.
　　정초일 옮김,『레닌』, 한길사, 1999.

Verne J., 1888, Two Years' Vacation(French: Deux ans de vacances). 김석희 옮김,『15
　　소년 표류기』, 열림원, 2005.

Wells, H. G., 1898, The War of the Worlds. 이재황 옮김,『우주전쟁』, 범우사, 1989.

Damon, W., 2008, *The Path to Purpose: Helping Our Children Find Their Calling in
　　Life*, New York: Free Press.

뉴욕 지역신문 스테이튼 아일랜드 어드밴스(www.silive.com)

두산백과(www.doopedia.co.kr)

네이버 지식백과(dic.naver.com)

네이버 캐스트(navercast.naver.com)

로마클럽 홈페이지(www.clubofrome.org)

위키백과 영어(en.wikipedia.org)

위키백과 한국어(ko.wikipedia.org)

산업통상자원부 블로그(blog.naver.com/mocienewsdic)